RELACIONES, VIVENCIAS Y PSICOPATOLOGÍA

Antoni Talarn, Francesc Sáinz y Anna Rigat

Relaciones, vivencias y psicopatología

Las bases relacionales
del sufrimiento mental excesivo

Herder

Diseño de la cubierta: Ana Yael Zareceansky

© 2013, Antoni Talarn, Francesc Sáinz y Anna Rigat
© 2013, Herder Editorial, S.L., Barcelona

ISBN: 978-84-254-3323-8

La reproducción total o parcial de esta obra sin el consentimiento expreso de los titulares del *Copyright* está prohibida al amparo de la legislación vigente.

Imprenta: Liberdúplex
Depósito legal: B- 27.639-2013
Printed in Spain – Impreso en España

Herder
www.herdereditorial.com

Índice

Prólogo 13

Punto de partida 25

Capítulo 1. El embarazo desde el punto de vista biopsicosocial................................ 33
1.1. El deseo de tener un hijo 37
1.2. Psicología y programación fetal 43
1.3. Introducción a la epigenética 49
1.4. Procesos psicosociales, embarazo y repercusiones posteriores 52
1.5. Condiciones de embarazo y psicopatología postnatal 59

Capítulo 2. Los vínculos de la primera infancia 71
2.1. El temperamento de los bebés y la interacción con los padres 74
2.2. Las necesidades infantiles 79
2.2.1. Las necesidades fisiológicas 79
2.2.2. Las necesidades afectivas 81
2.2.3. Las necesidades cognitivas 90
2.2.4. Las necesidades sociales...................... 90
2.3. El apego, sus modalidades y los modelos operativos internos 93
2.3.1. La teoría del apego 93
2.3.2. Algunos comentarios sobre la teoría del apego....... 104

Índice

Capítulo 3. Neurobiología relacional 115
3.1. Programas de llegada: lo innato. 117
3.2. El cerebro infantil: desarrollo, entorno
    y plasticidad cerebral 119
3.3. La conexión social y las *neuronas espejo* 129
3.4. Avanzar hacia el lenguaje: palabras, emociones y
    personalidad 135
3.5. El estrés infantil y su repercusión psicosomática. . 139

Capítulo 4. El sufrimiento emocional excesivo en la infancia 153
4.1. Psicopatología infantil: cuestiones previas. 154
4.2. La psicopatología del desarrollo:
    conceptos fundamentales 157
4.2.1. Equifinalidad. 158
4.2.2. Multifinalidad 159
4.2.3. Contextualismo. 160
4.2.4. Factor de riesgo. 161
4.2.5. Factor de protección 163
4.2.6. Resiliencia. 164

Capítulo 5. Estructuras familiares y piscopatología 175
5.1. Parentalidad y conyugalidad. 178
5.1.1. La familia nutricia 180
5.1.2. La familia trianguladora. 180
5.1.3. La familia deprivadora 183
5.1.4. La familia caótica. 185
5.2. Los estilos parentales. 187
5.3. Los trastornos de la relación parentoinfantil ... 190
5.4. Tipologías familiares basadas en
    las teorías psicoanalíticas 193
5.4.1. Familia de pareja básica 196
5.4.2. Familia matriarcal 196
5.4.3. Familia patriarcal. 197

5.4.4. Familia banda 197
5.4.5. Familia en reversión......................... 198
5.5. Las interacciones imaginarias 199

Capítulo 6. Apego inseguro y psicopatología 209
6.1. Consecuencias del apego inseguro evitativo...... 212
6.2. Consecuencias del apego inseguro
    ansioso-ambivalente (o resistente).............. 215
6.3. Consecuencias del apego inseguro
    desorganizado/desorientado 217
  6.3.1. Variantes del apego inseguro
        desorganizado/desorientado.................... 218
  6.3.2. Apego inseguro desorganizado/desorientado y su
        relación con las alteraciones psicológicas 221

Capítulo 7. El sufrimiento mental derivado del maltrato ... 245
7.1. El maltrato. Definición, clasificaciones y
    epidemiología 248
7.2. Las consecuencias del maltrato 252
  7.2.1. Las consecuencias psicológicas en los niños y
        adolescentes................................... 253
  7.2.2. Las consecuencias psicosociales en los adultos....... 256
  7.2.3. Las consecuencias psicosomáticas 258
7.3. Trauma: definición y consecuencias.............. 260
7.4. El trauma desde la óptica psicoanalítica actual .. 263

Capítulo 8. Los hijos de padres con trastornos
    mentales graves 277

8.1. Los hijos de padres con psicosis................. 281
8.2. Los hijos de padres con trastornos
    del estado de ánimo 285
  8.2.1. Depresión postparto 285
  8.2.2. Depresión mayor.............................. 286

Índice

8.2.3. Trastorno bipolar. 289
8.3. LOS HIJOS DE LOS SUICIDAS. 292
8.4. LOS HIJOS DE LAS PERSONAS CON GRAVES TRASTORNOS
    DE LA PERSONALIDAD 294
8.4.1. Trastorno límite de la personalidad 296
8.4.2. Trastorno antisocial de la personalidad 297
8.4.3. Trastorno narcisista de la personalidad. 298
8.5. LOS HIJOS DE LOS PADRES CON ADICCIONES. 300

Epílogo. 313

Mi papá siempre pensó, y yo le creo y lo imito, que mimar a los hijos es el mejor sistema educativo. En un cuaderno de apuntes (que yo recogí después de su muerte bajo el título *de Manual de tolerancia*) escribió lo siguiente: «Si quieres que tu hijo sea bueno, hazlo feliz, si quieres que sea mejor, hazlo más feliz. Los hacemos felices para que sean buenos y para que luego su bondad aumente su felicidad». Es posible que nadie, ni los padres, puedan hacer completamente felices a sus hijos. Lo que sí es cierto y seguro es que los pueden hacer muy infelices.

Héctor Abad Faciolince,
El olvido que seremos (2006)

Prólogo

> Ah, joves llavis desclosos després
> de la foscor, si sabíeu com l'alba
> ens ha trigat, com és llarg d'esperar
> un alçament de llum en la tenebra!
> Però hem viscut per salvar-vos els mots,
> per retornar-vos el nom de cada cosa,
> perquè seguíssiu el recte camí
> d'accés al ple domini de la terra
>
> SALVADOR ESPRIU - RAIMON,
> *Inici de càntic en el temple*

El alma se estremece cuando la lucidez enfoca el rastro del dolor humano; si la huella iluminada coincide con la de un niño, la palabra no pasa los escollos de la garganta: solo cabe el grito como testimonio del corazón que estalla.

No resulta nada fácil retomar el verbo para prologar esta obra: después de leerla y metabolizarla, lo que le hace justicia es el silencio. Pero en defensa y exigencia de *justicia* para con nuestros niños, para con todos los niños del mundo, hay que seguir el ejemplo de nuestros poetas: debemos recuperar y salvar el habla para devolver las palabras justas a cada cosa que hacemos o dejamos de hacer con los hijos de todos.

Los autores del texto que el lector tiene ahora en sus manos se han dedicado a la tarea de salvar el decir eficiente sobre el dolor sin sentido que se abate sobre lo humano; el resultado llevará a esta obra al lugar de la referencia ineludible, no solo para el experto en habérselas con el sufrimiento en cualquiera de los dispositivos asistenciales

Prólogo

al uso, sino para el ciudadano de a pie ocupado y preocupado en entender por qué malvivimos y damos mala vida.

Si se tiene en cuenta la especial querencia que anima a los autores y al prologuista desde los muchos años de experiencia profesional y afectiva compartida, quizá este enjuiciamiento del trabajo realizado pueda estimarse de alguna manera sesgado. Pero este sesgo posible de ningún modo puede desvirtuar la innegable calidad del producto: un esforzado recorrido de Talarn, Sáinz y Rigat siguiendo las marcas del maltrato en las relaciones entre miembros de nuestra especie. Responden así a la urgencia de cartografiar los dos sentidos del *continuum* del sufrimiento: por una parte intentan remontarse a los orígenes, y por otra van tejiendo urdimbres hasta las manifestaciones del presente y apuntan a los dolores del futuro.

En esa búsqueda aguas arriba tomarán el embarazo y sus vicisitudes como punto de partida. Pronto advertirán que el habitáculo matricial no es un paraíso, y que la salida al mundo exterior no constituye el umbral de acceso al dolor; el «ja el nàixer és un gran plor» («ya el nacer es un gran llanto») del poeta de Xàtiva y el trauma del nacimiento postulado por Rank se nos quedaron cortos: el alba del padecimiento se pierde en los abismos del tiempo. Así se impondrá un esforzado viaje para llegar a la compleja inteligencia de los orígenes y, opcionalmente, se hará necesario un movimiento de vaivén en pos del futuro y hacia el pasado, hasta el final de la obra, allí donde se conforma el delta de la psicopatología.

Resulta obvio el porqué del esfuerzo desplegado por los autores en este trabajo: abominan instalarse en la aceptación pasiva del aserto esencialista hobbesiano *homo homini lupus*. Por supuesto, tampoco se adhieren a la reflexión sin esperanza de Montaigne en sus *Ensayos*, según la cual el ser del hombre se ha construido con materiales enfermos, como la ambición, la envidia, los celos, la venganza, la superstición, la desesperanza, la crueldad sazonada con el placer malévolo de ver sufrir al semejante. Más aún, es evidente que no pueden comulgar con la conclusión del pensador francés —tan admirable por el conjunto de su obra— cuando sostiene que si se suprimieran en el hombre las semillas de estas características se destruirían las

Prólogo

condiciones fundamentales de nuestra vida, es decir, la condición de lo humano. Pero bueno, ¿quién es quién para definir la condición de lo humano? ¿Acaso no intentamos modificar desde la noche de los tiempos todo lo que es causa de daño de unos hombres sobre los otros hombres? ¿Acaso no tratamos de combatir los materiales de la enfermedad allí donde los haya?

El recurso al esencialista «es lo que hay» no es de recibo en la era de la antropotécnica, la era vislumbrada tiempo ha, y hoy realidad plena del hombre capaz de autoconstrucción, ese tiempo que vivimos en el que podemos asumir, con Ortega y Gasset, que la condición de lo humano es la posibilidad de un proyecto, un llegar a ser, y no una esencia acabada y decidida de antemano. ¿Cómo no vamos a ser capaces de cambiar, sin importar cuánto tiempo cueste conseguirlo, estos materiales enfermos de la condición humana a los que se refiere Montaigne, cuando concebimos, aunque sea remotamente, la posibilidad de aplicar la ingeniería a lo más hondo de nuestra herencia genética? ¿Cómo no vamos a aspirar a ello cuando sustituimos rótulas óseas con titanio, trasplantamos órganos y tejidos, logramos la fecundación *in vitro* o, yendo aún más lejos, hemos sido capaces, con la más formidable de las herramientas creadas por el hombre, la palabra, convocar emociones y reflexión en asamblea para construir conocimiento, y con él aliviar el dolor, modificar actitudes y promover cambios de vida fermento de desarrollo y solidaridad?

Seguro podemos hacerlo, pero para ello hay que rastrear la naturaleza y organización de estos materiales enfermos a fin de poder desarrollar procedimientos adecuados para su transformación: ese es el gran desafío para lo que definimos como humanidad, es el reto de siempre y desde siempre, y no importa cuánto se fracase en el empeño, porque el imperativo categórico es no dejar de intentarlo nunca. Debemos empeñarnos, como Talarn, Sáinz y Rigat, en la genética del alma, la de los hombres individualmente considerados, la de las parejas, las familias, las comunidades, el mundo.

Para hacer justicia al esfuerzo de los autores, intentaré arrimar el hombro con alguna reflexión sobre su contenido y exposición. Vaya por delante decir que la complejidad de lo tratado no impide una modalidad expositiva excepcional a lo largo de toda la obra, que la hace accesible a un público amplio. Eso se consigue gracias a la indiscutible capacidad docente de los autores y al ejercicio de lo que Ortega reclamaba a la cofradía de los filósofos: la cortesía de la claridad. Las notas a pie de página, la traducción de acrónimos y de los términos y conceptos expresados en la jerga propia de los iniciados invitan a la gratitud. Mención especial merece la bibliografía, no solo por su apabullante exhaustividad sino también por el trabajo realizado con los conceptos, la metodología empleada, los resultados y conclusiones: todas las referencias han pasado por un tamiz muy fino y el análisis crítico más exigente, hasta el punto de aprovisionar al lector con una gran riqueza informativa a la vez que ahorrarle un notable esfuerzo y trabajo de comprensión. Pero que nadie se lleve a engaño: aquí y allá se exigirá una atención rigurosa para no caer en la comodidad de presuntas obviedades. Finalmente, decir que el texto transmite en todo momento no solo una fuerte solidez informativa, compositiva y analítica, sino también un importante sentido común, tanto en lo que se refiere al contenido de uso corriente de la expresión como a la formulación bioniana de la comunidad de los sentidos, es decir, relativa a la congruencia: se la respira por todas partes.

La obra se inaugura con una declaración de principios; por una parte, con una cita-concepto que a mi modo de ver es esencial en tanto eje vertebrador del trabajo: la infelicidad como producto, fruto de un poder de los hombres capaz de producirla. En lo trágico de la constatación viene implícita la resolución y, por ende, la esperanza: cualquier producto sobre el que se tiene poder puede ser modificado.

Por otra, el intento se orienta a esclarecer la particularidad de las relaciones necesaria para la fabricación de un sufrimiento mental excesivo, y con él la patología del malvivir biopsicosocial. Este afán en pos de la claridad no tiene más motor que el del conocimiento. Queda lejos de cualquier tipo de investigación a la búsqueda de culpables e inocentes, de víctimas y victimarios, aunque los haya, y elude la tentación a la simplicidad: desengáñese el lector de un presunto recorrido acorde con el modelo fílmico lineal al estilo del bueno de Gary Cooper lidiando a las cinco de la tarde con el rematadamente

Prólogo

malo Jack Palance. Aquí no hay cabida para la complacencia simplificadora. Lo que sí hay, y mucha, es exigencia de análisis del medio en el que tiene lugar lo humano y las características de capacitación que ha de reunir para fabricar sufrimiento.

Al tomar los autores como punto de partida textual la gestación, detectan en ella los lodos que conformarán los barros del maltrato: la contraposición del niño concebido como un producto —con el sentido que podemos atribuir a cualquier clase de producto, a saber, la consecución de algún tipo de satisfacción— *versus* el niño como objeto de crianza. En el contraste, se define tener un hijo como el cumplimiento del deseo de «adquisición» pero no de cuidado, enfrentado al proyecto orteguiano de llegar a ser, en este caso «ser padres», que contempla el cuidado como función primordial del ser; el listado de posibilidades que cabe encontrar en el *continuum* desde una a otra de estas posiciones extremas es interminable.

La introducción a la epigenética en la primera parte del libro nos sugerirá considerar que de igual modo que se producen modificaciones neuroquímicas «sobreescritas» en los genes, transmitidas por el ambiente como una marca génica, cabe establecer un paralelismo en relación a la patología de los vínculos: puede que sus marcas afecten a sucesivas generaciones, hasta el punto de que al contemplar el malestar de hoy podamos preguntarnos sobre la voz que habla a través del mensajero doliente. Quizá un modo antiguo de considerar tal posibilidad lo veamos sugerido en aquellas maldiciones bíblicas que afectan, por lo menos, a siete generaciones.

Más adelante, cuando el texto aborda el papel del estrés de todo tipo durante el proceso de gestación, los efectos sobre el feto y las condiciones de su desarrollo, nos acercamos a condiciones primarias de maltrato en una suerte de continuidad pre y posnatal que marca al infante con un particular sentido histórico: ya no hace falta recurrir a los textos sagrados para reconocer en la historia el hormigón fundacional de los miembros de nuestra especie. También lo entiende así Sloterdijk, cuando a partir de su idilio con las formulaciones kleinianas, concibe hacerse lo humano en una suerte de tránsito por esferas, desde la uterina inaugural, hasta la familiar y social, la ideoló-

Prólogo

gica y la técnica, etc. La atmósfera de las esferas no siempre es pura y protectora, como señalan nuestros autores: a menudo no se alcanzan los mínimos de lo suficientemente bueno postulados por Winnicott, la capacidad de ensoñación-comprensión de la urgencia del ser en construcción sugerida por Bion o la respuesta sensible apuntada por Ainsworth. Tampoco, como formula Meltzer, la reciprocidad estética que involucra la experiencia de ser importante para el otro y la admiración frente al potencial de posibilidades de desarrollo.

En este punto se hace ineludible rendir tributo al material clínico que acompaña el recorrido textual. Está muy bien seleccionado, describe concisa y a la vez de forma comprensible los casos, es clarificador de los conceptos en desarrollo y procura un impacto emocional insoslayable; su lectura constituye una genuina «experiencia emocional» en el sentido bioniano de la expresión: la desazón y el dolor se sienten y, en ocasiones, como con Daniel, uno tiene que darse tiempo para recuperarse del impacto de lo sentido antes de proseguir la lectura. De modo parecido a la literatura de nuestros trágicos griegos, cualquiera que tenga siquiera una ligera experiencia clínica puede anticipar un final de tragedia, a menos que se pueda hallar el modo de rectificar el destino o, dicho desde la modernidad antropotécnica, el lecho del curso histórico. Hay que advertir aquí que los autores nos reclaman la recuperación del impacto antes de dejarnos arrastrar por él, a fin de mantenernos atentos a los límites de los procedimientos de observación en el sentido de evitar deslizarnos por la senda de las extrapolaciones inadmisibles.

La andadura del texto se detiene a considerar la escasa relevancia de lo natural-biológico de los vínculos como garantía de buena paternidad ejercitante, y destaca de qué forma lo continúan las instituciones organizadas para proteger al niño del maltrato en la medida en que carecen de la respuesta sensible que solo aparece en la relación del genuino ser-madre con la criatura. La ausencia de esta condición es idiosincrática a la estructura funcionarial de las organizaciones asistenciales, creadas desde un modelo propio de lo social, que trata con universales, como la ley, y no con el particular palpitante de exclusividad y sensibilidad de cada criatura. Modificar el modelo asistencial institucionalizado constituye un tremendo desafío para cualquier sociedad que asuma la obligación para con los hijos de sus componentes de una renta básica afectiva, renta que les corresponde por el mero hecho de haber sido convocados a vivir en este mundo.

Después de cruzar los dominios de las necesidades infantiles y su provisión, los modos de apego y su operacionalidad, el recorrido se adentra en el dominio neurobiológico relacional. Como ocurre con el propio texto, que crece y se desarrolla en red, atendiendo a lo biológico, lo psicológico y lo social como conformadores de lo humano —en el entendimiento de que nuestra integridad funcional psicosomática nace, se desarrolla y vive en red—, Talarn, Sáinz y Rigat apelan a las contribuciones que arriban desde las neurociencias. Este tramo del viaje se salda acentuando en la urdimbre el valor del entorno con lo genético. No se trata de concluir que lo genético ha salido perdedor en su confrontación con el ambiente, sino de poder afirmar que «estamos genéticamente determinados para no estar genéticamente determinados». En este sentido, un gran argumento reposa en el reconocimiento de que del mismo modo que el *fitness* puede modificar nuestras características físicas, el trabajo sistemático en y sobre nuestra vida mental puede introducir cambios en nuestro cerebro y su funcionalidad; sobre estos cambios en el modo de funcionar, saben alguna cosa aquellos que han dedicado la vida profesional a ejercer de monitores de un tipo particular de *fitness* mental, tradicionalmente conocido como «psicoterapia».

Llega aquí el texto a la segunda parte del trayecto, la más dura del recorrido, que se inicia con el sufrimiento emocional excesivo en la infancia y acaba en la meta de las distintas conformaciones psicopatológicas. Esta es una llegada sin alegrías pero cargada de conocimiento y una capacidad de observación renovada, también más afinada, para poder percibir el maltrato, incluso el más sutil, allí donde se manifiesta la industria de su producción.

Se inicia con un cuestionamiento de orden general: ¿podemos, al considerar el innegable desarrollo técnico logrado desde los inicios de la modernidad, hablar de «progreso» humano? Decididamente no. Ese presunto progreso remite a una concepción sin fundamento a la que se adhiere la intelectualidad europea desde los albores del siglo XVIII, desde la era de la crítica, y que sobrevive de manera tenaz hasta nuestros días. Esta concepción sin prueba, que solo aporta en su defensa los logros de orden tecnocientífico, tiene de pernicioso el hecho de prometer para el futuro, en la expectativa de un crescendo progresista, la resolución del maltrato y malvivir de hoy. Es una operación de trasiego hacia la inmanencia de aquello que en su momento se ubicó en lo trascendente, a saber: soportemos la injusticia de este valle de lágrimas con la esperanza de la recompensa en el más allá, al cual no podrán acceder los maltratadores de aquí, de igual modo que un camello no podrá pasar por el ojo de una aguja. En realidad, esta promesa de dominio de la tierra prometida para los mansos maltratados solo sirve para la sumisión conformista al malvivir y a la obediencia del «es lo que hay». Hoy se nos dice que la tierra prometida está aquí, casi a mano, en el despliegue tecnológico y el avance científico. Mientras tanto, seguimos esperando, boba y pasivamente, en vez de trabajar en lo que sí es de este mundo y está en nuestras manos, cueste lo que cueste. Se le llame progreso o no, se trata de luchar por abolir el maltrato en cualquiera de sus manifestaciones, luchar por la mejora y consolidación de un estado de justicia. Lo que puede y debe mejorar es la ley.

Como denuncian los autores de esta obra, los máximos responsables en esta lucha somos los mayores; nuestros niños son los que menos poder tienen, si es que tienen alguno, para tomar decisiones sobre el entorno hasta el punto de transformarlo. A ellos solo les queda un espacio sobre el que poder hacer algo —de una u otra manera—, el de la fantasía, porque el mundo está en manos de los mayores, de algunos más que de otros, de los menos sobre los más. Sorprendentemente, desde el propio campo de la psicología, a menudo se ha puesto el énfasis de la producción del dolor mental en el territorio propio de la fantasía, digamos en la mayor responsabilidad del infante humano, inhibiendo, confundiendo, o incluso haciendo irrelevante el papel del mundo exterior en tanto que agente fundacional de la enfermedad. Este planteamiento, del que en principio también quedó afectado Freud y marcó decididamente algunos aspectos de su teoría sobre la sexualidad y la comprensión de la enfermedad, recuerda con pena aquellos tiempos en los que el colapso pulmonar de los mineros se atribuía a debilidades innatas y no a la silicosis: carta blanca para los poderosos administradores de la explotación del carbón.

Talarn, Sáinz y Rigat ya tienen suficiente de diablos y de mayores como para dejarse marcar este tipo de goles. Reconocen la fantasía y el mundo en entretejida y compleja red, aunque eso no les impide saber si primero es el huevo o la gallina: es obvio que primero van los padres, que todo bebé ya ha quedado marcado, antes incluso de la fecundación, por el guión imaginario de sus padres, guión construido sobre la base de la vida anterior de esos padres o incluso anterior a ellos mismos. El papel asignado forma parte de una tradición histórica que marca al bebé desde el mismo momento en que ha sido pensado. Cuando llega al mundo no tiene otra alternativa que salir a escena y cumplir con lo que se espera de su representación. Siempre puede tener arrestos para resistirse y, en su defecto, puede montar su propia obra en el dominio fantástico. No obstante, su habilidad para desarrollar una obra ajena al maltrato es escasa, es un mero aprendiz del oficio más difícil del mundo, y a menudo carece de maestros adecuados para aprender a trabajar de modo que prime la creatividad sobre el ejercicio ancestral de la agricultura del daño.

En esta línea, nuestros autores nos hablan de los fantasmas en la habitación de los niños y también de los fantasmas en la habitación de los mayores —en ocasiones, como antes ya se ha señalado, los fantasmas de personalidades relevantes del territorio *psi*—, que trastocan y perturban las identidades y facilitan la transmisión intergeneracional del sufrimiento. De esto nadie escapa. Todos somos portadores de esta historia de violencia, y en este sentido, pero solo en este, podemos dar la razón a Montaigne. Como tenemos alternativas, no hay por qué cargar con esta cruz indefinidamente: clarificarla, ver cómo procede su metástasis del territorio histórico puede ser la vía de investigación de la peor forma de cáncer que afecta a nuestra especie; en ella reside la oportunidad de encontrar el tratamiento adecuado y

Prólogo

quizá la vacuna definitiva. Recordar e investigar esta historia, aquí y ahora, siempre, es la vía para impedir su repetición, es el modo de sacudirnos esa rémora, es el procedimiento de desidentificación con el agresor, es decir, con la historia agresiva y violenta que define nuestra herencia. ¿Podremos acabar alguna vez con eso maligno heredado a lo que Bion osó denominar —tomando el término prestado de Milton— «parte satánica de la personalidad»? Es muy posible, y en cualquier caso vale la pena intentarlo. Desde la perspectiva del intento, no tengo ninguna duda al considerar este libro como un auténtico manifiesto.

A partir de aquí el texto se enfrenta al tramo final: la precariedad e inadecuación de los mecanismos erigidos en el intento de resolver el maltrato sufrido. El desfile de la formación psicopatológica pasa ante nuestros ojos, desde los trastornos límites de la personalidad hasta las perturbaciones somáticas de todo tipo, desde las alteraciones del crecimiento hasta las formaciones autísticas, desde la bipolaridad hasta las distorsiones cognitivas y, por ende, los problemas en el aprendizaje. Porque, ¿cómo va a ser posible aprender en un contexto de arbitrariedad, sin organización, sin orden, sin estructura; en definitiva, sin regla, sin ley? ¿Cómo será posible establecer principios de causalidad, de ilación lógica, de sentido, de congruencia? Como última modelo del desfile, garante de la transmisión histórica del sufrimiento, comparecerá la psicopatía: el ayer maltratado emergerá como maltratador del futuro, saliendo del dolor recibido con el concurso de maneras extremadamente agresivas, violentas, exaltando la crueldad y vindicando el retorno a la ley de la selva como sistema de supervivencia. La psicosis andará cerca.

Los autores facilitan cifras pavorosas sobre el maltrato infantil en el mundo, y nos informan y alertan del terrorismo del sufrimiento y también del parental. Aportan datos sobre el dolor infligido y su incuestionable relación con los problemas de salud y la reducción de la esperanza de vida. Y nos facilitan tablas y procedimientos de evaluación del maltrato, del trauma relacional y sus consecuencias. Todo ello nos permitirá reconocer con más eficiencia las marcas del dolor, orientar con más precisión nuestras investigaciones sobre el daño causado y ensayar y construir procedimientos adecuados para su tratamiento.

Al final de la última página sobrecoge la magnitud del empeño, ese intento desde siempre y para siempre que de manera imperativa se nos impone: no hay ética fuera de él. También invade un sentimiento de soledad ante el peligro. Pero en realidad no estamos solos, o por lo menos hay muchos que comparten esta soledad, lo que es garantía de una magnífica compañía. Además, nos acompaña la herencia recibida. A modo de ejemplo, se me ocurre pensar en ese explorador del maltrato que fue Nietzsche. Primero miró al cielo otrora protector y concluyó que Zaratustra nos había abandonado a nuestra suerte. Después, advirtió que por todas partes donde sus pies hollaron, no halló otra cosa que la sumisión y la obediencia como formas de vida, o mejor, de no vida; finalmente prometió el transhombre como oportunidad alternativa. Pero, ¿en qué consistiría ese *trans*, más allá del común humano maltratado, sumiso y obediente, acogido a la esperanza mesiánica? Esperamos unos años para que Ortega y Gasset —con su talante ocasionalmente un tanto superficial, aunque no carente de brillantes sugerencias— nos hablara del hombre como proyecto, como posibilidad, es decir, como motor de su posibilidad de ser, y por ende, arquitecto responsable de su propio cielo protector. Heidegger fue más lejos, aunque de forma siempre oscura e inquietante, en la hondura de sus formulaciones. El velo que envuelve su concepto de *Dasein* implica una noticia de lo humano novedosa: se es en tanto que estar-en-el-mundo-haciendo-algo. En las afueras de este hacer no hay nada, o como lo definiría brutalmente Sartre, el hombre —en sí y para sí, ensimismado— no es nada salvo la posibilidad de llegar al ser en este involucrarse en el hacer en el mundo. Pero entonces, ¿en qué consistiría este hacer que posibilita ser y a la vez dejar de ser objeto de manipulación/maltrato u objeto productor de maltrato/manipulación? Heidegger ve en esta oportunidad del ser hombre la función de ocuparse de todo lo existente, de cuidar del mundo, de ofrecer garantías a la creatividad. La figura del pastor que cuida y protege la crianza se acerca metafóricamente a la función asignada al ser-hombre: el hombre es en tanto que pastor del Ser, es en tanto desarrolla la función del bien-tratar lo que hay, de ocuparse y preocuparse por el mundo. Quizá este ser-hombre se corresponda con el transhombre vislumbrado por Nietzsche y con el orteguiano hombre en tanto proyecto.

Como sugiere el dicho castellano «reunión de pastores, oveja muerta» es bueno poder reunir todas las vocaciones de pastoreo para comprender la naturaleza del daño y erradicar la depredación del mundo, este mundo en el que siempre nos sentimos incómodos: extraños como apunta Ortega, arrojados a él como postula Heidegger, porque la brutalidad de la naturaleza no es un hogar apto para la custodia de la creatividad, no nos va, es un malvivir.

Me siento muy agradecido en el reencuentro con estos tres pastores, Talarn, Sáinz y Rigat, con los que poder compartir la tarea de cuidar de la vida, hablar de los peligros de la depredación, del cuidado de los seres heridos por los lobos —que los hay, y no precisamente dotados de rabo— y de las maneras de guarecerse ante el mal tiempo para poder resistir la tempestad. Es de justicia enfatizar lo de reencuentro, en la medida que trabajos anteriores se ligan con este, a modo de presencia constante de referentes textuales rebosantes de integridad, honestos, asideros de urgencia para seguir resistiendo, ahora y siempre, ante el daño, la mediocridad, la estupidez, la estulticia, la mala fe o, de acuerdo con el más afortunado resumen integrador de Duch y Chillón, ante la «globalización de la indiferencia».

Contigo, lector, quiero compartir la esperanza de que, cuando llegues a la última página, la fuerza para seguir luchando contra el maltrato no te abandone. Y también la confianza de que cuando desfallezcas en el empeño —eso nos ha ocurrido y nos sucede a todos, en un momento u otro—, recuerdes que no estás solo, que son muchos los que se esfuerzan en este hacer en el mundo. Pero hay que buscarlos, como Diógenes, con lámpara al modo del cínico de Sínope o sin ella, más allá de la demarcación del ruido y el griterío mediáticos, desapercibidos entre la multitud. Están ahí.

Lluís Farré Grau
L'Espà, agosto de 2013

Punto de partida

El presente texto versa sobre una de las formas particulares del padecer humano: *el sufrimiento mental patológico y sus causas relacionales*.

No es fácil definir el *sufrimiento mental*. Quizás pueda resultar de utilidad referirnos al concepto de *dolor* para ayudarnos en esta definición. El dolor físico es una sensación molesta y que aflige, tan sentida por todos que es universal. Posee diversos grados o intensidades y señala que algo en el organismo no funciona adecuadamente, es decir, parte de una o varias causas y, por último, invita a pedir ayuda para ser acallado por su característica desagradable.

El sufrimiento mental vendría a ser el equivalente psicológico del dolor físico. Es molesto, universal, varía en intensidad, tiene causas diversas, indica que está sucediendo algo importante (o que ha acaecido) en la vida de quien lo sufre y, también, suele iniciar demandas de apoyo en busca de su alivio. El sufrimiento mental, sin embargo, no se expresa en el cuerpo (aunque repercute en él, como después veremos), sino en el psiquismo, es decir en la *mente* humana. Así, cuando una persona sufre de este modo puede ver alteradas muchas de las funciones básicas de su psique: la atención, la concentración, la memoria, la orientación, la toma de decisiones, las emociones y sentimientos, las habilidades sociales, la libertad, el aprendizaje, etc.

Ahora bien, el dolor mental, pese a ser molesto, no debe ser considerado patológico *per se*. El malestar forma parte de nuestras vivencias; lo enfermizo sería pretender su ausencia absoluta o no poder reconocerlo y sentirlo. No es enfermiza la aflicción de una madre por la enfermedad de su hijo o la pena experimentada por la muerte de un ser querido. Tampoco se considera morbosa la ansiedad que surge frente a una prueba difícil o el desconcierto que genera una crisis vital.

Relaciones, vivencias y psicopatología

No es de este tipo de dolor mental del que habla este libro. Se dedica, en cambio, a estudiar las *causas relacionales del sufrimiento mental severo*, aquel que recibe el nombre de *trastorno mental* o *trastorno psicopatológico*.

Lo psicopatológico se manifiesta de modos muy diversos. La *psicopatología*, como disciplina que pretende ser científica, trata de estudiar los diferentes cuadros clínicos —depresión o esquizofrenia, por poner solo dos ejemplos— en los que, de un modo u otro, se muestra el sufrimiento mental. Como veremos, este estudio no está exento de problemas conceptuales muy relevantes, ni de controversias técnicas de difícil resolución.

Pero más allá de los rótulos diagnósticos, consideramos que la persona que sufre una psicopatología padece, con gran *frecuencia, duración* e *intensidad*, una serie de manifestaciones entre las que destacaríamos la sensación interna y subjetiva de que no se está bien; la ausencia de autonomía mental; la incapacidad para reaccionar ante las dificultades y cambios del ambiente; la sensación de no poder modificar la propia vida; las dificultades para obtener satisfacciones personales básicas, para manejarse en sociedad y establecer relaciones interpersonales realistas. Para nosotros, todas estas sensaciones y dificultades son producto o consecuencia —al mismo tiempo que lo causan a través de un círculo de retroalimentación— del sufrimiento mental excesivo. La psicopatología es el resultado del sufrimiento mental excesivo.

Cabe plantearse, entonces, las razones de este sufrimiento mental excesivo o patológico. Como ya hemos apuntado, una parte fundamental de las causas de lo psicopatológico radica en *lo relacional*. Entendemos *relacional* el historial de vinculaciones humanas significativas que toda persona atesora en su biografía. Por tanto, nuestro interés se centra en la *etiología relacional de la psicopatología*.

Si partimos de la idea anterior, nos vemos obligados a formular otro aserto importante: de entre todos los vínculos emocionalmente significativos que un ser humano puede establecer a lo largo de su vida, los más cardinales de cara a su salud o patología mental son los de la infancia. Por ello, en este libro hablaremos de los vínculos que los adultos establecemos con los niños y, especialmente, de aquellos que pueden resultar perjudiciales para estos últimos. Las relaciones humanas y los vínculos nos proporcionan lo mejor que tenemos como seres humanos, pero también pueden resultar perturbadores.

La familia, de la que hablaremos extensamente, puede ser un espacio de relación seguro, pero también puede generar sufrimiento y malestar. Malestar que, si se da cierta combinación de factores, deviene en psicopatología, como ocurre, por ejemplo, en el caso del maltrato y abuso de los infantes, en el que la familia ocupa un lugar muy peligroso y nocivo.

La clínica psicológica, es decir, el sufrimiento mental excesivo que nos muestran los pacientes que atendemos en nuestras consultas, ya sean menores o adultos, y sus biografías e historiales relacionales, narradas por ellos mismos, nos han convencido de que, en no pocas ocasiones, los mayores podemos llegar a ser tóxicos para los niños. Como dijo Sándor Ferenczi hace muchos años:

> Los hijos de padres anormales están expuestos desde su infancia a influencias psicológicas anormales por parte de su entorno y reciben una educación falseada; son estas mismas influencias las que eventualmente determinarán más adelante la neurosis y la impotencia; sin ellas, el niño «tarado» hubiera podido ser un hombre normal (Ferenczi, 1908; p. 48).

Somos plenamente conscientes de que en los tiempos que corren no es esta la opinión mayoritaria entre los profesionales de la salud mental de todo el mundo. Quizás habrá quien nos acuse de intentar culpabilizar, una vez más, a los padres de los niños o adultos con trastornos psicológicos.

Por otra parte, en esta época de fervor y expansión de la genética, y en el que ha de ser el siglo del cerebro y las neurociencias, a algunos les parecerá un anacronismo que se siga insistiendo en el papel trascendental de las relaciones humanas y en la importancia de la primera infancia como factores determinantes del curso de una vida.

Relaciones, vivencias y psicopatología

No nos sentimos en la obligación de defendernos de tales supuestas acusaciones, si es que en algún momento y lugar llegasen a ser formuladas, pero sí deseamos dejar sentado que nuestra intención no es ni culpar a nadie ni abominar de la ciencia actual.

Por lo que respecta a los padres y a la culpa, nos limitamos a describir aquello que nos parece obvio, es decir, que existen modos de relacionarse y de tratar a los niños que son nocivos para estos. Y lo hacemos a sabiendas de que las personas hacemos lo que *podemos* y no siempre lo que *deseamos*, conocedores de que la mayoría de madres y padres aman a sus hijos y desean lo mejor para ellos, pero sin olvidar que, junto a lo consciente, operan fuerzas y mecanismos inconscientes que, en ciertos casos, son el director de orquesta que marca el tono de la sinfonía que se vive en el hogar.

Nadie mejor que nosotros sabe que cuando unos padres experimentan dificultades de relación con sus hijos, y de algún modo los perturban en su desarrollo, no están más que ejecutando sus fragilidades personales, herencia casi siempre de sus propias infancias mal transitadas. La patología se transmite, en cierto modo y con matices, de generación en generación, pero esta transmisión no es *genética*, sino *psicológica*. Describir estos vínculos dañinos no es acusar ni culpar; es, si acaso, dar el primer paso para entender y cambiar una situación de malestar, en padres e hijos, que perjudica a todos y a nadie beneficia. Nuestra intención no es culpar, sino comprender. La comprensión puede darnos elementos para la prevención y el tratamiento de la psicopatología.

En cuanto a la ciencia y las neurociencias, de ellas nos serviremos en muchas ocasiones para apoyar nuestros asertos. Con datos científicos ilustraremos nuestras tesis, mostrando, por ejemplo, cómo los vínculos de apego alterados pueden causar psicopatología o cómo los traumas alteran hasta la misma materia física del cerebro. No solo no estamos en contra de la ciencia, sino todo lo contrario. Despreciaremos tan solo, con todo el vigor del que seamos capaces, el *cientificismo* (Peteiro, 2010), que hoy en día parece querer imponerse en este y otros muchos temas relativos al ser humano. Cientificismo que, en su mala praxis, silencia unos datos y airea otros, en pos de intereses espurios que nada tienen que ver con el verdadero espíritu científico.

La investigación en neurociencias promueve grandes avances siempre que no sea reduccionista y unilateral. Una forma sencilla de evitar estos males es que seamos capaces de contemplar la bidireccionalidad de sus hallazgos. Sabemos que ciertos problemas del cerebro o del metabolismo comportan alteraciones psicológicas, pero también disponemos de datos que, como decíamos, demuestran que las buenas y malas experiencias vividas modifican el sistema nervioso del ser humano, a veces de forma permanente. A menudo, no se tiene en cuenta que las alteraciones cerebrales asociadas a los trastornos mentales, cuando se encuentran, pueden ser *dependientes*, esto es, provocadas, por los sucesos de la vida y por las *escuelas* neuróticas y psicóticas de familias, entornos sociales y épocas *enloquecidas* (Pérez, 2012). Estas alteraciones, si es que se dan, son *consecuencia* y no *causa* del problema, del mismo modo que, como veremos, las modificaciones cerebrales de los músicos —o los taxistas[1]— son consecuencias derivadas de su práctica continuada y no su causa.

En salud mental, o mejor dicho, en el campo del sufrimiento mental excesivo, predomina en la actualidad un enfoque muy simple: todo malestar es una enfermedad. De esto se deriva que la enfermedad es orgánica y genética, que todo radica en el funcionamiento de la máquina cerebral y que a toda enfermedad le corresponde un diagnóstico objetivo y un tratamiento medicamentoso, aplicado por un experto. Este enfoque pueril es recibido con entusiasmo por ciertos sectores de la psiquiatría, ya que ven en estas ideas rudimentarias la puerta de acceso a la *medicina basada en la evidencia* que tanto añoran. Desde una parte de la psicología no se cuestionan estos apriorismos y se trabaja de modo *protocolizado* y al dictado de esta visión reduccionista de la patología.

---

[1]. Un estudio (Maguire *et al.*, 2000) demuestra que los taxistas de Londres presentan un mayor volumen del hipocampo, estructura cerebral relacionada con la memoria espacial y la navegación. Ser taxista es lo que causa tal alteración y no al revés.

Relaciones, vivencias y psicopatología

Llegamos, por este camino, a una situación paradójica. Los trastornos mentales se estudian y se tratan sin tener en cuenta ni la *mente* ni la sociedad. La historia individual, la *novela* de cada cual, el desarrollo afectivo, el del carácter, el de las habilidades y demás, son pequeñeces periclitadas bajo el deslumbrante —nunca mejor dicho— foco de la genética y los neurotransmisores. Aquello que nos convirtió a todos en verdaderos seres humanos, el vínculo con los otros, ya no se tiene en cuenta a la hora de comprender y abordar el sufrimiento mental. Se padece un trastorno mental, pero lo *mental* parece no existir; solo existe lo cerebral, lo tangible, lo biológico, lo físico. Hay quien opera (médicos, psicólogos, psiquiatras, pacientes, padres, periodistas, maestros, etc.) como si para comprender la depresión, la esquizofrenia, los ataques de pánico o cualquier otra situación de sufrimiento mental severo ya no hicieran falta las nociones de psiquismo, inconsciente, aprendizaje, sistema familiar, afecto, cognición, duelos, pérdidas y vínculos.

Este ensayo pretende insistir en la necesidad de tener en cuenta los vínculos para entender un poco mejor por qué algunos seres humanos sufren en demasía y hacen sufrir también en exceso a sus hijos, comprometiendo muy seriamente sus posibilidades de una suficiente salud mental. Para ello observaremos la primera infancia, pero no desde un punto de vista evolutivo clásico, sino desde la óptica de los vínculos: cómo se establecen, cómo son y, para nosotros lo más importante, cómo se pueden corromper, dando lugar a la patología mental, o al aumento de sus posibilidades de aparición. La neurociencia será llamada en nuestro empeño por mostrar la contundente y material influencia que los vínculos tienen en la configuración del *cerebro* y de la *mente* de los niños. Abordaremos los estudios que demuestran la correlación (para nosotros causal) entre las cuestiones ambientales y la psicopatología.

Empezaremos hablando del embarazo, de sus motivaciones, de la psicología fetal, de la epigenética, de las condiciones del mismo y la psicopatología postnatal. Después, revisaremos los primeros vínculos de la vida, comentando las necesidades infantiles y centrando nuestra atención en el tema del *apego*, uno de los puntos cardinales de la psicología moderna. Como decíamos, llamaremos a testificar a la neurociencia como perito de nuestros asertos, para que nos ayude a demostrar aquello que el saber popular conoce desde hace siglos: que el entorno y las relaciones nos hacen como somos y que no todo es cuestión ni de lo innato, ni de lo heredado. Veremos cómo el cerebro es, literalmente, moldeable, y cómo el estrés excesivo que pueden vivir los niños los perjudica en su desarrollo integral.

Entraremos en la segunda parte de nuestro texto de la mano de la *psicopatología del desarrollo,* aclarando conceptos que nos servirán para enmarcar todo lo que vendrá después, es decir, todo aquello que tiene que ver con los vínculos familiares, el *apego inseguro,* el maltrato y los traumas. Por último, revisaremos las consecuencias, para los niños, de vivir bajo la tutela de unos progenitores que padecen un trastorno mental grave, como pueden ser la psicosis, la adicción o la depresión, entre otros.

Nuestra intención es dejar sentada la idea de que *lo mental es fundamentalmente relacional* y de que una mente no se puede construir aislada de otras mentes. Cuando un niño llega al mundo no es una *tabula rasa,* pero sin ayuda de los otros estaría más próximo a la muerte y a la locura (en un sentido amplio o como sinónimo de confusión, déficit, falta de maduración, desconexión del entorno, etc.) que a la vida y la salud mental. El entorno, es decir, los otros, deben aprovisionarle para la vida y para la formación de una mente preparada para afrontar las dificultades inherentes a toda existencia sin desmoronarse.

Si esta tarea no se hace «suficientemente bien»,[2] las consecuencias pueden ser muy graves.

De todo esto trata este libro. Procuraremos ser precisos, aunque no exhaustivos, ya que resulta imposible abarcar la totalidad de una materia como esta. Aceptamos, de entrada, los límites de nuestra comprensión. En el estudio del ser humano, contemplado en su globalidad, siempre habrá fenómenos difíciles de explicar y entender. El presente ensayo es una aportación más a esta fascinante tarea.

---

2. Como diría Winnicott, uno de nuestros autores de referencia.

Referencias bibliográficas

FERENCZI, S. (1908) *Interpretación y tratamiento psicoanalítico de la impotencia psicosexual,* en *Obras Completas,* Tomo I, Madrid, Espasa Calpe.

MAGUIRE, E.A.; GADIAN, D.G.; JOHNSRUDE, I.S.; GOOD, C.D.; ASHBURNER, J.; FRACKOWIAK, R.S.J. y FRITH, C.D. (2000) «Navigation-related structural change in the hippocampi of taxi drivers», en *Proceedings of the National Academy of Sciences, 97,* 4398-4403.

PÉREZ, M. (2012) «Frente al cerebrocentrismo, psicología sin complejos», en *Infocop, 57,* 8-12.

PETEIRO, J. (2010) *El autoritarismo científico,* Málaga, Ediciones M. Gómez.

Capítulo 1
El embarazo desde el punto de vista biopsicosocial

No cabe duda de que una de las acciones más importantes de los seres vivos es la de su propia reproducción. La biología parece estar programada para dotar a las especies, desde las más simples a las más complejas, con un impulso para la procreación. Y aunque en el ser humano, dada su particularidad social y psicológica, no es posible hablar de *instinto de reproducción*, el hecho de concebir hijos se revela de una trascendencia inusitada. Como señala Camps (2007), no hay más que observar la desestabilización emocional que hombres y mujeres sufren, en muchos casos, cuando ven impedido su deseo de procrear, para percatarse de lo señalada que resulta la parentalidad para los humanos.

En efecto, más allá de los debates, críticas y cuestionamientos —sin duda necesarios— sobre el rol social de hombres y mujeres, y su papel en el cuidado de la prole y el resto de epifenómenos que rodean a las relaciones familiares, lo cierto es que la humanidad es una de las especies más prolíficas de la historia. La humanidad tiene hijos, muchos hijos, y los adultos despliegan ante los niños unos comportamientos —algunos prácticamente universales (Eibl-Eibesfeldt, 1990)— y unas relaciones que la mayoría de las personas considera de vital importancia, máxime si este niño «les pertenece» y está a su cargo. Para Barudy y Dantagnan (2005), la capacidad de cuidar bien a las crías es inherente a los seres humanos, y es nuestra estructura biológica lo que determina el carácter social y altruista del comportamiento humano para con los pequeños.

No obstante, la historia y la antropología (Ariès, 1973; Badinter, 1980) nos enseñan que no siempre se trata, o se ha tratado, a los niños del mismo modo. Ciertamente, hay notables diferencias en la consideración hacia los niños en función del tipo de sociedad o del momento histórico en que cada cultura se encuentra (Van den Bergh, 2010). No se los conduce, ni se piensa en ellos del mismo modo, en una sociedad rural tradicional que en un entorno fuertemente occidentalizado. En ciertas zonas de la India, por ejemplo, se comete infanticidio con las niñas recién nacidas, y en muchos países pobres, los hijos son contemplados como una fuerza de trabajo que aporta recursos económicos a la familia. Los *niños de la calle*, los *niños soldados*, la explotación sexual infantil y demás atrocidades —incluida la pobreza extrema de la que el mundo rico debería avergonzarse— son condiciones que demuestran que la Convención sobre los Derechos del Niño[3] no siempre se cumple.

Pero en nuestro entorno, como señala Bauman (2003), la mayoría de los niños viene al mundo tras una determinación consciente de sus progenitores, y son sentidos como «objetos de consumo emocional». Es decir, son deseados por las alegrías y emociones que se espera que brinden a sus padres y familiares. Quedan fuera consideraciones propias de otros tiempos y circunstancias —tener hijos para que se hagan cargo de los padres mayores, por ejemplo— y, por tanto, son solo las emociones y los sentimientos los que se ponen en juego y gobiernan todo este proceso. Lo emocional rige desde el momento en que la persona —o la pareja— toma la decisión de tener un hijo para el resto de su vida, crianza incluida.

«Crianza» es, a nuestro juicio, la palabra clave. La crianza —ocupación fundamental del adulto ante el niño—, si es observada en su globalidad, implica no solo las tareas básicas y obligadas para la supervivencia del menor, sino todas aquellas iniciativas destinadas a ayudarle en su desarrollo integral como ser humano. Por ello, criar a un niño también consiste en dotarlo de un lenguaje, una primera identidad, una base afectiva, unos aprendizajes, etc., por poner solo algunos ejemplos.

3. Aprobada por la ONU en 1989.

El embarazo desde el punto de vista biopsicosocial

La crianza resulta crucial, ya que solo en *compañía de* y en *relación con* nuestros iguales, en realidad llegamos a constituirnos como uno más en nuestra especie. Las tristes experiencias de niños que han vivido en condiciones extremas de soledad (o los pocos que han conseguido sobrevivir en medios no humanos, como los *niños ferinos*) así lo demuestran.[4]

Aun así, ¿es necesaria la demostración empírica, a través de datos y operaciones estadísticas, de la importancia de la crianza para la vida de los niños, los futuros adultos? Francamente creemos que no. Por fortuna, o mejor dicho, gracias al sentido común y a su propia educación emocional, la gran mayoría de progenitores de nuestra sociedad considera que la crianza es una tarea cardinal y que, por tanto, no se puede efectuar de cualquier modo. Por ello, los adultos «suficientemente sanos», parafraseando a Winnicot (1949), entienden que la crianza ha de producirse en un ambiente dominado fundamentalmente por el amor y el afecto. Más adelante veremos, no obstante, cómo con el amor no basta y hacen falta otros requisitos, como la capacidad de contención, la empatía y demás, para llevar a cabo esta tarea de la manera más armoniosa posible.

Para el común de los mortales de nuestra sociedad no es necesaria ninguna formación previa, ninguna instrucción pautada ni otros requisitos técnicos para comprender y valorar la importancia de un buen entorno emocional para el correcto desarrollo de los niños. Aunque en la actualidad abundan las llamadas *escuelas de padres*[5] y los libros para aprender a ser padres (Gordon, 1970; Urra, 2004), en realidad estas iniciativas parten no de la ignorancia categórica sobre lo fundamental de una buena crianza, sino del lícito deseo de mejorarla y aumentar su calidad, si cabe.

---

4. Véanse los casos descritos por Maturana y Varela (1984) o Rymer (1994).
5. Véase, por ejemplo: http://www.universidaddepadres.es; o bien:
http://www.pnsd.msc.es/Categoria2/publica/pdf/EscuelaPadres.pdf (todos los documentos electrónicos citados en este libro están disponibles en webs activas en junio de 2013).

Relaciones, vivencias y psicopatología

Así que, de modo intuitivo, sin necesidad alguna de formarse en ninguna disciplina teórico-práctica como la pedagogía o la psicología, muchos padres y madres tratan a sus vástagos con amor y evitan hacerlos sufrir de modo innecesario o excesivo. Entienden, también, que el trato basado en el amor no excluye el ejercicio de la autoridad o la dosificación de la frustración, ni soslaya, por completo, ciertos malestares inherentes a toda vida. Lo que sí excluye dicho trato es infligir a los menores, premeditada o intencionalmente, dolor, humillación, privaciones, abusos y demás malos tratos de modo frecuente, intenso y duradero.[6]

Por desgracia, en nuestro entorno hay notables excepciones a esta especie de regla de oro no escrita sobre la crianza infantil. Los medios de comunicación abundan en noticias sobre malos tratos a los niños, y todos los profesionales que, de un modo u otro, están vinculados con el mundo de la infancia y las familias saben que esta realidad es más habitual de lo que parece a simple vista. De las cifras sobre estos malos tratos y de las posibles consecuencias que de los mismos pueden derivarse hablaremos más adelante.

Nuestro objetivo es, en este momento, mostrar cómo la crianza no se inicia, como suele pensarse regularmente, tras el nacimiento del bebé, sino en el mismo momento de su concepción o incluso antes. Como señalábamos unas líneas más arriba, en condiciones de normalidad, el embarazo se produce tras una decisión consciente y voluntaria de ambos progenitores. Cabe estudiar, entonces, las particularidades del deseo de convertirse en madres y padres.

No será fácil generalizar, puesto que cada mujer y cada hombre desean y viven el embarazo a su manera. Resulta imposible establecer unos parámetros universales para describir esta experiencia porque

---

6. Al señalar las variables cuantitativas de «frecuencia», «duración» e «intensidad», no queremos dar a entender que si los malos tratos son pocos, o breves, o moderados nos parezcan correctos. Todo lo contrario. No obstante, consideramos que todo progenitor ha de ser capaz de reconocer que en algún momento de sus relaciones con los hijos ha podido cometer ciertos *errores de trato*, que quizás han provocado en los niños un malestar excesivo o evitable.

inciden multitud de factores: edad, condición física y psicológica, vínculos afectivos pasados y presentes, deseos y temores, estatus socioeconómico, presencia —o ausencia— de una pareja implicada en el cuidado del futuro bebé, etc.

1.1. El deseo de tener un hijo

Los motivos por los cuales una mujer, un hombre o una pareja desean tener un hijo son múltiples y particulares. Cualquier listado generalista resultaría inútil. En nuestra cultura parece predominar el impulso emocional, como ya hemos comentado, y cabe descartar, por simplista, la idea de la acción de un puro instinto biológico sin más. No obstante, y siguiendo en parte el pensamiento de Brazelton y Cramer (1990), podremos dilucidar algunas posibles motivaciones y reacciones implicadas en el potente y trascendental deseo de convertirse en madre o padre.

Todos los humanos han sido bebés y todos han sido atendidos durante años por adultos que se hicieron cargo de sus necesidades. Esta relación de dependencia se combina con un vínculo emocional del *infans* hacia sus cuidadores. Este vínculo, al que se le llama *apego* y del que hablaremos mucho a lo largo de este texto, procura unas primeras «identificaciones». Estas, simplificando, implican el deseo de convertirse en alguien parecido a aquel a quien se quiere. De forma sinérgica a esta identificación actúa el impulso a la «imitación»: los pequeños observan a sus padres, desean ser como ellos y aprenden, jugando a «papás y mamás», a actuar como ellos. Muy probablemente estos primeros aprendizajes pueden jugar un papel relevante en el deseo de paternidad. Esto significa, y esto es muy relevante, que en el deseo de tener un hijo y en las posteriores relaciones con él se reactivarán, en cierta medida, los sutiles y más o menos conscientes entramados emocionales vividos con los propios padres.

Por otra parte, hombres y mujeres son portadores de un «narcisismo» que los impulsa a la autoperpetuación. De forma inconsciente, el hijo puede ser vivido como una duplicación o reflejo de uno mismo. Aunque, a nivel consciente, el adulto sabe que no puede vivir a perpetuidad ni, en la mayoría de los casos, dejar una huella visible de su paso por la Tierra, la fantasía de trascender y proseguir su linaje en el mundo y la historia a través del hijo puede jugar un papel en el deseo de tenerlo (Freud, 1914).

En ocasiones, esta duplicación puede sentirse subordinada a las más diversas causas: mejorar a los propios progenitores (intentando no caer en lo que se sintieron como errores o defectos), vivir una vida mejor que la propia a través del hijo, cumplir los ideales y disfrutar de las oportunidades perdidas, sentirse unido y querido incondicionalmente por otro ser humano con el que se establece un vínculo indestructible. En algunos casos, que sin duda se acercan a lo problemático, se desea un hijo como «sustitutivo» de una relación perdida, como puede observarse cuando, tras la muerte de un ser querido, se produce un rápido embarazo[7] y se le otorga al recién nacido el mismo nombre que el desaparecido.

Es también el narcisismo el que impulsa a verificar que uno es potente, capaz y generador de vida, es decir, que el propio organismo está completo y sin tara. Relacionado con todo ello, puede existir el impulso, al menos en ciertos individuos, de mostrar a los demás las propias capacidades y potencialidades. Convertirse en madre o padre verifica ante los ojos propios y ajenos una condición biológica y social de rango o estatus superior al del joven o adolescente aún no plenamente integrado en la sociedad. Por otra parte, la mujer y el hombre podrán sentirse iguales, o incluso superiores, a sus madres y padres. Como señalan Brazelton y Cramer (1990), todo nuevo padre o madre está resuelto a ser un progenitor mejor que los propios.

La imitación y la presión social no pueden ser descartadas sin más en este tema. En nuestra sociedad, y a pesar de todos los avances conseguidos, todavía sigue viéndose con extrañeza a la pareja joven que, tras unos años de convivencia, no tiene hijos. Aunque no sea políticamente correcto hacerlo, hay que atreverse a señalar que

---

7. Situación que se ha descrito en algunos casos de embarazo adolescente (Coddington, 1979; Morgan, Chapar y Fisher, 1995).

actuar «como todo el mundo» pesa en la motivación de una parte de la sociedad, sobre todo en aquella cuyo nivel cultural es más bajo o la inteligencia emocional escasa. En cualquier caso, la presión ambiental y contextual influyen, en mayor o menor medida, en todos los miembros de una sociedad, y el deseo de tener hijos no es una excepción.

No cabe duda de que los deseos de maternidad y paternidad se articulan en dos registros simultáneos: el *sociocultural*, es decir, todo aquello que forma parte del sistema ideológico en el que se vive y que posee una tradición cultural (valores, categorías sociales, simbología, etc.), y el *subjetivo*, con la interpretación de las vivencias personales en función de la personalidad y la historia de cada cual (identificaciones, fantasías, deseos, frustraciones, proyectos, etc.).

Una vez verificado el embarazo, las reacciones de hombres y mujeres pueden ser similares y diferentes según el género del futuro progenitor. Por una parte, ambos progenitores experimentan una mezcla de alegría y responsabilidad. La idea de pasar a ser una relación a tres bandas supone un cambio importante en la vida de una pareja, y las fantasías se suceden sin interrupción: el miedo a un aborto espontáneo, el deseo de ser unos padres perfectos, el pánico a tener un hijo con problemas o, por el contrario, las ansias de dar a luz a un niño perfecto, los temores del parto y a los primeros días de vida, el obstáculo de sentir el hijo como una carga demasiado pesada, la ilusión por la familia renovada, etc.

A partir de este momento, la familia, sea del tipo que sea, se organiza o reorganiza de cara al cuidado del futuro bebé. Son frecuentes las nuevas disposiciones del hogar. A menudo, la embarazada estrecha un poco más el vínculo con su propia madre, y el varón acepta jugar un papel fundamental, pero de algún modo secundario, con respecto al impactante protagonismo de la mujer encinta. Es frecuente que la mujer pueda sentirse más escuchada, atendida y protagonista que el hombre, mientras que este debe acomodarse a un papel de cuidador y protector de la mujer y su embarazo. Por su parte, para el varón, es difícil evitar sentirse un tanto excluido de un proceso razonablemente centrado en la mujer.

Relaciones, vivencias y psicopatología

Algunas mujeres pueden sentirse más completas y realizadas que nunca durante el embarazo y mostrar un aura de omnipotencia y plenitud que puede dificultar las relaciones interpersonales. Si el deseo de embarazo surge de la motivación a llenar un vacío existencial, pueden darse complicaciones con el recién nacido o incluso algún tipo de «depresión posparto», puesto que al dar a luz la mujer puede perder la sensación de estrellato, plenitud y poderío. Incluso si todo va bien, en mujeres sanas se produce una paradoja emocional: la alegría por la nueva vida y cierto duelo por el cambio de estado.

Durante años, el psicoanálisis más ortodoxo, en exceso constreñido a la ideología freudiana, insistió en cierta superioridad de la identidad psicológica del varón frente a la de la mujer, pensando en que esta no podía evitar ser presa de emociones como la *envidia de pene* o el *complejo de castración*. Freud fue contestado en su momento (Horney, 1932), y en la actualidad las relaciones entre hombres y mujeres se ven de un modo muy diferente. Así, hay quien señala (Minsky, 1998) —creemos que con acierto— que, al contrario de lo que pensaba Freud, algunos hombres experimentan envidia más o menos consciente con respecto a las capacidades generativas femeninas. Si este sentimiento se da con intensidad y se une a la mencionada sensación de exclusión, pueden surgir complicaciones de pareja durante el embarazo y el posparto. Por el contrario, si el varón logra sentirse participante activo en este tránsito, brindar apoyo emocional a su pareja e implicarse en las tareas preparatorias del parto y posparto, el resultado final puede ser mas satisfactorio y menos estresante para todos (Dunkel, 2011).

En resumen, podríamos señalar que, aun en las mejores condiciones posibles, la «ambivalencia» preside el proceso de todo embarazo. No se la debe considerar enfermiza, más bien al contrario. Los nueve meses de embarazo dan la posibilidad a los futuros padres de ensayar, por así decirlo, todo tipo de fantasías, emociones y situaciones posibles en un futuro muy próximo. Todo lo prodigioso que, en demasía, puedan imaginar los padres queda compensado con las dudas y temores, casi siempre magnificados, que aparecen al instante siguiente. Y, en simultáneo, todas las preocupaciones, obsesiones y ansiedades que se experimentan disminuyen gracias a la esperanza de un hijo sano y maravilloso. La realidad acostumbra a corregir tanto la deriva hacia lo ideal como el abismo de lo terrorífico, mostrando matices cuando se verifica. La ambivalencia prepara a los padres para hacer frente a lo que vendrá, sea lo que sea. Resulta importante, no obstante, que en esta báscula de sentimientos contradictorios y emociones contrapuestas predominen aquellas de carácter positivo y esperanzador.

Durante los meses de gestación, los padres tendrán tiempo para ir preparándose de cara al futuro. Si se trata de un primer hijo, por ejemplo, han de poder desarrollar dos subsistemas en su relación de pareja: *el marital* y el *co-parental* (Ammaniti y Trentini, 2011). La movilización de todos estos sentimientos y emociones, pretéritos y recientes, suministra la energía necesaria para la enorme tarea que implica la llegada de un nuevo hijo (Brazelton y Cramer, 1990). En todo caso, y como veremos enseguida, las actitudes y condiciones de ambos miembros de la pareja hacia el embarazo y el futuro hijo influirán, en gran medida, en el devenir del feto y del bebé. Por ello, García-Dié (2004) prefiere el término «gestación» al de «embarazo», al entender que la gestación es un proceso psicológico y fisiológico simultáneo en el que, sin duda, se inician las primeras vinculaciones entre progenitores e hijos.

Cabe recordar, no obstante, que el hecho de tener un hijo nos transforma en padres o madres solo desde el punto de vista biológico, no desde el punto de vista social.[8] Del mismo modo que poseer un instrumento no nos convierte, sin más, en músicos. Así pues, la distinción entre «parentalidad biológica» y «parentalidad social» (Barudy y Dantagnan, 2005) nos parece muy relevante.

Apuntando en este sentido, Tubert (1991) propone distinguir entre «deseo de hijo» y «deseo de maternidad». *Tener* un hijo no implica necesariamente el *deseo de ejercer como madre*. En ocasiones,

---

[8]. En el caso de la adopción, esta nos convierte en padres y madres desde el punto de vista *legal*, pero las consideraciones sobre la parentalidad *social* siguen siendo las mismas.

pueden observarse mujeres —u hombres— cuyo objetivo primordial parece ser el de *tener un hijo*, sin que esto conlleve implícitas las consecuencias de dicha *adquisición*. Si este es el caso, entonces se tiene un hijo, pero no se cuida de él, o se lo cuida inadecuadamente. Se *tiene* un hijo, pero no se ejerce de madre o padre.

Ejemplo clínico:

Rosa es una mujer de 32 años, soltera, con estudios superiores y buena posición laboral. Adoptó una niña rusa, María, que tenía siete meses en el momento de la adopción. Lo que se sabe de María es que fue abandonada inmediatamente después de nacer y que permaneció en un orfanato hasta que fue dada en adopción.

Al mes y medio de la llegada de María a su nuevo hogar, Rosa se incorpora al trabajo renunciando al resto de su permiso por maternidad, de cuatro meses. A partir de ese momento, la niña pasa más de ocho horas diarias en una guardería.

Las educadoras del centro y la propia Rosa están encantadas con la excelente adaptación de la niña al parvulario, ya que, como relatan, «no ha llorado ni un solo día». Un mes más tarde, el estado de la niña cambia radicalmente, ya que empieza a reclamar estar en brazos de un adulto, y si no se la coge, rompe a llorar estrepitosamente, con unos chillidos agudos y desesperantes. La madre dice: «Es una regresión de la niña, ya que se la está malacostumbrando, porque que en Rusia seguro que no la cogían tanto y no estaba tan bien como aquí». Pide a las educadoras que no respondan a las demandas de la niña.

Comentario: consideramos que se trata de un triste ejemplo en el que el supuesto deseo de *ser madre* no es otro que *tener un hijo*. Rosa ya tiene a María, pero no se ocupa adecuadamente de ella. No es capaz de empatizar con las necesidades de un bebé abandonado (orfanato) y, de nuevo, vuelto a abandonar (guardería). Cierto es que, casi con seguridad, en Rusia «no estaba tan bien como aquí», sin embargo, no puede suponerse en una mente infantil una capacidad de medida del bienestar de esta índole. Es más, la falta de respuesta inicial de la niña al ingreso en la guardería (no llorar) no se corresponde en absoluto con una «buena adaptación» sino más bien a una «indeferenciación

El embarazo desde el punto de vista biopsicosocial

relacional defensiva» (la niña muestra que todo le da igual, por así decirlo). Cuando la niña empieza a acostumbrarse a un vínculo más permanente, aparece la lógica, humana y comprensible reclamación, que debe ser vista como un signo de salud y evolución, y no como una «regresión». La no satisfacción de este reclamo es indicativa de una escasa disposición a actuar como una madre atenta.

En otras ocasiones, el necesario equilibrio entre el deseo de *tener* un hijo y el deseo de *ser* madre —o padre— no está bien establecido, y puede darse el caso, nada infrecuente, de que los progenitores no sepan diferenciarse adecuadamente de *su* hijo. Este tipo de padres se comporta con la idea de que sus hijos *les pertenecen* y los sienten como una parte fundamental de su propio «yo». En estos casos, se ejerce una parentalidad social, pero inadecuada, ya que no se facilita la promoción de la autonomía de los hijos.

Aprender a ser madres y padres, más allá de lo biológico, es un proceso evolutivo. La personalidad de cada persona, basada en parte en la vida ya vivida, los factores ambientales y el temperamento del nuevo hijo, serán las partículas que definirán —y redefinirán constantemente— la situación que vivirán los participantes de esta obra.

1.2. Psicología y programación fetal

Unas líneas más arriba señalábamos que resulta imposible mencionar todas las motivaciones del deseo de tener un hijo. También observamos cómo las respuestas emocionales de hombres y mujeres frente a la noticia del embarazo son múltiples y muy subjetivas.

Algo más fácil resulta describir los cambios fisiológicos que se producen en la mujer desde el mismo momento de la concepción, ya que son universales. Sin embargo, dentro de esta homogeneidad somática, los científicos han hallado que ciertas condiciones ambientales y/o psicológicas repercuten en la fisiología de la embarazada y del medio intrauterino, y ello implica que, también en este sentido físico, cada embarazo y cada feto tenga sus propias particularidades.

Relaciones, vivencias y psicopatología

Aunque no hay una conexión nerviosa o neural entre el feto y la madre, es sabido que las experiencias y vicisitudes de la mujer embarazada generan una cascada de consecuencias neuroquímicas y fisiológicas capaces de modificar el medio intrauterino, provocando las más variadas respuestas fetales (DiPietro, Costigan y Gurewitsch, 2003).

Ya en las décadas de 1930 y 1940, se publicaron estudios pioneros en este sentido (Sontag, 1941; Sontag y Wallace, 1934). Más adelante se instauró con fuerza una nueva área de investigación, que aún perdura, sobre la relación entre las condiciones de la madre y sus repercusiones en el feto, repercusiones inmediatas a nivel fisiológico y sus posibles consecuencias físicas y psicológicas postnatales. Así, a partir de 1950, los estudios empíricos en la materia eran ya numerosos y versaban sobre las más variadas condiciones, como las anomalías físicas y neurológicas (Lilienfeld y Pasamanick, 1955; Pasamanick y Lilienfeld, 1955; Stott, 1957) o las alteraciones psiquiátricas y conductuales (Gordon y Gordon, 1957; Kawi y Pasamanick, 1958; Rogers y Lilienfeld, 1956), dependientes de las condiciones intrafetales.

En la actualidad, los campos de la psicología fetal y de la programación fetal han alcanzado, de la mano de las más modernas técnicas de investigación, un nivel de conocimiento impresionante. En las siguientes líneas repasaremos algunas de sus aportaciones más relevantes para el tema que nos ocupa.

Puede resultar llamativo hablar de «psicología fetal». Pero a poco que se reflexione se caerá en la cuenta de que ninguna función se origina *ex novo* exclusivamente tras el parto. Según los investigadores, en el recién nacido se da una importante serie de funciones preadaptativas que emergen de la vida prenatal (Perchtl, 1984). Es necesario recordar que, en ningún momento de la vida postnatal, habrá tantos cambios en términos de crecimiento y desarrollo como los que tienen lugar durante los nueve cruciales meses de gestación.

A partir de la octava semana de embarazo, el feto muestra una clara iniciativa individual y de selección de movimientos. Las diferencias entre individuos son considerables; de hecho, cada feto tiene su propio patrón de actividad diaria (de Vries, Visser, y Prechtl, 1988). Los movimientos prenatales parecen jugar un papel necesario para el desarrollo físico y conductual del feto y el bebé. La actividad fetal facilita la maduración de los músculos, el esqueleto y el sistema nervioso. Por otra parte, diversas investigaciones[9] han demostrado que todos los sentidos humanos son operativos durante el segundo trimestre del embarazo. En esta época, el feto responde a los estímulos táctiles, de presión, cenestésicos, térmicos, vestibulares, gustatorios y dolorosos.

No es este el lugar para desgranar los logros evolutivos que el feto adquiere durante su crecimiento. La idea fundamental que deseamos transmitir es la de que, a luz de las investigaciones más recientes, hemos de considerar que la vida mental del bebé no comienza en el momento del nacimiento, sino antes. Obviamente, el alumbramiento conllevará un cambio impresionante para la vida del niño, ya que este queda expuesto, por primera vez, a un entorno físico completamente diferente y a verdaderos intercambios sociales y culturales. Estos, como veremos enseguida, no se inician tras el parto sino durante el embarazo.

En la bibliografía psicoanalítica se hallan muy pocas referencias respecto a la posibilidad de la existencia de vida mental en el feto, al funcionamiento del yo y conciencia, así como a las posibles influencias de esta etapa previa, no solamente en el futuro desarrollo del individuo, sino también en el funcionamiento mental del bebé. Piontelli, una de las pocas analistas que ha estudiado a fondo este tema (Piontelli, 1992) concluye —usando un método que incluye el estudio ecográfico de fetos y la posterior observación del niño, prolongada durante años en algunos casos— que existe una continuidad remarcable entre ciertos aspectos de la vida prenatal y postnatal.[10] Investigadores que utilizan metodologías más estándar apuntan en la misma dirección (Hepper y Shahidullah, 1994).

Uno de los campos más curiosos de la psicología fetal ha sido el estudio de la «memoria fetal». Para muchos investigadores, las funciones de la memoria no se inician tras el parto, sino que ciertos

---

9. Véanse Chamberlain (1983) o Kisilevski y Low (1998).
10. Idea que ya expresó Freud en *Inhibición, síntoma y angustia* (1926).

rudimentos ya pueden observarse *in utero*. Sus experimentos han tratado de demostrar que la memoria fetal existe y cuáles son sus funciones.[11] En lo que respecta a su existencia, hoy en día no parecen existir dudas. Por ejemplo, fetos de dos meses fueron expuestos a 24 asociaciones entre la relajación de la madre *(estímulo incondicionado)* y la audición de música *(estímulo condicionado)*. Tras el parto, estos bebés dejaban de llorar y agitarse al escuchar la misma música, pero no otra. Lo mismo sucedió con bebés de dos días de edad cuyas madres acostumbraban a oír, durante el embarazo, cierta sintonía televisiva. Bebés cuyas madres no conocían dicha sintonía no mostraban reacción alguna.

Otro estudio demostró que los fetos puede «habituarse» (mostrar descenso de la respuesta al estímulo en función de su presentación repetida) a ciertos estímulos auditivos. Es decir, dejan de responder con movimientos y su corazón ya no muestra alteración del ritmo tras la exposición repetida a un sonido repentino.

En cuanto a la utilidad de esta rudimentaria memoria, los investigadores apuntan a una posible *función de práctica* de lo que después será una memoria a pleno rendimiento, y la comparan con otras funciones que empiezan a practicarse *in utero*, como la respiración o los movimientos oculares. Además, señalan que la memoria fetal puede contribuir al reconocimiento de la voz de la madre tras el parto y que, por ello, el recién nacido muestra preferencia por la voz de su madre y no por la de otras mujeres, facilitando así el establecimiento de los primerísimos vínculos de apego (DeCasper y Fifer, 1980; Hepper, Scott y Shahdullah, 1993). Esta función se ha relacionado también con la adquisición del lenguaje, ya que el bebé mostraría preferencia por los sonidos propios del habla materna, claramente reconocidos y, quizás, *recordados* desde antes de nacer.

Otros autores sugieren la importancia de esta memoria de cara a la alimentación a pecho del lactante. La dieta de la madre impregna tanto el líquido amniótico como la leche. El bebé podría reconocer en el calostro un sabor familiar debido a su memoria del sabor del

---

11. Véanse Hepper (1996) y James (2010) para una revisión más completa.

medio intrauterino (Mennella, Jagnow y Beauchamp, 2001) y esto, de ser así, facilitaría su adherencia rápida al pecho.[12]

Algunos de estos estudios podrían mejorarse metodológicamente y deben interpretarse con prudencia. No obstante, a falta de evidencias más fuertes, cabe señalar que todos apuntan en la misma dirección: aunque la memoria fetal no es, ni de lejos, parecida a la de un niño o un adulto, sí puede afirmarse su existencia y puede tener una utilidad de cara a facilitar el posterior progreso del bebé.

Desde la aparición de la magnetoencefalografía,[13] pueden estudiarse las habilidades fetales y de los neonatos con mayor precisión. Esta sofisticada técnica aplicada a los fetos permite pensar que las experiencias sensoriales prenatales modelan el cerebro del feto. Así, la llamada *plasticidad cerebral*[14] también podría darse *in utero*. Esto nos lleva a considerar que el cerebro del recién nacido no es una *tabula rasa*, sino un producto del desarrollo intrafetal; un desarrollo influido por multitud de variables entre las que se incluyen la estimulación recibida, el estado físico y psicológico de la madre, las condiciones del entorno y muchas otras. Si para el crecimiento del feto resulta fundamental el equilibrio fisiológico, hormonal y nutricional, no son menos importantes la estimulación sensorial y ambiental para el desarrollo cerebral y cognitivo posterior (Huotilainen, 2010).

---

12. Lo cual tiene un valor adaptativo enorme, ya que, como es sabido, el calostro es fundamental para el metabolismo celular, la inmunoprotección y otras funciones vitales del bebé.

13. La magnetoencefalografía es una técnica no invasiva que consiste en la grabación de la actividad funcional cerebral, mediante la captación de la actividad magnética del cerebro, tanto espontánea como en respuesta a estímulos, lo que permite investigar las relaciones entre las estructuras cerebrales y sus funciones. Se utiliza desde hace menos de 20 años y el equipo es muy costoso.

14. Se entiende por «plasticidad cerebral» la capacidad del cerebro de modificarse estructural y funcionalmente en función de ciertas condiciones como lesiones, aprendizajes, estimulaciones, etc. Véase Pascual-Castroviejo (1996) para una revisión más completa.

Naturalmente, la relación entre el feto y la madre no es unidireccional. El feto no es un habitante pasivo del medio intrauterino. No solamente las condiciones de la embarazada —de todo tipo— influyen en el feto, sino que la conducta y las respuestas de este también repercuten en la madre. Aunque el estudio de esta vía de relación está aún en sus inicios, sabemos, por ejemplo, que los movimientos del feto activan ciertos parámetros del sistema nervioso simpático[15] de la embarazada, incluso aunque estos movimientos no sean percibidos de manera consciente por la mujer (DiPietro *et al.*, 2006). Para algunos investigadores, estas activaciones del simpático podrían estar relacionadas con la mayor atención de la madre hacia su embarazo —y su correlato de una menor atención a otras estimulaciones— o incluso servir de antesala al vínculo posterior entre la madre y el recién nacido (DiPietro, 2010).

Como puede observarse, los datos apuntan en la dirección antes indicada: las relaciones bidireccionales del niño con su entorno —no hay que olvidar que *lo relacional* constituye la base del psiquismo— se dan antes del nacimiento.[16] De ahí la importancia de los estudios sobre de programación fetal, que abundan en esta idea.

La formulación de la «programación fetal», también conocida como «hipótesis de los orígenes fetales» (o «hipótesis Barker», en honor al primer investigador de este tema), sugiere que las condiciones tempranas de desarrollo, aquellas que se dan *in utero*, pueden tener efectos duraderos en el sujeto que todavía no ha nacido. Estos pueden afectar la susceptibilidad del sujeto con respecto a ciertos trastornos o enfermedades que pueden presentarse a posteriori, incluso décadas más tarde (Barker, Eriksson, Forsen y Osmond, 2002;

---

15. El «sistema nervioso simpático» es parte del «sistema nervioso autónomo». Dilata las pupilas, aumenta la fuerza y la frecuencia de los latidos del corazón, dilata los bronquios, disminuye las contracciones estomacales y estimula las glándulas suprarrenales. Desde el punto de vista psicológico nos prepara para la acción y está asociado con la percepción de estímulos emocionales.

16. En el apartado siguiente se mencionarán los vínculos de apego que surgen tras el parto. Pero, en realidad, el apego entre progenitores y bebé se da antes del parto y recibe el nombre de «apego prenatal» (Brandon *et al.*, 2009).

Gluckman y Hanson, 2005). Es por ello que tanto la biología como la psicología consideran al embarazo como uno de los *periodos críticos* del desarrollo de cada individuo (Ellison, 2010).

Los orígenes de la idea de la programación fetal, en su vertiente más actual, se vinculan con estudios epidemiológicos que, en su momento, resultaron sorprendentes. Un equipo de investigación descubrió que las personas con menor peso al nacer tenían mayor riesgo de morir de infarto (Barker, Winter, Osmund, Margetts y Simmonds, 1989). Los estudios siguientes demostraron que el hallazgo no se debía a ningún tipo de artefacto estadístico, y que una vez controladas las variables que podrían contaminar los resultados —por ejemplo, si los sujetos eran o no fumadores—, la conclusión se mantenía en pie. Posteriores estudios replicaron esta evidencia en diversos países del mundo e incluso la extendieron a otros trastornos crónicos como la diabetes, la hipertensión o la obesidad,[17] así como al incorrecto desarrollo de órganos internos como los riñones, el páncreas o el cerebro (Barker, 1994).

No faltan los estudios, que de inmediato revisaremos, que han encontrado jugosas correlaciones entre la vida fetal y las características psicológicas y psicopatológicas, tal como sugerían los estudios pioneros anteriormente mencionados. Una primera lectura de estos hallazgos podría sugerir que los resultados mostraban una serie de programaciones genéticamente determinadas e invariables. Pero lo que en realidad hallaron son los efectos y acciones de lo que hoy en día se conoce como «epigenética».

1.3. Introducción a la epigenética

Aunque el término «epigenética» ya se empleaba a finales del siglo XIX, su autoría se atribuye al biólogo Conrad H. Waddington en 1942. En la actualidad se entiende que la epigenética es el estudio de las relaciones que se dan entre los genes y el ambiente. En este sentido, se trata de observar las modificaciones en la expresión de

---

17. Véase Ellison (2010) para una revisión actualizada de estos trabajos.

genes que no obedecen a una alteración de la secuencia del ADN y que son heredables.

Hoy en día sabemos que el ambiente puede modificar la expresión (fenotipo) de la carga genética (genotipo) y que el factor ambiental puede afectar a uno o varios genes con múltiples funciones. Lo verdaderamente relevante de estos hallazgos es que estas modificaciones son heredables *(herencia epigenética)*. De este modo, los cambios, ya sean beneficiosos o no para el individuo, pueden perdurar en su descendencia durante cierto tiempo, a través del mecanismo llamado «impronta genética».

Los biólogos ya habían observado este fenómeno desde mucho tiempo atrás. Gracias a sus estudios de campo sabíamos, por ejemplo, que para que nazca una abeja reina es necesario alimentar a una larva durante un determinado periodo de tiempo con jalea real. Las larvas alimentadas durante un lapso más breve se convierten en obreras y no pueden reproducirse. Ejemplos de este tipo —y otros no solo basados en la alimentación— pueden observarse en otros ámbitos del reino animal (Fusco y Minelli, 2010).

A su vez, otras investigaciones habían demostrado que los mecanismos epigenéticos pueden resultar fundamentales tanto en cuestiones físicas como psicológicas, como pueden ser la memoria o algunas psicopatologías como la esquizofrenia (González y Pérez, 2013). Por ejemplo, ratones que recibieron, *in utero* y/o perinatalmente, suplementos de colina (un nutriente esencial precursor de la acetilcolina) mostraron un rendimiento de aprendizaje y retención mnésica mucho mayor que los que no lo recibieron (Tess, 1999).

El relato de uno de los trabajos más destacados de la epigenética moderna ilustrará estas ideas.[18] Waterland y Jirtle (2003), dos investigadores de la Universidad de Duke, una de las más prestigiosas de Estados Unidos, trabajaron con unos roedores muy especiales llamados Agouti, cuya característica más llamativa es su color amarillento. Los investigadores dividieron en dos grupos a los animales. Al grupo A lo

---

18. El trabajo, de ardua lectura para los no especialistas, puede consultarse en: http://www.geneimprint.com/media/pdfs/12861015_fulltext.pdf

alimentaron, durante dos semanas, con la dieta habitual de todos los laboratorios del mundo, y al grupo B le dieron una dieta especial (rica en vitamina B12, ácido fólico y otros suplementos). Transcurrido este tiempo, los animales (todos amarillentos) se aparearon entre ellos y la dieta se mantuvo para cada uno de los grupos durante el embarazo y la lactancia. Los resultados sorprendieron a la comunidad científica: las crías del grupo A eran amarillentas, pero las ratonas del grupo B parieron crías marrones. Se encontraron, además, otras diferencias en ciertos tejidos del riñón, hígado y otros órganos. Estas diferencias se mantuvieron durante toda la vida de los ratones.

Los investigadores llegaron a la conclusión de que la única explicación posible era que una o más sustancias presentes en los suplementos vitamínicos que administraron a las madres preñadas se trasladaron[19] a los genes de los roedores y «apagaron» la expresión del gen Agouti.

Por otra parte, es relevante señalar que no solo las condiciones ambientales *físicas* pueden modificar la expresión genética. También las psicológicas, como enseguida veremos, tienen esta capacidad (Szyf, Weaver y Meaney, 2007).

Estos estudios, y muchos otros que no podemos sintetizar aquí, muestran algunas ideas muy relevantes, a saber: 1) que el ambiente puede modificar la expresión genética; 2) que esta modificación puede constatarse a nivel físico y/o psicológico; 3) que puede prolongarse a lo largo de la vida del sujeto y, por último, aunque no por ello menos relevante, 4) que puede transmitirse a las sucesivas generaciones.

La epigenética, pues, despeja cualquier atisbo de duda sobre la importancia del ambiente en el funcionamiento, la salud y la enfermedad de los seres vivos. La causalidad debe verse, pues, siempre y para todo fenómeno, circular: lo genético influye en la conducta y el ambiente y la conducta —propia y ajena— influyen en lo genético.

---

19. No es este el lugar para una explicación de las bases biológicas (metilación del ADN, de las histonas, cambios en la cromatina y demás) de este traslado. Muy resumidamente podríamos decir que se trata de marcas o modificaciones neuroquímicas sobreescritas sobre los genes.

1.4. Procesos psicosociales, embarazo y repercusiones posteriores

Tras esta breve introducción a la epigenética, estamos en posición de comprender de un modo más cabal por qué las influencias que provienen del ambiente pueden resultar tan relevantes para el desarrollo prenatal —y, por tanto, para el postnatal—. Como comentábamos unas líneas más arriba, el entorno y las condiciones ambientales impactan a través de los mecanismos de la epigenética, y en algunos casos pueden marcar la evolución del nuevo ser en gestación.[20]

En este sentido, uno de los aspectos de la fisiología fetal que puede resultar notablemente alterado por las condiciones de la madre durante el embarazo es el del «eje hipotalámico-hipofisario-adrenal» (HHA en adelante). El HHA es un conjunto de órganos que interactúan entre sí: el *hipotálamo*, la *glándula pituitaria* y la *glándula adrenal* o *suprarrenal*. Las interacciones homeostáticas entre estos tres órganos configuran una parte esencial del sistema neuroendocrino que controla las reacciones frente al estrés, las emociones, la conducta sexual y otras funciones del organismo. El eje HHA, por tanto, juega un papel muy relevante en la determinación de las respuestas psicológicas y conductuales.

La construcción y funcionamiento posterior de este eje se inician durante el embarazo, y en este proceso juega un papel muy relevante el «cortisol», una sustancia segregada por las suprarrenales que es la hormona principal del estrés. Si sus niveles son normales, permite al organismo una serie de funciones adaptativas frente a las demandas del entorno, pero si se produce en exceso, se experimentan alteraciones fisiológicas y psicológicas. Si durante el embarazo los niveles de cortisol de la madre son demasiado elevados, alcanzarán la placenta e impactarán negativamente en el cerebro en formación del feto. Se producirá, entonces, una afectación del hipotálamo y el

---

20. Evidentemente, en la otra dirección de la causalidad circular antes apuntada, el ambiente puede modificar la expresión genética durante la vida postnatal del sujeto. De estas cuestiones nos ocuparemos más adelante.

hipocampo y, por consiguiente, del mencionado eje HHA, encargado de reaccionar frente al estrés.

La cuestión es más importante de lo que podría parecer a simple vista. Es obvio que cuando un bebé llega al mundo posee ya cierto *temperamento*. Así, por ejemplo, se dice que hay bebés más *reactivos* o más *difíciles* que otros. Por un bebé *altamente reactivo* se entiende un niño muy sensible o inquieto, difícil de calmar, con gran facilidad para el llanto, etc. También resulta evidente que hay bebés que nacen más fuertes que otros o con más o menos capacidades para conectar con los estímulos del entorno. Se suele hablar del «temperamento», o de la «constitución» como características innatas debidas a factores genéticos pero, a menudo, se olvida que en este temperamento han podido influir muchas variables ambientales previas al nacimiento, es decir, durante el desarrollo fetal. Las experiencias *in utero* influyen en la constitución del bebé. Lo que tiene apariencia de innato o genético, por su precocidad, puede deberse, en realidad, a experiencias intrafetales. Por ejemplo, si la madre ha sufrido un estrés severo durante el embarazo, habrá transmitido al feto, mediante el cortisol, una gran vulnerabilidad y reactividad al estrés. Se dirá entonces, ya en los primeros días de vida de la criatura, que se trata de un bebé *inquieto* o *muy llorón*. Muy probablemente así será, pero no debido a su carga genética sino a cómo las experiencias derivadas del ambiente y de las condiciones psicosociales de su madre han influido en el desarrollo de su sistema nervioso.

En efecto, del mismo modo que una embarazada que fuma o abusa del alcohol condiciona un alto nivel de cortisol en el feto, una mujer sometida a altos niveles de estrés durante este periodo experimentará un proceso idéntico. Muy probablemente tendrá un bebé dotado de un eje HHA menos equilibrado para hacer frente al estrés al que todo neonato se ve sometido. Más adelante veremos cómo estas primeras influencias prenatales pueden marcar, en cierta medida, las respuestas del individuo a las dificultades del resto de su vida.

Los estudios con animales de laboratorio apuntalan la idea de que las influencias del ambiente pueden resultar fundamentales para el desarrollo prenatal y postnatal. No son pocas las investigaciones que muestran que ratones o primates, hijos de madres sometidas a diversos tipos de estrés durante el embarazo, ven afectadas de manera negativa sus capacidades de aprendizaje, desarrollo motor y conductual tras el parto, precisamente por la acción del eje HHA (Huizink, Mulder y Buitelaar, 2004; Schneider y Moore, 2000).

En la actualidad, la evidencia empírica indica que un elevado estado de ansiedad de la madre durante el embarazo puede conllevar consecuencias negativas de amplio espectro en el neurodesarrollo, cuyas implicaciones pueden alcanzar gran parte de la vida del sujeto. Así, por ejemplo, hay trabajos que señalan alteraciones en aspectos como los procesos de regulación atencional y desarrollo motor (Huizink *et al.*, 2003), el temperamento infantil —siendo este más miedoso de lo normal— (Davis y Sandman, 2010), problemas de conducta y emocionales entre los 4 y los 7 años de edad (O'Connor *et al.*, 2002), impulsividad en adolescentes (Mennes *et al.*, 2006) y trastornos mentales (Khashan *et al.*, 2008).

Las implicaciones y consecuencias de esta situación de la madre pueden ir más allá de lo psicológico. Hay estudios que muestran una disminución de la densidad en la materia gris[21] de ciertas áreas cerebrales en niños (Buss *et al.*, 2010). Beijers, Jansen, Riksen y Weerth (2010) encontraron que los hijos de madres muy ansiosas durante el embarazo tenían más enfermedades durante el primer año de vida. Es más, un artículo publicado en *Lancet* sugiere que las malformaciones congénitas de la cresta neural craneal pueden asociarse a embarazos en los cuales las madres han sufrido un acontecimiento traumático, es decir, provocador de gran ansiedad, como la muerte de un hijo (Hansen, Lou y Olsen, 2000). Un reciente estudio ha encontrado que los hijos de las mujeres embarazadas que consumen antidepresivos

---

21. La «sustancia gris» (o «materia gris») corresponde a aquellas zonas del sistema nervioso central de color grisáceo integradas principalmente por somas neuronales y dendritas carentes de mielina junto con células gliales. En el cerebro se presenta en la corteza cerebral, que corresponde a la organización más compleja de todo el sistema nervioso. Se asocia con la función del procesamiento de información y el razonamiento.

porque padecen una depresión nacen con un tamaño craneal menor, pero no en el resto del cuerpo (El Marroun *et al.*, 2012).

Dos de los parámetros más estudiados en los recién nacidos, indicativos de sus condiciones intrafetales, son la «edad gestacional» y el «peso en el momento del parto». Especial atención han recibido, por parte de los investigadores, el bajo peso al nacer (BPN en adelante) y el nacimiento antes de término o prematuridad (NAT en adelante).

Lo relevante del BPN y del NAT[22] es que se vinculan, como ya hemos comentado, con condiciones de vida a posteriori, tanto físicas como psicológicas. Es decir, el BPN y el NAT no son condiciones inocuas, como insinuaría su transitoriedad, sino factores que pueden, aunque no siempre tiene por qué ser así, tener repercusiones muy significativas a posteriori.

BPN y NAT se han analizado en los bebés de madres sometidas a los más diversos agentes estresantes para observar cómo las condiciones ambientales influyen en la vida del feto. Por supuesto que en esta inciden una multitud de variables (dieta, condiciones médicas pasadas y actuales, genéticas, neuroendocrinas, etc.), pero las que aquí nos interesan son las de orden psicosocial (condiciones económicas, relaciones afectivas y de pareja, preocupaciones con respecto al embarazo, situaciones estresantes varias, acontecimientos vitales, etc.).

Una revisión metaanalítica[23] de estos estudios (Dunker, 2011) muestra datos muy relevantes. Así, por ejemplo, las embarazadas que tuvieron que hacer frente a la muerte de un ser querido mostraron más probabilidades de dar a luz a un bebé con BPN. Por su parte, las madres deprimidas tienen más riesgo de dar a luz a niños con BPN. También es sabido que dos tercios de aquellas que experimentaron un acontecimiento catastrófico en su comunidad, como un terremoto o un ataque terrorista, parieron bebés NAT y con BPN. A su

---

22. BPN y NAT no siempre se presentan juntos, aunque dos tercios de los bebés con BPN son NAT.

23. Un «metaanálisis» es un análisis sistémico e integral del conjunto de resultados de las investigaciones empíricas que analizan un mismo problema, con el objetivo de hallar conclusiones factibles de ser generalizadas.

vez, madres que viven en entornos pobres, y/o con un alto índice de criminalidad, tienen más hijos con BPN y NAT que las madres que han cursado su embarazo en mejores condiciones.

No será necesario insistir mucho para demostrar que las condiciones contrarias a las recién descritas suelen asociarse a embarazos más tranquilos y a bebés más saludables tras el parto. Por ejemplo, altos niveles de apoyo y soporte prenatal a la embarazada, por parte de la pareja, la familia y la sociedad en general, se asocian con un peso óptimo en el parto (Hedegaard, Henriksen, Secher, Hatch y Sabroe, 1996; Dunkel, 2011).

Como es sabido, los temores y preocupaciones sobre la salud del futuro bebé, con respecto al parto, en torno a los cuidados del recién nacido y demás cuestiones son muy habituales entre las mujeres embarazadas. Sin embargo, cuando estas preocupaciones son excesivas en frecuencia, duración e intensidad, configuran un «estado de ansiedad» que ha resultado ser un potente predictor de recién nacidos con BPN y NAT, así como de las respuestas alteradas del eje HHA y las reacciones psicológicas negativas de la madre tras el parto (Alder *et al.*, 2011). Cabe destacar el hecho de que esta predicción, basada en el estado psicológico de la embarazada, resulta ser tan potente estadísticamente[24] como aquella que se deriva del hábito de fumar y otros estados médicos de la madre (abuso de cocaína, dieta pobre o malos hábitos). Dicho de otro modo, si fumar, tomar cocaína o alimentarse mal representan *factores de riesgo* para dar a luz a bebés con BPN o NAT, lo mismo puede afirmarse con respecto al elevado estado de ansiedad de la madre. Recuérdese lo comentado antes con respecto a la influencia del cortisol en todos estos procesos.

De esto se deriva que otra de las áreas de estudio se centre en la influencia sobre el BPN y el NAT de los trastornos mentales de la madre antes y durante el embarazo. Los datos apuntan a que la depresión materna puede aumentar hasta cuatro veces el riesgo, com-

---

24. Los estudios que han llegado a estas conclusiones están muy bien controlados metodológicamente y utilizan muestras muy amplias. Solo tres de ellos suman un total de 8 705 mujeres y sus bebés.

paradas con mujeres no depresivas, de tener un bebé con BPN. Un estudio demostró, al analizar más de medio millón de casos, que el diagnóstico de depresión predecía el resultado del BPN (Kelly *et al.*, 2000). Este y otros estudios han demostrado que las mujeres con psicopatología tienen un mayor riesgo de dar a luz a niños con BPN, así como que las condiciones de estrés crónico (desempleo, pobreza, condiciones insalubres en la vivienda o el trabajo) promueven un riesgo idéntico (Dunkel, 2009).

Para ilustrar la relación entre las condiciones de la madre durante el embarazo, el BPN y el NAT, así como las consecuencias posteriores, nada mejor que un caso real.

Ejemplo clínico:

Marisa y su pareja regentan un bar nocturno. Fuman, beben y abusan de otras drogas prácticamente a diario. Sus hábitos de vida nunca han sido muy saludables: el sueño y las comidas son caóticas y al ejercicio físico lo ignoran por completo.

De esta guisa se prolongó todo el embarazo de Marisa (si bien esta moderó un poco el consumo de sustancias). A las 31 semanas de embarazo se produjo un desprendimiento de placenta que requirió una cesárea de urgencias. Daniel, el bebé, nació en apnea y con 990 gramos de peso. Se trataba, por tanto, de un bebé NAT y con BPN.

A partir de este momento, el rosario de dificultades de Daniel ha sido incesante. De recién nacido, y en la incubadora, le detectaron numerosas dificultades (insuficiencia respiratoria, hemorragias intraventriculares, anemia aguda, estenosis ileal que requirió la práctica de una ileostomia, raquitismo, alteraciones de los ventrículos cerebrales y otros problemas médicos).

A los ocho meses, el niño es derivado al CDIAP[25] que le corresponde. Allí se observa que presenta una escasa interacción con el entorno y un contacto ocular pobre. Reacciona al sonido pero no localiza la fuente sonora. Su movilidad espontánea es muy pobre y presenta hipotonía global. Los padres señalan que el niño tiene retraso «porque

25. Centro de Desarrollo Infantil y Atención Precoz.

estuvo en la incubadora» y solo a regañadientes aceptan la fisioterapia. En muchas ocasiones, los padres no llevan al niño al centro y se saltan, sin avisar, sesiones de tratamiento. No acuden a las reuniones a las que son convocados ni devuelven el material educativo que se les presta. Lo mismo ocurre en el hospital de referencia al que deben ir para que diferentes especialistas (traumatólogo, cardiólogo, neumólogo, oftalmólogo) atiendan a su hijo, a pesar de que en el hospital, para facilitarles las cosas, programan todas las visitas en una única jornada. Acuden, en cambio, a homeópatas, curanderos y osteópatas, en búsqueda de tratamientos «alternativos».

A los 2 años, Daniel no puede ir a la guardería porque es un niño muy débil a nivel pulmonar. Aun así, los padres fuman dentro del coche en presencia del niño, cuya ropa desprende siempre un fuerte olor a tabaco.

Cuando llega el momento de efectuar la preinscripción del niño en la escuela (curso de P 3), el centro avisa con antelación a los padres pero estos no la realizan. Un día después de finalizado el plazo, la madre llama por teléfono, y cuando la dirección del colegio les señala que se ha agotado el periodo de matrícula, la madre se indigna diciendo que «no me quieren hacer la matrícula porque es un niño con dificultades y se lo quieren sacar de encima». Acude a la alcaldía a denunciar los hechos. De paso, denuncia también al CDIAP porque «faltan mucho y no hacen gran cosa por el niño».

A los 5 años se le tramita el certificado de deficiencia mental, a un nivel del 65 por ciento.

La tutora del colegio explica que, a menudo, se ha de quedar esperando a que vengan a recoger al niño en el momento de cerrar la escuela, ya que los padres se retrasan. Se les ha pedido en reiteradas ocasiones que sean puntuales pero esta conducta no cambia. No obstante, la madre critica a la escuela señalando que «no están suficientemente preparados para atender a Daniel y no le dan el soporte que él necesita...».

Comentario: no cabe duda de que la vida entera de Daniel está resultando, y resultará, seriamente dañada como consecuencia de la actitud negligente y maltratadora (pre y postnatal) de sus padres. El caso se muestra como un macabro compendio de deficientes condiciones de embarazo y crianza. Ambos padres presentan una clara psicopatología en forma adictiva, a lo que se añade una desorganización conductual y una actitud negadora, querulante y proyectiva que solo cabe considerar como «psicopática».

El caso presentado muestra la influencia de las condiciones de la madre sobre el feto y el neonato. Pero también manifiesta algo que nos parece muy relevante desde el punto de vista psicosocial: que las condiciones ambientales prenatales pueden representar el preámbulo de las condiciones postnatales. Dicho de otro modo: el ambiente pre y postnatal suele, en muchas ocasiones, enlazarse sin solución de continuidad. De ahí la importancia de la detección y la atención precoz a las embarazadas y sus parejas que presenten estos factores de riesgo biopsicosociales.

Creemos que una verdadera prevención debería empezar en este momento y no a posteriori, como suele ser lo habitual. No solo los estudios científicos y el sentido común apoyan la idea y la eficacia (Ickovics *et al.*, 2007) de una prevención precoz (pre y postnatal). En la actualidad, sabemos que ciertas marcas epigenéticas prenatales pueden ser modificadas tras el nacimiento, siempre y cuando el ambiente pueda incidir en el periodo crítico durante el cual esta modificación es factible (Szyf, McGowan y Meaney, 2008). Insistiremos en esta fascinante temática más adelante.

1.5. Condiciones de embarazo y psicopatología postnatal

Si, como ha quedado demostrado, las condiciones del embarazo y del entorno afectan a parámetros como el BPN y el NAT, así como al eje HHA, no es de extrañar que los profesionales de la salud mental se hayan planteado la pregunta siguiente: ¿pueden las condiciones prenatales aumentar el riesgo de que el sujeto, en su infancia o más adelante, sufra trastornos mentales? La pregunta es tan atrevida como sugerente. Analizaremos aquí las respuestas que se han hallado. Algunos resultados ya se han mencionado unas líneas más arriba.

Una primera respuesta la encontramos en los estudios realizados con animales.[26] Estos experimentos en los que se somete a las hembras embarazadas (de varias especies) a las más diversas adversidades estresantes (ruido, luz, frío, masificación, aislamiento, choques eléctricos, etc.) muestran no solo las conocidas repercusiones en cuanto a BPN y NAT, sino también alteraciones del comportamiento en las crías (lo que sería extrapolable a los humanos, en cierta medida, como «alteraciones psicopatológicas» o «trastornos mentales»). Estas alteraciones incluyen, entre otras, conductas más miedosas, inhibiciones de comportamiento, dificultades en el aprendizaje, menor interacción social o alteraciones en la conducta sexual (Huizink, Mulder y Buitelaar, 2004).

Los datos que provienen de la experimentación animal han de tomarse con prudencia en el momento de efectuar su traslación al ámbito humano. Nuestro cerebro madura más lentamente que el de los animales, y los agentes estresantes de un laboratorio son muy diferentes del estrés al que los humanos —en este caso, las mujeres embarazadas— hemos de hacer frente. Aun así, los datos resultan de sumo interés.

Uno de los estudios más impresionantes que vincula la programación fetal y la psicopatología posterior fue el realizado por Susser y su equipo (Susser, Hoek y Brown, 1998). Estos investigadores realizaron el seguimiento de un gran número de niños concebidos durante la ocupación nazi de Holanda, invasión que en el invierno entre 1944 y 1945 ocasionó una tremenda hambruna. Sus resultados indicaron que la deficiente alimentación de las madres, y, por tanto, de sus fetos, en especial durante el segundo trimestre de embarazo, tuvo como consecuencia un incremento del riesgo de padecer esquizofrenia[27]

---

26. Que describamos los estudios realizados no implica que, en nuestra opinión, no puedan y deban criticarse desde el punto de vista de la bioética y el respeto a los derechos de los animales.

27. Los estudios que utilizan diagnósticos psicopatológicos para confeccionar sus muestras —la inmensa mayoría— deben ponerse en tela de juicio, ya que la *validez* (en el sentido metodológico del término) de tales diagnósticos es muy cuestionable. Tenga el lector presente esta cuestión siempre que se cite este tipo de investigaciones.

y otros trastornos mentales. Estos estudios resultaron confirmados más adelante, y también en otras poblaciones (Brown y Susser, 2008; Rice et al., 2010).

Aunque estos datos, y otros que a continuación veremos, son muy espectaculares, los estudios que tratan de vincular las condiciones psicológicas de la madre durante el embarazo y la psicopatología posterior de sus hijos deben interpretarse sin olvidar que las variables de personalidad de la madre siguen influyendo en el hijo mucho tiempo después del alumbramiento. Por ello, resulta prácticamente imposible delimitar hasta qué punto son las condiciones psicológicas de la madre durante el embarazo —o bien estas mismas condiciones tras el parto— las que influyen en la psicopatología de los niños. Un ejemplo de las dificultades de interpretación que estamos señalando puede verse en el estudio de Vaughn y su equipo (Vaughn et al., 1987). Estos investigadores pasaron escalas de ansiedad a un grupo de 337 mujeres embarazadas. Hallaron que aquellas que tenían mayores niveles de ansiedad reportaron, cuatro meses después del parto, tener bebés con un temperamento más inquieto y difícil. Con un diseño de estas características, separar lo prenatal de lo postnatal es tarea insoluble.

Otros estudios, con un diseño más sofisticado, han intentado correlacionar los niveles de ansiedad de la embarazada con los movimientos y el sueño fetal, así como con los problemas de temperamento de los bebés a los siete meses de edad. Los análisis estadísticos apuntan a una influencia directa de la ansiedad de la madre sobre el feto (Van den Bergh, 1990).

Huttunen, Machon y Mednick (1994) efectuaron un seguimiento de 15 años a hijos de madres que sufrieron durante el embarazo la muerte de su esposo. Hallaron una elevada incidencia (comparada con la población general) de trastornos como esquizofrenia, depresión, alcoholismo, neurosis y conducta antisocial. Cuando compararon estos datos con los de los niños que habían perdido a su padre durante el primer año de vida, la incidencia seguía siendo mayor en los primeros.

Un estudio muy similar al anterior lo realizó Khashan y su grupo (Khashan et al., 2008). Sus datos trataban de correlacionar el estrés severo de las embarazadas con la presencia de esquizofrenia en sus hijos. Tras el análisis de una muestra muy amplia, sus conclusiones son parecidas a las de Huttunen: la exposición de la madre a un estrés severo (como la muerte de un ser querido) durante el primer trimestre de embarazo incrementa el riesgo del hijo a padecer esquizofrenia. Sin embargo, este efecto no se observa si la muerte del ser querido se produce pasados los seis meses de embarazo.

La depresión, entidad clínica aparentemente muy extendida entre la población general, también ha recibido atención por parte de los investigadores de lo prenatal. Algunos (Gerardin *et al.*, 2010) sugieren que la depresión de la madre durante el embarazo puede afectar al desarrollo motor del feto y que sus recién nacidos puntúan más bajo en el test de Brazelton.[28] Posteriormente, estos niños, sobre todo si son varones, mostrarán más impulsividad y trastornos del sueño que los controles (niños cuyas madres no estuvieron deprimidas durante el embarazo).

Ya se ha comentado con anterioridad que las embarazadas con depresión tienen más posibilidades que las mujeres sin depresión de dar a luz a bebés con BPN. Además, entre los adolescentes que nacieron con BPN se dan entre cuatro y siete veces más posibilidades de padecer depresión que entre los no BPN (Costello, Worthman, Erkanli y Angold, 2007). Los autores sugieren que el BPN podría generar una mayor sensibilidad a las circunstancias adversas de la vida y así aumentar el riesgo de depresión, como resultado de una posible alteración del mencionado eje HHA.

Como ya hemos comentado, las conclusiones de estos estudios han de considerarse con prudencia. No es posible, ni sería lógico afirmar, que las condiciones intrafetales determinan la psicopatología posterior. Aunque los estudios de programación fetal de Baker y otros autores muestren correlaciones interesantes y bien definidas entre el BPN o el NAT y ciertas condiciones de vida posterior, cabe recordar

---

28. La escala neonatal de Brazelton es un instrumento de evaluación cuyo objetivo es valorar la calidad de respuesta del niño y la cantidad de estimulación que necesita. Para ello, tiene en cuenta patrones visuales, motrices y auditivos. Puede aplicarse a los pocos días tras el nacimiento (Brazelton y Nugent, 1995).

que en lo psicológico, la cantidad y cualidad de variables implicadas es prácticamente infinita. El ser humano pasa nueve meses cruciales en el seno de su madre, pero un gran número de años fuera, años que, a nuestro criterio, sí resultan determinantes para su personalidad y posible psicopatología.

En todo caso, y sosteniendo la idea de la continuidad entre las condiciones pre y postparto que hemos expresado anteriormente, cabe suponer que la posible psicopatología de ciertos casos cursa en un *continuum* de desarrollo que se inicia *in utero* y se sigue manifestando —o no— tras el alumbramiento y la vida posterior. Vale la pena, pues, atender a las condiciones intrafetales de vida, como un primer acercamiento para una visión más global del ser humano que está por venir o ya es.

En este sentido, y regresando al tema del «temperamento», debemos recordar un aspecto importante: aunque a menudo se señala que el temperamento es de origen genético, ya hemos visto cómo las influencias vividas *in utero* también influyen sobre él. Pero aún es preciso añadir alguna idea más: en realidad, el temperamento de los bebés no está tan consolidado como se suele creer. La conducta y las respuestas del bebé durante el primer año de vida no están bien organizadas, ni reguladas, y son muy moldeables por la influencia de sus progenitores. De estas influencias, entre otras cosas, hablaremos en el capítulo siguiente.

Referencias bibliográficas

ALDER, J.; BREITINGER, G.; GRANADO, C.; FORNARO, I.; BITZER, J.; HÖSLI, I. y URECH, C. (2011) «Antenatal psychobiological predictors of psychological response to childbirth», en *Journal of the American Psychiatric Nurses Association, 17,* 417-425.

AMMANITI, M. y TRENTINI, C. (2011) «Cómo el nuevo conocimiento sobre ser padres revela las implicaciones neurobiológicas de la intersubjetividad: Síntesis conceptual de investigaciones recientes», en *Clínica e Investigación Relacional, 5,* 60-84.

ARIÈS, P. (1973) *L'enfant et la vie familiale sous l'Ancien Régime*, París, Seuil. (Trad. cast.: *El niño y la vida familiar en el antiguo régimen*, Madrid, Taurus, 1987).

BADINTER, E. (1980) *L'amour en plus: Histoire de l'amour maternel (XVIIIe-XXe siècle)*, París, Flammarion. (Trad. cast.: *¿Existe el amor maternal? Historia del amor maternal [s. XVIII-XX]*, Barcelona, Paidós, 1992).

BARKER, D.J.P. (1994) *Mothers, babies and disease in later life*. Londres, BMJ Publishing.

BARKER, D.J.P.; WINTER, B.D.; OSMUND, C.; MARGETTS, B. y SIMMONDS, S.J. (1989) «Weight in infancy and death from ischaemic heart disease», en *Lancet, 334, 577-580*.

BARKER, D. J.; ERIKSSON, J. G.; FORSEN, T. y OSMOND, C. (2002) «Fetal origins of adult disease: strength of effects and biological basis», en *International Journal of Epidemiology, 31*, 1235-1239.

BARUDY, J. y DANTAGNAN, M. (2005) *Los buenos tratos a la infancia. Parentalidad, apego y resilencia*, Barcelona, Gedisa.

BAUMAN, Z. (2003) *Liquid love: on the fraitly of human bonds*, Londres, Polity Press & Blackwell Publishers. (Trad. cast.: *Amor líquido. Acerca de la fragilidad de los vínculos humanos*, Madrid, Fondo de Cultura Económica, 2005).

BEIJERS, R.; JANSEN, J.; RIKSEN, M. y de WEERTH, C. (2010) «Maternal prenatal anxiety and stress predict infant illness and health complaints», en *Pediatrics, 126*, 401-409.

BRANDON, R.A.; PITTS, S.; DENTON, W.H.; STRINGER, C.A. y EVANS, H.M. (2009) «A history of the theory of prenatal attachment», en *Journal of Prenatal and Perinatal Psychology and Health 23*, 201-222.

BRAZELTON, T.B. y CRAMER, B.G. (1990) *The earliest relationship. Parents, infants and the drama of early attachment*, Reading, Addison-Wesley. (Trad. cast.: *La relación más temprana. Padres, bebés y el drama del apego inicial*, Barcelona, Paidós).

BRAZELTON, T.B. y NUGENT, J.K. (1995) *The Neonatal Behavioral Assessment Scale*, Cambridge Mac Keith Press. (Trad. cast.: *Escala para la evaluación del comportamiento neonatal*, Barcelona, Paidós, 1997).

BROWN, A.S. y SUSSER, E.S. (2008) «Prenatal nutritional deficiency and risk of adult schizophrenia», en *Schizophrenia Bulletin, 34*, 1054-1063.

Buss, C.; Davis, E.P.; Muftuler, L.T.; Head. K. y Sandman, C.A. (2010) «High pregnancy anxiety during mid-gestation is associated with decreased gray matter density in 6-9-year-old children», en *Psychoneuroendocrinology, 35*, 141-153.

Camps, N. (2007) «Técnicas de reproducción y nuevo milenio», en A. Talarn (comp.), *Globalización y salud mental*, Barcelona, Herder.

Chamberlain, D.B. (1983) *Consciousness at birth: A review of the empirical evidence*, San Diego, Chamberlain Publications.

Coddington, R.D. (1979) «Life events associated with adolescent pregnancies», en *Journal of Child Psychiatry, 40*, 180-185.

Costello, E. J.; Worthman, C.; Erkanli, A. y Angold, A. (2007) «Prediction from low birth weight to female adolescent depression: a test of competing hypotheses», en *Archives of General Psychiatry, 64*, 338-344.

Davis, E.P. y Sandman, C.A. (2010) «The timing of prenatal exposure to maternal cortisol and psychosocial stress is associated with human infant cognitive development», en *Child Development, 81*, 131-138.

De Vries, J.I.P.; Visser, G.H.A. y Prechtl, H.F.R. (1982) «The emergence of fetal behaviour. Individual differences and consistencies», en *Early Human Development, 16*, 85-103.

DeCasper, A.J. y Fifer, W.P. (1980) «Of human bondage: Newborns prefer their mothers' voices», en *Science, 208*, 1174-1176.

DiPietro, J.A. (2010) «Psychological and psychophysiological considerations regarding the maternal-fetal relationship», en *Infant and Child Devolopment, 19*, 27-38.

DiPietro, J.A.; Costigan, K.A. y Gurewitsch, E.D. (2003) «Fetal response to induced maternal stress», en *Early Human Development, 74*, 125-138.

DiPietro, J.A.; Caulfield, L.E.; Irizarry, R.A.; Chen, P.; Merialdi, M. y Zavaleta, N. (2006) «Prenatal development of intrafetal and maternal-fetal synchrony», en *Behavioral Neuroscience, 120*, 687-701.

Dunkel, C. (2009) «Stress processes in pregnancy and preterm birth», en *Current Directions in Psychological Science, 18*, 205-209.

— (2011) «Psychological science on pregnancy: Stress processes, biopsychosocial models, and emerging research issues», en *Annual Review of Psychology, 62*, 531-558.

EIBL-EIBESFELDT, I. (1990) *Die biologie des menschlichen verhaltens*, Frankfurt del Meno, Blank Media. (Trad. cast.: *Biología del comportamiento humano. Manual de etología humana*, Madrid, Alianza, 1993).

EL MARROUN, H.; JADDOE, V.;HUDZIAK, J.J.; ROZA, S.J.; STEEGERS, E.A.P.; HOFMAN, A.; VERHULST, F.C.; WHITE, T.; STRICKER, B. y TIEMEIER, H. (2012) «Maternal use of selective serotonin reuptake inhibitors, fetal growth, and risk of adverse birth outcomes», en *Archives of General Psychiatry, 69,* 706-714.

ELLISON, P.T. (2010) «Fetal programming and fetal psychology», en *Infant and Child Devolopment, 19,* 6-20.

FREUD, S. (1914) «Introducción al narcisismo», en *Obras Completas*, vol. XIV, Buenos Aires, Amorrortu.

— (1926) «Inhibición, síntoma y angustia», en *Obras Completas*, vol. XX, Buenos Aires, Amorrortu.

FUSCO, G y MINELLI, A. (2010) «Phenotypic plasticity in development and evolution: facts and concepts», en *Philosophical Transactions of The Royal Society B. Biological Sciences, 365,* 547-556.

GARCÍA-DIÉ, M.T. (2004) «De la infància a la gestació. Algunes aportacions de la psicoanàlisi a la clínica infantil», en *Aloma, 14,* 67-76.

GERARDIN, P.; WENDLAND, J.; BODEAU, N.; GALIN, A.; BIALOBOS, S.; TORDJMAN. S.; MAZET, P.; DARBOIS, Y.; NIZARD, J.; DOMMERGUES, M. y COHEN, D. (2010) «Depression during pregnancy: is the developmental impact earlier in boys? A prospective case-control study», en *Journal of Clinical Psychiatry, 72,* 378-387.

GLUCKMAN, P. y HANSON, M. (2005) *The fetal matrix*, Cambridge, Cambridge University Press.

GÓNZALEZ, H. y PÉREZ, M. (2013) «Epigenetics and its implications for psychology», en *Psicothema, 25,* 3-12.

GORDON, T. (1970) *Parent effectiveness training*, Nueva York, Three Rivers Press. (Trad. cast.: *PET Padres eficaz y técnicamente preparados. Nuevo sistema comprobado para formar hijos responsables*, México, Diana, 1993).

GORDON, R.E. y GORDON, K. (1957) «Some social-psychiatric aspects of pregnancy and childbearing», en *Journal of the Medical Society of New Jersey, 54,* 569-572.

HANSEN, D.; LOU, H.C. y OLSEN, J. (2000) «Serious life events and congenital malformations: a national study with complete follow-up», en *Lancet, 356,* 875-880.

HEDEGAARD, M.; HENRIKSEN, T.B.; SECHER, N.J.; HATCH, M.N. y SABROE, S. (1996) «Do stressful live events affect duration of gestation and risk of preterm birth?», en *Epidemiology, 7,* 339-345.

HEPPER, P.G. (1996) «Fetal memory: Does it exist? What does it do?», en *Acta Paediatrica, 416,* 16-20.

HEPPER, P.G. y SHAHIDULLAH, S. (1994) «The beginnings of mind – evidence from the behaviour of the fetus», en *Journal of Reproductive and Infant Psychology, 12,* pp. 143-154

HEPPER, P.G.; SCOTT, D. y SHAHDULLAH, S. (1993) «Newborn and fetal response to maternal voice», en *Journal of Reproductive and Infant Psychology, 11,* 147–153.

HORNEY, K. (1932) «The dread of women», en *International Journal of Psychoanalysis, 13,* 348-360.

HUIZINK, A.C.; MULDER, E.J.H. y BUITELAAR, J.K. (2004) «Prenatal stress and risk for psychopathology early or later in life: specific effects or induction of general susceptibility?», en *Psychological Bulletin, 130,* 115-142.

HUIZINK, A.C.; ROBLES, P.G.; MULDER, E.J.H.; VISSER, G.H. y BUITELAAR, J.K. (2003) «Psychological measures of prenatal stress as predictors of infant temperament», en *Journal of the American Academy of Child and Adolescent Psychiatry, 41,* 1078-1085.

HUOTILAINEN, M. (2010) «Building blocks of fetal cognition: emotion and language», en *Infant and Child Devolopment, 19,* 94-98.

HUTTUNEN, M.O.; MACHON, R.A. y MEDNICK, S.A. (1994) «Prenatal factors in the pathogenesis of schizophrenia», en *British Journal of Psychiatry, 23 Suppl,* 15-19.

ICKOVICS, J.R.; KERSHAW, T.S.; WESTDAHL, C.; MAGRIPLES, U.; MASSEY, Z.; REYNOLDS, H. y RISING, S.S. (2007) «Group prenatal care reduces preterm birth: results from a multi-site randomized controlled trial», en *Obstetrics and Gynecology, 110,* 3303-3309.

JAMES, D.K. (2010) «Fetal learning: a critical review» en *Infant and Child Development, 19,* 45-54.

KAWI, A.A. y PASAMANICK, B. (1958) «Association of factors of pregnancy with reading disorders in childhood», en *Journal of the American Medical Association, 166,* 1420-1423.

Kelly, R.H.; Russo, J.; Holt, V.L.; Danielsen, B.H.; Zatzick, D.F.; Walker, E. y Katon, W. (2002) «Psychiatric and substance use disorders as risk factors for low birth weight and preterm delivery», en *Obstetrics and. Gynecology, 100*, 297-304.

Khashan, A.S.; Abel, K.M.; McNamee, R.; Pedersen, M.G.; Webb, R.T.; Baker, P.N.; Kenny, L.C. y Mortensen, P.B. (2008) «Higher risk of offspring schizophrenia following antenatal maternal exposure to severe adverse life events», en *Archives of General Psychiatry, 65*, 146-152.

Kisilevski, B. S., y Low, J. A. (1998) «Human fetal behaviour: 100 years of study», en *Developmental Review, 18*, 1-29.

Lilienfeld, A.M. y Pasamanick, B. (1955) «The association of maternal and fetal factors with the development of cerebral palsy and epilepsy», en *American Journal of Obstetrics & Gynecology, 70*, 93-101.

Maturana, H. y Varela, G. (1984) *El árbol del conocimiento,* Santiago de Chile, Universitaria.

Mennella, J.A.; Jagnow, C.P. y Beauchamp, G.K. (2001) «Prenatal and postnatal flavor learning by human infants», en *Pediatrics, 107(6):E88.*

Mennes, M.; Stiers, P.; Lagae, L. y Van Den Bergh, B. (2006) «Long-term cognitive sequelae of antenatal maternal anxiety: involvement of the orbitofrontal cortex», en *Neuroscience & Biobehavioral Reviews, 30*: 1078-1086.

Minsky, R. (1998) *Psychoanalysis and culture. Contemporary states of mind,* New Jersey, Rutgers University Press. (Trad. cast.: *Psicoanálisis y cultura. Estados de ánimo contemporáneos,* Madrid, Cátedra, 2000).

Morgan, C.; Chapar, G.N. y Fisher, M. (1995) «Psychosocial variables associated with teenage pregnancy», en *Adolescence, 30*, 277-289.

O'Connor, T.G.; Heron, J.; Beveridge, M. y Glover, V. (2002) «Maternal antenatal anxiety and children's behavioral/emotional problems at 4 years», en *British Journal of Psychiatry, 180*, 502-508.

Pasamanick, B. y Lilienfeld, A.M. (1955) «Association of maternal and fetal factors with development of mental deficiency: I. Abnormalities in the prenatal and paranatal periods», en *Journal of the American Medical Association, 159*, 155-160.

Pascual-Castroviejo, I. (1996) «Plasticidad cerebral», en *Revista de Neurología, 24*, 1361-1366.

Piontelli, A. (1992) *From fetus to child. An observational and psychoanalytic study*, Londres, Tavistock/Routledge. (Trad. cast.: *Del feto al niño. Un estudio observacional y psicoanalítico*, Barcelona, Espaxs).

Pretchtl, H.F.R. (1984) *Continuity of neural functions from prenatal to postnatal life*, Londres, Spastics International Medical Publications.

Rice, F.; Harold, G.T.; Boivin, J.; van den Bree, M.; Hay, D.F. y Thapar, A. (2010) «The links between prenatal stress and offspring development and psychopathology: disentangling environmental and inherited influences», en *Psychological Medicine, 40*, 335-345.

Rogers, M.E. y Lilienfeld, A.M. (1956) «Pregnancy experience and the development of behavior disorder in children», en *American Journal of Psychiatry, 112*, 613-618.

Rymer, R. (1994) *Genie: A scientific tragedy*, Londres, Penguin.

Schneider, M. y C.F. Moore (2000) «Effect of prenatal stress on development: A nonhuman primate model», en C.A. Nelson (ed.), *The effects of early adversity on neurobehavioral development*, New Jersey, Erlbaum, pp. 201-243.

Sontag, L.W. (1941) «The significance of fetal environmental differences», en *American Journal of Obstetrics & Gynecology, 48*, 996-1003.

Sontag, L.W. y Wallace, R.F. (1934) «Preliminary report of the Fels Fund», en *American Journal of Diseases of Children, 48*, 1050-1057.

Stott, D.H. (1957) «Physical and mental handicaps following a disturbed pregnancy», en *Lancet, 269*, 1006-1012.

Susser, E.; Hoek, H.W. y Brown, A. (1998) «Neurodevelopmental disorders after prenatal famine: The story of the Dutch Famine Study», en *American Journal of Epidemiology, 147*, 213-216.

Szyf, M.; Weaver, I. y Meaney, M.J. (2007) «Maternal care, the epigenome and phenotypic differences in behaviour», en *Reproductive Toxicology, 24*, 46-60.

Szyf, M.; McGowan, P. y Meaney, M.J. (2008) «The social environment and the epigenome», en *Environmental and Molecular Mutagenesis, 49*, 46-60.

Tees, R.C. (1999) «The influences of rearing environment and neonatal choline dietary supplementation on spatial learning and memory in adult rats», en *Behavioural Brain Research, 105*, 173-188.

Tubert, S. (1991) *Mujeres sin sombra. Maternidad y tecnología*, Madrid, Siglo XXI.

Urra, J. (2004) *Escuela práctica para padres. 999 preguntas para la educación de tus hijos*, Madrid, La esfera de los libros.

Van den Bergh, B. (1990) «The influence of maternal emotions during pregnancy on fetal and neonatal behaviour», en *Pre and Peri Natal Psychology Journal, 5*, 119-130.

— (2010) «Some societal and historical scientific considerations regarding the mother-fetus relationship and parenthood», en *Infant and Child Development, 19*, 39-44.

Vaughn, B.E.; Bradley, C.F.; Joffe, L.S.; Seifer, R., y Barglow, P. (1987) «Maternal characteristics measured prenatally are predictive of ratings of temperamental "difficulty" on the Carey Infant Temperament Questionnaire», en *Developmental Psychology, 23*, 152-161.

Waterland, R.A. y Jirtle, R.L. (2003) «Transposable elements: targets for early nutritional effects on epigenetic gene regulation», en *Molecular and Cellular Biology, 23*, 5293-5300.

Winnicot, D.W. (1949) «Mind and its relation to psiquesoma», en *Collected Papers: Through paediatrics to psycho-analysis*, Londres, Tavistock, 1958. (Trad. cast: *Escritos de pediatría y psicoanálisis*, Barcelona, Laia, 1979).

Capítulo 2
Los vínculos de la primera infancia

Brazelton y Cramer (1990) señalan que para todos los nuevos padres, en el momento del nacimiento, se juntan tres bebés: el hijo que han imaginado, el feto —invisible hasta ese momento pero ya conocido por sus ritmos y movimientos— y el recién nacido real. La cita condensa lo que ya hemos visto en el capítulo anterior: las relaciones entre el bebé y sus progenitores no empiezan tras el parto sino mucho antes, con el ya mencionado «apego prenatal» (Cannella, 2005). E insistimos en una idea también apuntada: en muchas ocasiones, sino en la mayoría, las condiciones ambientales prenatales pueden representar el preámbulo de las condiciones postnatales. En este sentido, resulta muy significativo que sea posible predecir en un 75 por ciento de los casos cómo será el «patrón de apego» del niño cuando este tenga un año de edad, en función del apego de la madre hacia su feto y de cómo la madre vivió su relación infantil con sus propios padres (Fonagy, Steele y Steele, 1991).

Todos los autores coinciden en que la madre del bebé experimenta una auténtica *conmoción* tras el parto, ya que no solo se acaba bruscamente la sensación de ser una con el feto, sino que ha de adaptarse a las enormes exigencias del recién nacido. Transitoriamente, todas las necesidades de la mujer, sus intereses y su posicionamiento en el mundo están sujetos a cambios muy relevantes, ya que en buena parte del embarazo y tras el parto, durante semanas o meses, la madre deja de lado, en gran medida, los otros intereses presentes en su vida. Sin duda, esto representa un esfuerzo y un relativo *sacrificio* en pos del bienestar del bebé. Winnicott (1956) sugiere que la madre saludable se entrega con entusiasmo a estos sacrificios y denomina

Relaciones, vivencias y psicopatología

esta actitud espontánea como «preocupación maternal primaria».[29] Este estado psicológico permite que la mujer se adapte con sensibilidad y precisión a las necesidades, primero del feto y después del bebé, y facilita que las tendencias hacia el desarrollo del nuevo ser se verifiquen en un entorno óptimo.

La neurobiología nos ha demostrado que la preocupación maternal primaria está vinculada con cambios biológicos en la madre que facilitan esta disposición (Vargas y Chaskel, 2007). En concreto, tras el parto se produce un pico de oxitocina, una hormona que se ha vinculado, entre otras cuestiones, a la conducta inicial de la madre con respecto al bebé. La oxitocina influye sobre el sistema límbico, el bulbo olfatorio, el cíngulo prefrontal y otras áreas cerebrales implicadas en la motivación materna al cuidado de su bebé. La madre, sensibilizada biológica y psicológicamente, se *pondrá en el lugar del bebé* ya nacido y satisfará sus necesidades de modo adecuado. Como enseguida veremos, estas necesidades son, de entrada, corporales, pero con rapidez se les añaden otras más globales; son necesidades del «yo», por denominarlas de algún modo.

A través de esta disposición maternal, la madre y bebé podrán entrar en relación, y el lactante podrá mostrarse tal cual es, lo que no sería posible, o se vería muy entorpecido, si estuviese siempre incómodo o mal atendido. Para que el vínculo que se va forjando sea saludable se requiere, pues, esta determinada disposición maternal.

La «preocupación maternal primaria» es lo que permite que en las interacciones entre madre e hijo (y también entre padre e hijo) se hagan presentes ciertas características fundamentales para el correcto desarrollo del bebé y para que este establezca un buen vínculo, primero con su madre y después con otros adultos. A esta capacidad de ponerse en contacto con las necesidades del bebé Bion

---

29. Este concepto ha sido criticado desde posiciones feministas (Chodorow, 1978; Lozano, 2006). A nuestro juicio, de modo injustificado, ya que tales críticas no tienen en cuenta los aportes de la neurobiología ni el hecho de que el concepto no presupone que las funciones maternales tengan que ser efectuadas necesariamente por una mujer.

(1962) la llamó *reverie*, usando una expresión francesa que significa «ensueño». Con ello, el autor quería dar a entender que la percepción del estado emocional del bebé pertenece a una cualidad emocional, no intelectual, de la figura adulta cuidadora.

Para Ainsworth (1967), la «respuesta sensible» por parte de la madre es una de estas características, y tal respuesta actúa como un «organizador psíquico» muy importante para el niño. Por «respuesta sensible» de los padres se entiende captar las señales del bebé, interpretarlas adecuadamente y responder a ellas de forma apropiada y rápida. La falta de sensibilidad (que puede estar acompañada, o no, por hostilidad, rechazo o negligencia en el trato) se da cuando el cuidador fracasa a la hora de leer, interpretar y satisfacer las comunicaciones, los deseos o los estados mentales del bebé (Marrone, 2001). La respuesta sensible de la madre (o su ausencia más o menos parcial) es el mejor predictor del tipo de vínculo y apego que se establecerá entre madre e hijo (Pederson *et al.*, 2008).

Brazelton y Cramer (1990) describen, aunque no la mencionan, lo que podrían ser los detalles de esta respuesta sensible con los conceptos de: «sincronía», «simetría», «contingencia» y «arrastre», entre otros.

Con la «sincronía», los padres adaptan su conducta a los ritmos propios del bebé, tanto en lo que respecta a los ritmos biológicos como a los psicológicos (atención, actividad, estimulación, relajación). A través de la «simetría», el adulto aprende a conocer las modalidades de comunicación del niño y se adapta a sus umbrales de interacción, más allá de los cuales el niño se retrae. El adulto traduce lo que el bebé le comunica y le retorna parte de esa comunicación, haciéndole sentir que es atendido y que obtiene respuestas a sus manifestaciones. Con la «contingencia», la madre aprende paulatinamente cuáles son las interacciones y las respuestas que funcionan en cada momento con respecto a las manifestaciones de su bebé. «Arrastre» significa que unos y otros, grandes y pequeños, se embarcan en secuencias de interacciones comunicativas más o menos prolongadas durante las cuales se dan estimulaciones e imitaciones mutuas. Esto permite que la interacción se haga más rica y compleja.

Lo descrito hasta aquí se da —o no— en diferentes contextos de relación. Ya sea en la satisfacción de una necesidad o en una interacción lúdica, la preocupación maternal primaria y las características de la relación con el bebé estarán más o menos presentes (o ausentes). A estas actitudes de los adultos, en especial de la madre, cabe añadirles el temperamento y las particularidades individuales de cada bebé.

2.1. El temperamento de los bebés y la interacción con los padres

Las relaciones, por definición, nunca dependen de un solo individuo. Ni siquiera en el caso de las que se dan entre un bebé y sus progenitores, aunque, como resulta obvio, estos últimos son los principales responsables. En este sentido, es bien sabido que cada bebé presenta unas características propias que interactuarán con las particularidades de los padres, siendo la combinación de ambas lo que determinará cómo serán las primeras conexiones entre unos y otros (Kiff, Lengua y Zalewski, 2011).

A estas peculiaridades innatas se las suele llamar *temperamento*, tema con el que finalizamos el capítulo anterior. Recordemos que allí ya apuntamos que, aunque se dice que el temperamento es de origen genético, se ve influido por las experiencias *in utero* y que, además, no está tan consolidado como para no poder moldearse, en parte, por los influjos del entorno, es decir, por las respuestas de los padres.

Se suele definir el temperamento como la parte de la personalidad cuyo origen se asienta en la herencia genética. Pero no se trata tanto de una transmisión heredada directa, sino de cierta predisposición emocional, es decir, una tendencia en la manera básica en la que un individuo reacciona ante las situaciones que se le presentan. Por contraposición, se llama *carácter* a la parte de la personalidad que se aprende durante toda la vida, a partir de la experiencia y la cultura (Albores, Márquez y Estañol, 2003). A pesar del componente constitucional de una parte del temperamento, no puede afirmarse que la personalidad, entendida como una globalidad, responda a patrones genéticos heredados, como lo demuestran los estudios de revisión más exigentes (Ivorra, Gilabert, Moltó y Sanjuán, 2007).

Para que aparezca el verdadero temperamento del bebé será necesario que este se sienta seguro y protegido frente a las sensaciones de incomodidad o malestar que, de entrada, lo asedian regularmente. Si no fuese así, el bebé siempre se mostraría, por ejemplo, como un niño irritado y protestón. Como señala Winnicott (1956), para que los factores constitucionales se manifiesten hace falta un ambiente inicial adaptado al niño. De lo contrario, este se verá inundado por el malestar y obligado a defenderse como pueda de la angustia en la que se encuentra. El resultado de esta situación ocultaría la verdadera naturaleza del temperamento del niño y se podría, entonces, empezar a desarrollar un modo de ser falso o «falso *self*» (Winnicott, 1960).

Dada por sentada esta normalidad que se adapta al bebé, cabe preguntarse por las diferencias individuales entre los mismos. Los temperamentos infantiles han sido descritos en tres constelaciones diferentes (Thomas y Chess, 1977):[30]

A. *Temperamento fácil (o agradable)*. Se trata de bebés con una notable regularidad biológica y que están, por lo general, de buen humor. Se adaptan con rapidez a los cambios de rutinas y muestran interés por las novedades. Cuando están inquietos lo comunican sin excesivo dramatismo, y ellos mismos pueden encontrar alguna forma de calmarse temporalmente.
B. *Temperamento difícil*. Los bebés con este tipo de temperamento presentan poca regularidad biológica y cierta tendencia al aislamiento. Se adaptan poco a poco a los cambios y se agitan con facilidad, lo que suele provocar frecuentes explosiones de intensa irritabilidad. Responden de forma muy energética al malestar con

---

30. Aunque esta clasificación puede parecer muy simple, en realidad no lo es y está basada en el riguroso análisis estadístico de nueve componentes del temperamento, tales como el nivel de actividad, la regularidad rítmica o la adaptabilidad, entre otras. Véase para mayor detalle Zentner y Bates (2008).

un llanto vigoroso y no es fácil consolarlos. No duermen bien y requieren la atención constante de sus padres.

C. *Temperamento de adaptación lenta (o reservado)*. Podrían verse como bebés tímidos. Les cuesta adaptarse a las novedades y pueden mostrar tendencia al aislamiento. Frente al malestar emiten respuestas negativas de leve intensidad. Son precavidos y observadores, aunque a menudo apartan la mirada o se alejan. Se agitan con relativa facilidad pero su protesta es leve o moderada.

No será precisa mucha reflexión para percatarse de que el temperamento del niño entrará en juego con las actitudes y habilidades de los padres, y, como decíamos, las posibles combinaciones entre unos y otros serán las que den como resultado el estilo relacional predominante entre los actores de este drama. Sin embargo, se hace necesario precisar dos detalles que, de no tenerse en cuenta, pueden llevar a conclusiones erróneas.

En primer lugar, todos los autores coinciden, como no podría ser de otro modo, en señalar que el temperamento puede ser moderado e influenciado por el entorno emocional y educativo en el que se desarrolla el niño (Bates y Pettit, 2007; Rothbart y Bates, 2006). Es decir, no se trata de algo dado de forma definitiva, establecido e inmutable. Por ejemplo, un niño miedoso, con un temperamento reservado, lo será cada vez más —o menos— en función del trato que reciba. Si es tratado de modo brusco y amenazante, su temperamento miedoso se exacerbará. Por el contrario, si recibe un manejo dulce y pausado, su temor inicial se irá moderando (Kochanska, Aksan y Joy 2007). Otro ejemplo: un niño muy inhibido lo será un poco menos si recibe un trato algo más estimulante por parte de sus padres que si recibe uno de un temple más protector (Arcus, 2001). Resulta capital, pues, no solo cómo es el niño, sino cómo son y cómo se comportan los padres.

De esta última reflexión nace la segunda consideración que deseamos mencionar: no es el temperamento el que marcará el estilo de relación o el «estilo de apego» entre padres e hijos. A pesar de que las características del niño contribuirán al desarrollo de estas relaciones, se cree que son más relevantes variables tales como la personalidad de la madre y el apoyo social (Mangelsdorf y Frosch, 1999). Por ejemplo, Van Den Boom (1994) observó que la mayoría de bebés difíciles conseguían establecer un «apego seguro» con sus madres si estas recibían el soporte y el asesoramiento necesario.

Parece claro que unos y otros, padres e hijos, han de conocerse y adaptarse mutuamente. Cuando los estudiosos tratan de entender el componente transaccional de estas relaciones hacen referencia a la «adecuación del ajuste recíproco». Según este «modelo de adecuación del ajuste» (Thomas y Chess, 1977), existiría una vulnerabilidad acrecentada para la presentación de problemas psicopatológicos desde el momento en que exista una incompatibilidad importante entre el temperamento del niño y su entorno, es decir, entre el niño y el estilo educativo/afectivo de los padres.

Que el ajuste entre padres e hijos deba ser «adecuado» y «recíproco» no significa, como podría parecer de entrada, que la responsabilidad sea idéntica para todos los actores de este drama relacional. En las fases tempranas de la relación, al menos, son los padres los máximos responsables de la bondad de este ajuste. Los padres con un bebé del tipo difícil o reservado deberán esforzarse más que aquellos que lidian con uno de temperamento fácil. Cuando los progenitores están en disposición de realizar las tareas de crianza con este esfuerzo añadido, algo que no es cómodo ni sencillo, los temperamentos más complejos pueden obtener grandes beneficios para el resto de su existencia. Lo contrario puede significar un enquistamiento en un modo de ser y reaccionar que suele acabar derivando en problemáticas psicopatológicas perennes.

Ciertamente, el temperamento ha sido estudiado como un «factor de riesgo» para la psicopatología, tanto de niños como de adultos (Maziade *et al.*, 1990; Muris y Ollendick, 2006; Nigg, 2006) y resulta claro que un temperamento difícil o reservado es terreno abonado para un posible sufrimiento mental excesivo. Pero analizarlo en el vacío es absurdo, puesto que solo se verifica y expande en la interacción con el entorno. Suele mencionarse a menudo que hay *bebés difíciles* pero se obvia otra evidencia: un bebé también puede encontrase con unos *progenitores difíciles*. La genética es importante pero el ambiente, quizás, lo es aún más.

La experimentación animal demuestra claramente la veracidad del aserto anterior. Hay numerosos experimentos efectuados con animales que verifican la importancia del ambiente como modulador del temperamento (Szyf, Weaver y Meaney, 2007; Valencia, Feria, Luquín, Díaz y García, 2004). Por ejemplo, un estudio dividió a un conjunto de crías de monos *rhesus* nacidos con un temperamento muy reactivo (difícil) en dos grupos: el primero fue criado por madres que ofrecían unos cuidados estándar y el segundo por madres especialmente cariñosas. Transcurrido un tiempo, los animales del primer grupo mostraban alteraciones en su conducta exploratoria y social, reaccionando con notable estrés a los estímulos perturbadores; los monos del segundo grupo, atendidos por madres más amorosas, no presentaban estas alteraciones (Suomi, 1997).

Este tipo de resultado, no obstante, no se obtuvo en los primeros experimentos realizados con ratas (Broadhurst, 1960) pero sí en trabajos posteriores. Así, Flandera y Novakova (1974) observaron que ratas de una cepa poco agresiva se convertían en agresivas si eran criadas por madres de una cepa con un alto índice de agresividad (y viceversa).

Por otra parte, Meaney y sus colaboradores demostraron que las crías de rata que recibían mejores cuidados de sus madres (más lametones, por ejemplo) resultaban ser menos ansiosas que aquellas que habían sido cuidadas con menos esmero. Lo más significativo de sus trabajos radica en que pudieron demostrar las modificaciones cerebrales, anatómicas y funcionales[31] que eran consecuencia de los dos tipos de crianza recibida (Kaffman y Meaney, 2007; Meaney y Szif, 2005a y 2005b; Szyf, McGowan y Meaney, 2008). En los animales mejor cuidados se observó que en el funcionalismo del eje HHA se daba una menor reactividad a los estímulos estresantes y, por ello, el

---

31. A nivel del hipocampo, por ejemplo. Cabe remarcar que estas diferencias se observan a muy temprana edad, incluso en los ocho primeros días de vida. Tal y como suele decir uno de los autores de este texto: «el *software* (lo que uno recibe del entorno) se acaba convirtiendo en *hardware* (estructuración y funcionalismo cerebral)» (Saínz, 2010).

sujeto resultaba más resistente a las dificultades y adversidades vitales (Menard y Hakvoort, 2007).

En resumen: todos los niños nacen con un determinado temperamento, seguramente fruto de las condiciones del embarazo más que de la herencia genética directa. En cualquier caso, parece claro que será la crianza la que determinará, en buena medida, cómo se irá modelando la personalidad global (temperamento más carácter) del niño. Este modelado se da, de entrada, a través de la atención que el niño recibe con respecto a sus necesidades básicas.

2.2. Las necesidades infantiles

Después del parto, los progenitores tienen ante sí una tarea compleja. No solo se precisa la recuperación física de la madre sino la adaptación y coordinación mutua de unos y otros. En este sentido, cabe recordar que todos los autores muestran unanimidad al destacar que el ser humano nace perfectamente preparado para establecer vínculos con sus congéneres y para expresar sus necesidades, con tal de que los otros articulen los recursos que precisa para sobrevivir. En respuesta a estas demandas, los adultos que se ocupan del bebé realizan o *prosiguen*, deberíamos decir para ser coherentes con lo expresado anteriormente, la tareas de «crianza».

Durante la crianza deben cubrirse las necesidades de los bebés y los niños, necesidades que, siguiendo en parte a Barudy y Dantagnan (2005), pueden clasificarse como fisiológicas, afectivas, cognitivas y sociales.

2.2.1. Las necesidades fisiológicas

Winnicott (1956) señala que, en una etapa muy precoz de la vida, si la madre falla en la satisfacción de estas necesidades, lo que siente el bebé es «una amenaza a su existencia». El bebé aún no puede percibir lo que la madre hace bien o mal en cuanto tal. Hasta más adelante no podrá reconocer las acciones de su madre y alegrarse o enfadarse en relación a ellas. De entrada, el recién nacido vivirá, muy probablemente, repetidas experiencias amenazantes de las que, gracias a los cuidados recibidos, se recuperará con prontitud.[32] La secuencia amenaza-recuperación se vivirá en muchas ocasiones; partiendo de tales experiencias repetidas podrá, como decíamos anteriormente, aparecer el «yo» del bebé. De este modo, su relación con la madre, cada día más reconocida, se irá consolidando.

En lo que respecta a cuestiones como la alimentación, el sueño, la higiene, la asistencia médica y demás, no será necesario extenderse mucho más, excepto para señalar una obviedad: siempre que se ponen en juego —y lo hacen en numerosísimas ocasiones durante la primera infancia— se dan en una situación de interacción relacional cargada de tonalidad emocional entre el niño necesitado y el adulto que las ofrece. Los primeros afectos, tras las vivencias de amenaza, llegan al bebé en forma de cuidados físicos. Esto no significa que el bebé se vincule con los sus progenitores solo porque son ellos los que dispensan estos cuidados, como pensaba Freud. Ya hace años que sabemos, gracias a autores como Bowlby (1958) o Harlow (1958),[33] que la tendencia del niño a formar un vínculo estrecho con una figura materna es una cuestión innata y heredada, cuya función es garantizar la supervivencia de la especie. Esta motivación es independiente de las necesidades fisiológicas aunque, lógicamente, la alimentación y los cuidados corporales la pueden facilitar o entorpecer.

Por ejemplo, si el adulto provee estas urgencias de modo rígido, mecánico, impersonal, con hostilidad, rechazo o fastidio, surgirán problemas en las emociones, la conducta y la fisiología del bebé y el niño.[34]

---

32. En términos psicoanalíticos se añadiría que estas situaciones de amenaza «no conducen a la aniquilación» (Winnicott, 1956), enfatizando con esta terminología la cualidad de las vivencias angustiosas que, con toda probabilidad, experimenta un bebé muy pequeño cuando se siente incómodo o vive una urgencia o alteración fisiológica.

33. Los celebres experimentos de Harlow (1958) mostraron cómo las crías de monos *rhesus* se vinculaban a una madre cálida y suave que no alimentaba, pero no a una madre fría que sí proporcionaba leche.

34. Los pioneros trabajos de Spitz (1945) sobre niños criados en orfanatos demostraron las terribles consecuencias de los cuidados fisiológicos sin acompañamiento emocional a corta edad.

Los vínculos de la primera infancia

Hoy en día sabemos que si la madre que da el pecho está deprimida (la depresión conlleva una restricción de los afectos amorosos), la interacción no funcionará adecuadamente en ningún sentido: la lactancia será problemática, se interrumpirá de forma precoz y el bebé no ganará el peso que debería (Dennis y McQueen, 2009). El sueño y otras variables se verán también afectadas (Field, 2010).

2.2.2. Las necesidades afectivas

Estas se manifiestan, sobre todo, a través de tres sentimientos: 1) el de formar parte de unas vinculaciones estables, 2) el de la aceptación, y 3) el de ser importante para el otro.

2.2.2.1. *Las vinculaciones estables*

Las vinculaciones estables, si son positivas, generan sensación de pertenencia y familiaridad, ofreciendo seguridad para el desarrollo del infante. Es importante remarcar el término «estable». Cuanto más pequeño es el niño, mayor continuidad y estabilidad necesita en su (buen) trato. La rutina de los buenos tratos, tan injustamente denostada en nuestros días, resulta necesaria en toda crianza exitosa. La certidumbre de los vínculos positivos genera en el niño el salvoconducto para su apertura a un mundo desconocido, cuya exploración puede ser vivida, en ocasiones, como peligrosa. Si el niño siente con certeza que sus progenitores son un refugio seguro y acogedor que siempre está presente, podrá aventurarse en sus primeros pasos hacia entornos nuevos. Se alcanza la verdadera autonomía, de mayor, cuando se ha podido experimentar y satisfacer la plena dependencia infantil. Por el contrario, la discontinuidad de los primeros vínculos,[35] si es frecuente, intensa o duradera, crea angustia en el niño y puede conllevar problemas en la forma en la que este (y el posterior adulto) encararán sus relaciones emocionales con los demás.

---

35. Cuando hablamos de «discontinuidad» no nos referimos solo a la presencia o ausencia física de los progenitores. Como después veremos, puede darse discontinuidad aunque estos estén siempre presentes.

En este sentido, vale la pena denunciar cómo los adultos, que somos los responsables de todo lo que les sucede a los más pequeños, olvidamos muy a menudo esta necesidad infantil de continuidad y estabilidad. Tres ejemplos actuales ilustran, para nosotros, cierta tendencia colectiva que resulta perjudicial para los pequeños: las «guarderías para bebés», la «ideología de los vínculos familiares biológicos» (Berger, 2003) y el «síndrome del peloteo» (Barudy y Dantagnan, 2005). Detengámonos brevemente en ellos.

En nuestro entorno se considera absolutamente normal que las guarderías acepten hacerse cargo de niños de 4 meses de edad o incluso menores. En España,[36] por ejemplo, el permiso de maternidad alcanza solo 16 semanas, tras las cuales el progenitor debe reincorporarse a su puesto de trabajo. A menudo se señala que esta «conciliación» entre la vida familiar y la laboral es «un avance» y «un logro» propio de las sociedades modernas. La existencia de dispositivos asistenciales (las guarderías) que faciliten la reincorporación, generalmente de la mujer, a sus tareas profesionales forma parte de este supuesto «avance social».

Aunque en el imaginario colectivo suele anidar y expresarse la idea de que *no pasa nada* por dejar a un bebé tan pequeño en el parvulario, nosotros no estamos de acuerdo. Los datos científicos señalan que no es inocuo dejar a bebés de tan corta edad en las guarderías. Los trabajos de Belsky (1988, 2003) y los estudios del National Institute of Child Health and Human Development (NICHD)[37] así lo confirman. Por ende, otros autores desmienten la popular creencia de que los niños que acuden más pronto a la guardería poseen más competencias sociales y académicas que los que lo hacen de manera más tardía (Marshal, 2003; NICHD, 2005, 2007; Stipek y

---

36. Hay enormes diferencias entre los países de la UE. España es uno de los países con una menor protección a la maternidad.

37. El Instituto Nacional de Salud Infantil y Desarrollo Humano (NICHD, en sus siglas en inglés) es una prestigiosa institución de investigación fundada en 1962 y avalada por el gobierno de EE.UU. Sus estudios son considerados de la máxima calidad científica.

Byler, 2001). Un breve resumen de estas investigaciones[38] muestra, por ejemplo:

- Mas de 10 horas a la semana en la guardería y los cambios frecuentes de cuidadores durante el primer año de vida facilitan el desarrollo de un estilo de «apego inseguro» a los 15 meses de edad.
- Los patrones de interacción madre-hijo, desde los 6 a los 36 meses de vida, son menos armoniosos cuando los niños pasan más tiempo en la guardería o bajo el cuidado de otras personas ajenas a la familia.
- Los niños que manifiestan mayores niveles de problemas de conducta son los que pasan más tiempo en el jardín infantil durante los primeros cuatro años y medio de edad. Por ejemplo, se muestran más agresivos y desobedientes al inicio de su escolaridad.
- Los niños que pasan más tiempo en la guardería son más propensos a contraer infecciones de oído y respiratorias, así como a padecer problemas estomacales.

No es verdad, por tanto, que *no pase nada*. Ciertamente no se trata de consecuencias dramáticas o catastróficas, de cuya existencia la sociedad se hubiese percatado hace tiempo. Se trata, como en tantas otras cuestiones, de valorar grados y matices. Sería absurdo afirmar que las guarderías son *malas* y que tener a los niños en casa es *bueno*. Se debe distinguir entre el uso y el abuso de la guardería (Montaner, 2007). Como señala Torras (2010), para ciertos bebés puede resultar más saludable estar en una guardería ordenada que en una casa que no lo esté. En el caso de padres incompetentes, negligentes o enfermos mentales, también puede ser de mucha ayuda para el niño un cuidado profesional y adecuado. Otra cosa es que familias estructuradas y amorosas con sus hijos los «abandonen», casi por sistema y con el plácet de la sociedad, a tan corta edad, durante más de ocho o diez horas en este tipo de establecimientos. Ciertamente el Estado debería proteger más a las familias con bebés y evitar que

---

38. Véase: www.nichd.nih.gov/publications/pubs.

los padres, apurados por los imperativos de la sociedad de consumo, se vean obligados a esta dejación de sus funciones.

Los otros dos ejemplos que deseamos mencionar con respecto a la falta de continuidad en los vínculos también tienen mucha relación con las estrategias sociales del Estado. Nos referimos a la «ideología de los vínculos familiares biológicos» y al «síndrome del peloteo». Ambos describen una realidad dolorosa contemplada con estupefacción por muchos profesionales que trabajan en los dispositivos públicos[39] de atención a la infancia en situaciones de riesgo.

La ideología de los vínculos familiares biológicos (Berger, 2003) implica el postulado de que los lazos sanguíneos son prioritarios ante cualquier otra consideración. Por ejemplo, no son infrecuentes las resoluciones judiciales en las que se permite que padres «abandonistas» recuperen a sus hijos cuando estos apenas los conocen y viven en paz en una familia de acogida o preadoptiva. O las sentencias que obligan a los niños a ser *visitados* por sus progenitores, ante los que se muestran aterrorizados debido a sus más que probadas experiencias traumáticas. También abundan los casos de niños que, cuando ya han establecido un vínculo sólido con una familia de acogida, son retirados sin más y entregados a los padres biológicos, partiendo de la idea de que estos tienen siempre un derecho mayor en el ejercicio de su crianza y custodia.

Ejemplo clínico:

Miriam, de 3 años de edad, es la pequeña de tres hermanas. Su padre está en prisión (con condena firme) y a la espera de otro juicio por abusos sexuales (confesos) de sus dos hijas mayores, de 6 y 8 años. La madre desatiende las necesidades básicas y emocionales de las niñas, sin llevarlas a la escuela o al médico. También suele ausentarse de casa por la noche, dejando solas a las pequeñas.

---

39. Profesionales a los que la administración no suele hacer mucho caso cuando denuncian estas y otras malas praxis de gestión política en materia de sanidad, protección a la infancia, etc.

Los vínculos de la primera infancia

Detectada la problemática desde la escuela, los servicios sociales de protección a la infancia retiran la tutela a los padres con la finalidad de proteger a las niñas, que ingresan en un CRAE.[40]

Se concede a la madre permiso de visita a sus hijas una vez a la semana pero, a menudo, no se presenta. Los profesionales del centro, aun a sabiendas del enorme sufrimiento emocional que representa para las niñas estar esperando el momento en que verán a su madre y que esta no acuda a la cita, deciden no retirarle estos permisos.

Cuando el padre sale de prisión, la ley no le permite ver a sus dos hijas mayores (debido a los abusos), pero sí tiene derecho a visitar a la pequeña Miriam, ya que «es su padre», aunque nunca haya ejercido como tal, la niña prácticamente no lo conozca, llore y se niegue a ir con ese desconocido que le inspira temor. Según las disposiciones vigentes, «es su padre biológico y tiene derecho» a ver a su hija.

Comentario: a menudo se confunde la «parentalidad biológica» con la «parentalidad social». La capacidad biológica de engendrar no siempre se corresponde con la capacidad emocional y social con respecto a la crianza (y viceversa). Que la ley ampare con tanta vehemencia los lazos biológicos puede ser, en ocasiones, un sinsentido que acaba perjudicando a los menores a los que, pretendidamente, se desea proteger. Podría darse el caso, por ejemplo, de que con el paso del tiempo la pequeña Miriam fuese obligada a ir a vivir al domicilio de su padre biológico.

El síndrome del peloteo (Barudy y Dantagnan, 2005) suele acompañar situaciones como las anteriores y describe cómo un menor, retirado de su familia original por maltrato, abuso, abandono o negligencia, es tratado como un objeto que va de un lado a otro sin tener en cuenta los vínculos que haya podido establecer tras la implementación de las medidas de protección. Así, un niño puede permanecer una temporada en un centro residencial, pasar después a una familia de acogida y luego a una adoptiva, o ser «devuelto» (desde el CRAE

---

40. CRAE: Centro Residencial de Acción Educativa. Este centro, en el que los niños residen, se ocupa (temporalmente) de la tutela de los menores que han de ser separados de su ámbito familiar.

o desde la familia de acogida) a sus padres biológicos, aunque estos hayan pasado mucho tiempo sin relacionarse con él o sin interesarse lo más mínimo por su vida. El caso siguiente es una muestra de lo destructivos que pueden ser estos procesos que atentan contra la salud mental de los pequeños al quebrar una y otra vez los vínculos positivos que estos hayan llegado a establecer con sus cuidadores.

Ejemplo clínico:

Mateo, hijo único de 3 años de edad, fue separado de su madre ya que esta, viuda desde hacía un año, padecía alcoholismo y maltrataba físicamente al niño. Después de pasar dos años en un CRAE, Mateo regresó al domicilio materno puesto que la madre cumplió el régimen de visitas y se consideró que su evolución era positiva. Pero a los 7 años se dio otro episodio de maltrato físico y el niño fue enviado a un Centro de Acogida (CA),[41] en el que el equipo técnico EVAMI[42] hizo la valoración de la situación personal y familiar del menor. El EVAMI decidió ingresarlo en el CRAE, pero el niño tuvo que ser alojado en un centro de otra localidad, diferente del anterior —ya conocido—, puesto que no había disponibilidad de plazas. Esto implicó un cambio de escuela, pérdida de sus amigos y maestros. Un año después, se consideró que los elementos de riesgo que provocaron el ingreso aún estaban presentes, por lo que no se autorizó a la madre a hacerse cargo del menor. En la actualidad se ha decidido que el niño pase un tiempo (indeterminado) con una familia de acogida, a la espera de que se encuentre una familia de adopción definitiva.

Comentario: en el primer CRAE, Mateo pasó dos años de su vida, de los 3 a los 5 años. Allí estableció un vínculo sólido con un cuidador que fue su referente durante esos años difíciles. Nunca más se volvieron a ver. En el CA estuvo tres meses, un periodo de tiempo a todas luces excesivo teniendo en cuenta que se trata de un dispositivo de estancia temporal para hacer valoraciones urgentes. En el nuevo (y segundo)

---

41. Recurso asistencial de acogida de urgencia para los menores en situación de riesgo.

42. EVAMI: Equipo de Valoración del Maltrato a la Infancia.

CRAE, Mateo vive a la espera de pasar una temporada (indefinida en cuanto a su inicio y su final) con una familia para después pasar a ser adoptado por otra, ya con carácter definitivo.

Desde nuestro punto de vista, Mateo está sufriendo un maltrato múltiple y prolongado. No solamente tuvo que vivir la experiencia dolorosa de ser maltratado por su propia madre, sino que también está siendo *maltratado institucionalmente*, al ser separado una y otra vez de las personas con las que se vincula en los diferentes centros por los que transita. Y la historia todavía no ha terminado. ¿Cuánto tiempo habrá de esperar Mateo para irse con una familia de acogida? ¿Cuánto tiempo vivirá con esta? ¿Cuándo y cómo tendrá que despedirse para irse con otra? ¿Cuántas veces Mateo buscará refugio y seguridad en un adulto disponible, al que después dejará de ver para tener que establecer una nueva relación con otro al que no conoce? ¿Qué consecuencias tendrá todo esto para el futuro de Mateo como «persona en el mundo», es decir, en sus relaciones con los demás? Por ejemplo, ¿con qué capacidad de vinculación llegará Mateo a la familia definitiva?

No sabemos cómo será el futuro Mateo cuando se convierta en un hombre adulto, pero no sería de extrañar que tuviera ciertas dificultades[43] para mostrarse confiado y tranquilo en sus relaciones con otras personas, posibles parejas, etc.

2.2.2.2. *La aceptación*

El sentimiento de ser aceptado tal como uno es resulta fundamental en la satisfacción de las necesidades afectivas del niño. Cuanto más pequeño es el infante, mayor ha de ser la incondicionalidad de la aceptación que recibe. Los mayores nos aceptamos los unos a los otros no solo porque reconocemos el valor de la humanidad de la que

---

43. Resulta una obviedad, pero ya disponemos de datos que demuestran que estos cambios frecuentes, así como la institucionalización prolongada, generan un sufrimiento mental excesivo (psicopatología) en niños y adolescentes (McWey, 2004).

todos somos portadores, sino también, en gran medida, en función de quiénes somos, de lo que hacemos, de cómo nos comportamos y de la historia personal que hemos ido acumulando a lo largo de nuestra vida. A los niños, no obstante, cabe aceptarlos simplemente porque *son,* porque *están* y porque se les ha hecho venir a este mundo. A medida que crezcan se les exigirá un mayor rendimiento, un mayor compromiso o ciertas actitudes y comportamientos, en función de los cuales serán más o menos aceptados y valorados. Pero, de entrada, la aceptación ha de ser *incondicional* y así se da en la mayoría de progenitores saludables.

2.2.2.3. *Ser importante para el otro*

El sentimiento de ser importante para el otro, es decir, para los adultos que se hacen cargo del niño, también resulta imprescindible en lo afectivo. Este sentimiento está relacionado con el anterior, y entre ambos cargan, por utilizar un símil físico, de «autoestima» al niño. Los pequeños muestran sus logros a los adultos esperando obtener reconocimiento, aprobación y aceptación. Cuando el niño reclama atención con la típica frase «mira, mira lo que hago…», el progenitor sensible se sentirá embelesado ante la exhibición de su hijo. Le mostrará al niño lo importante que es aquello que ha realizado y el potencial que posee para el adulto que lo observa. A nadie sensato se le ocurriría señalar, por ejemplo, que el dibujo que el niño muestra carece de valor artístico alguno y, por tanto, no merece reconocimiento.

En ocasiones, no obstante, las cosas no funcionan bien en este ámbito y el pequeño se siente desautorizado o poco valorado en sus esfuerzos y logros. Hay niños que solo reciben elogios si destacan —o, incluso destacando, no se sienten del todo reconocidos, porque no han sido *los mejores.*

Ejemplo clínico:

Berta es una mujer de 40 años de edad que acude a la consulta debido a un sentimiento de minusvalía personal que la ha acompañado toda

Los vínculos de la primera infancia

la vida. Muy atenta a todo lo que los demás puedan decir o pensar de ella, sufre mucho cuando se siente ignorada o poco tenida en cuenta. Consume una parte de su tiempo sacrificándose en pos de sus amigos y familiares, dejando de lado sus propias necesidades personales. Ignora por qué se comporta de este modo pero está cansada y quiere cambiar. En su historia personal destacan recuerdos meridianamente claros de la actitud de sus padres hacia ella cuando era niña. Los recuerdos son incuestionables porque dicha actitud se prolongó hasta entrada la adolescencia. Berta vivió todos los años de su infancia sintiendo que todo lo que hacía era sencillamente *insuficiente* o *poca cosa*. Obtenía buenas notas en el colegio, notables principalmente, pero recuerda que su padre siempre le decía que podía y debía esforzarse más para llegar al sobresaliente. Alcanzó el número dos en el *ranking* de jugadoras del club de tenis al que pertenecía, pero sus padres jamás fueron a verla jugar ni un solo partido, ni siquiera cuando competía contra otros clubes. Era buena dibujante, pero su estilo, de aires impresionistas, era recibido por sus padres con desprecio, ya que, según decían estos, «como siempre no se sabe muy bien qué representa este dibujo...».

Comentario: poco cabe extrañarse, ante este tipo de valoraciones tan poco empáticas, que la autoestima de Berta haya estado durante años por los suelos y haya buscado, desesperadamente, ser reconocida como valiosa por los demás. Lo que en la clínica podría diagnosticarse como «trastorno narcisista, subtipo encubierto» (Gabbard, 1989) no es más que la consecuencia lógica, pero letal, de las continuas y sutiles descalificaciones a las que Berta fue sometida durante todo su desarrollo (y precisamente de esa sutileza deriva gran parte de su poder dañino). En el capítulo 4 veremos cómo podría calificarse a la familia de Berta como «deprivadora por hiperexigencia y falta de valoración».

Algunos padres, por ejemplo, muestran reticencia a elogiar a sus hijos por miedo a que se hagan arrogantes. Lo cierto es que sucede al contrario: el niño necesita sentirse significativo e importante para sus padres. Si se siente *especial* en estos momentos de desarrollo no necesitará ser *especial* para el resto del mundo durante el resto de su vida (Sáinz, 2007).

2.2.3. Las necesidades cognitivas

Como dicen Barudy y Dantagnan (2005), «los niños y las niñas son sujetos de conocimiento». Es decir, tienen la necesidad de conocer, aprender y comprender el mundo en el que viven. De ahí su insaciable curiosidad. Pero estas tareas no las pueden hacer por sí mismos y en solitario; deben ser adecuadamente *estimulados* y se les debe permitir la experimentación a partir de la seguridad que reciben en su hogar.

En la sociedad actual parece darse cierta tendencia a sobreestimular a los niños y a exigirles rendimientos a nivel cognitivo en función de unas supuestas normalidades estadísticas. Las escuelas no siempre se adaptan al ritmo y características de los individuos y, así, el niño que no entra en la media puede verse sometido a una presión excesiva o incluso ser diagnosticado de algún supuesto «trastorno del aprendizaje».

2.2.4. Las necesidades sociales

Para un niño muy pequeño su familia más próxima constituye todo el entramado social que necesita. La familia, en caso de poseer una adecuada estructuración y funcionamiento, es, entonces, *necesaria y suficiente*. Pero a medida que el niño va creciendo se le deberá facilitar no solo el conocimiento de la sociedad y la cultura en la que vive sino también su progresiva apertura e incorporación a la misma. La escuela es, ciertamente, un gran agente socializador pero no el único. Si la familia no está abierta al mundo y al entorno, al contacto con los otros, el niño, aunque esté escolarizado, sufrirá por la falta de otras comunicaciones, informaciones o influencias diferentes a las que suele recibir. A la larga, su autonomía, su independencia de pensamiento y su libertad pueden verse en gran medida restringidas.

Dentro de las necesidades sociales podríamos incluir también las de «contención». Como es comprensible, los niños, sobre todo los más pequeños, se mueven a partir de sus impulsos, sin poder medir cuáles son los resultados y las consecuencias de sus acciones. Naturalmente, los padres *bientratantes* limitan estos impulsos e inician

Los vínculos de la primera infancia

un proceso educativo gradual en lo relativo a normas, disciplina, respeto al prójimo y demás. Sin la contención precisa, el niño no podrá incorporarse de forma correcta a las estructuras sociales en las que habrá de vivir.

Algunas familias, no obstante, presentan importantes problemas en cuanto a la contención de los pequeños y el empleo de la *auctoritas*. Nos encontramos, entonces, con un maltrato peculiar, aquel que no dota al niño de un sentido de la realidad frente a sus deseos y caprichos. En un estilo de relación «fraternal» o «asambleario», estos padres no son capaces de poner freno o aplazamiento a los apremiantes deseos de sus hijos. Ya sea porque temen provocarles algún tipo de frustración o supuesto trauma, ya sea porque, sencillamente, carecen de recursos emocionales o intelectuales para ello, o porque pasan poco tiempo con ellos y se sienten culpables si los tienen que regañar. Este tipo de padres, tan bien representados en cualquier capítulo de *Supernanny*,[44] son incapaces de ordenar —en el sentido de *poner orden* en la mente de sus hijos— y promueven un carácter infantil autocomplaciente e intolerante ante las limitaciones propias de toda vida.

Por supuesto que una parte de la responsabilidad de estas situaciones se enlaza con la cultura dominante en la que vivimos. Cuando se ensalzan el consumo y la satisfacción inmediata de las necesidades individuales a toda costa como garantes de la felicidad, no es fácil enseñar a los niños el valor y la importancia de la contención, la paciencia, la espera o el esfuerzo. No se puede transmitir aquello en lo que no se cree.

Como hemos visto, estas necesidades no son pocas, no son breves y no son simples. Pretender cubrirlas a la perfección puede resultar tan absurdo como no hacerlo en absoluto. Del hipotético *éxito* de la primera intención resultaría la muerte psíquica del sujeto en cuanto tal;[45]

---

44. *Reality show* televisivo en el que una psicóloga acude al domicilio de unos padres desesperados por la conducta, aparentemente incontrolable, de sus hijos.

45. Es decir, del sujeto portador de una subjetividad y una identidad personal. Sujeto en el sentido lacaniano de «sujeto clivado»: sujeto separado, autónomo del deseo de los demás.

del descuido total devendría la muerte física del niño. Cuando estas necesidades son satisfechas en su justa medida, ello redunda en un aumento de las posibilidades del niño para disfrutar de una adecuada salud mental (y física). No es posible definir con precisión cuál es la *justa medida* y, en todo caso, no es tampoco nuestro objetivo. Nos concentraremos, como ya hemos comentado, en describir las malas praxis de algunos padres en el trato hacia sus bebés y niños.

Nuestra hipótesis ya ha sido también explicitada, pero vale la pena recordarla: la inadecuada satisfacción de las necesidades infantiles es *tóxica* para la salud mental[46] de los niños y los futuros adultos. Cuando se produce esta situación se está ante un «niño maltratado». El maltrato conlleva una «infancia desgraciada» que contribuye, en gran medida, al sufrimiento mental excesivo de los niños, adolescentes y adultos. Para nosotros, este es el factor más relevante para la explicación causal de la psicopatología, muy por encima de las consideraciones de orden genético o fisiológico.

Ahora bien, se hace necesario aclarar qué entendemos, en el contexto de este libro, por «maltrato» e «infancia desgraciada». No abordaremos qué ocurre como consecuencia, por ejemplo, de una condición orgánica adversa o de una situación social de penuria económica, factores ambos que, sin duda, pueden contribuir a una infancia infeliz. En este texto definimos una «infancia desgraciada» como aquella que se atraviesa siendo sometido a *malos tratos*, más o menos explícitos, por parte de los progenitores.

Consideramos que una infancia es *desgraciada* cuando estos malos tratos son crónicos, frecuentes, intensos y duraderos. Como el lector tendrá oportunidad de percibir, nuestro concepto de «malos tratos» es diferente a lo que suele entenderse a nivel popular o coloquial. Se puede maltratar a un infante de muchas formas; algunas modalidades son brutalmente patentes (como las palizas), otras no tanto (como las desaprobaciones continuas), pero unas y otras reciben, desde nuestro punto de vista, idéntico calificativo.

---

46. Y, muy probablemente, también física, aunque solo entraremos de manera marginal en este terreno.

Cuando, en un momento dado, las necesidades del niño no son satisfechas de manera adecuada, este vive un instante de desencuentro. Pero no radica ahí el problema. Como decíamos en el apartado anterior, es imposible soslayar los momentos en los que los adultos, por más entregados que estén a las tareas de crianza, se demoren o equivoquen en sus atenciones al crío. Estos desencuentros no son *tóxicos* sino naturales, humanos, inevitables y, seguramente, necesarios, ya que son precursores de la formación de un «criterio de realidad»[47] que el niño va interiorizando poco a poco. Lo problemático es otra cosa; se da cuando las necesidades son obviadas de forma sistemática, es decir, cuando el niño es maltratado con una frecuencia, intensidad y duración que van más allá de unos esporádicos desencuentros. Entonces el niño vive en un medio «no suficiente o insatisfactorio» (Winnicott, 1956) y ello deforma el desarrollo del menor. Una de las deformaciones del desarrollo, tal vez la más significativa de todas, consiste en la ausencia de un vínculo de «apego seguro» entre el niño y sus padres.

2.3. EL APEGO, SUS MODALIDADES Y LOS MODELOS OPERATIVOS INTERNOS

A lo largo de las páginas anteriores hemos mencionado, muy a menudo, el término «apego». Para comprender qué significa resultará esclarecedor, más que una simple definición, reseñar una breve introducción a lo que se ha dado en llamar *teoría del apego*.

2.3.1. La teoría del apego

La «teoría del apego», cuyos primeros apuntes datan de mediados del siglo pasado, tiene sus pilares fundamentales en los estudios de John Bowlby (1907-1990) y Mary Ainsworth (1913-1999) y no ha

---

47. En el sentido de que el pequeño asume, progresivamente, que los demás no están siempre y en todo momento a su servicio.

dejado de desarrollarse hasta la actualidad. No creemos equivocarnos si la consideramos una de las mayores aportaciones en la historia de la psicología y una auténtica revolución dentro de la teoría psicoanalítica.[48] Cabe remarcar que no solo es fruto de la reflexión clínica sino que, desde sus inicios, se asentó en unas sólidas bases de carácter empírico (estudios observacionales y experimentales, filmaciones antropológicas, trabajos etológicos y con animales de laboratorio) que en la actualidad se han visto refrendadas por la moderna neurociencia, como después tendremos oportunidad de recordar.

La teoría del apego, muy resumidamente, propone que el ser humano nace con una predisposición a establecer «vínculos» con otras personas. Esta actitud, como ya se ha comentado, es innata y no está condicionada solo por las necesidades fisiológicas del recién nacido, sino que está motivada, sobre todo, por la búsqueda de protección, seguridad y refugio que el cuidador (sea la madre u otra persona dispuesta) puede ofrecer al recién nacido. Dada esta predisposición, en la primera infancia se construye el «vínculo de apego», es decir, el lazo emocional que se establece entre el niño y uno o más de sus cuidadores («figura de apego») por los que muestra preferencia, con los que se siente seguro y receptivo a las manifestaciones de afecto y de los que teme separarse (Ainsworth y Bowlby, 1991).

Dicho de otro modo: el apego es un tipo de vínculo afectivo,[49] recíproco pero asimétrico[50] y perdurable, que se establece entre el niño y sus progenitores a través de un proceso relacional que se inicia durante el embarazo y prosigue durante la crianza. El apego produce los lazos invisibles que crean las sensaciones de familiaridad a través de las cuales el niño se siente perteneciente a un sistema familiar determinado (Barudy y Dantagnan, 2005) y partir de las

---

48. Para revisar la relación entre la teoría del apego y el psicoanálisis, véase Fonagy (2001).

49. No todos los vínculos afectivos son de apego o pueden recibir este nombre *stricto sensu*.

50. En el sentido de que es el niño el que busca refugio en el cuidador y no al revés.

Los vínculos de la primera infancia

cuales el menor distingue entre familiares y extraños. Este vínculo se configura, y este punto es decisivo, según la reacción afectiva del adulto ante el niño. El propio Bowlby (1958) ya insistió en este aspecto, y estudios posteriores (Belsky, 2009; NICHD, 1997) así lo han confirmado: el estilo del apego y su calidad dependen de la disponibilidad y la receptividad del cuidador.

Un apego sano incluirá la interiorización, por parte del niño, de una o más figuras estables y disponibles que le ofrecen una sensación de seguridad y confianza que será usada para la exploración del entorno y de los otros. Este vínculo de apego será, pues, la base de la vida emocional —las emociones se viven siempre en contacto y en relación con los otros— y se inicia en los primeros momentos de la vida.

Su elaboración es prolongada y evolutiva,[51] pero se considera que a los 7 meses de vida, aproximadamente, se ha establecido una «relación de apego selectiva», puesto que la sustitución de la figura principal de apego ya no es posible, so pena de provocar un estrés muy importante del bebé si es separado, en según qué modo y circunstancias, de su figura de apego.

Así pues, el «tipo de apego», es decir, la calidad del vínculo que el niño puede vivir con sus figuras de apego queda establecido a muy temprana edad, y lo más importante: a partir de estos primeros vínculos familiares se irán organizando los «modelos operativos internos» (MOI en adelante). Los MOI incluyen representaciones de uno mismo y de los demás, sirven para regular, interpretar y predecir la conducta relacional, los pensamientos y los sentimientos de uno mismo y del otro (Bretherton y Munholland, 1999). Los MOI son como esquemas, más o menos conscientes, o «estructuras internas» (Marrone, 2001), con los que cada uno de nosotros se mueve en el mundo, es decir en el mundo de relaciones humanas. Stern (1994) habla del «esquema de una-manera-de estar-con».

---

51. Están descritas las siguientes fases en el desarrollo del apego: «de preapego», «de formación del apego», «de apego» propiamente dicha y «de relaciones recíprocas» (Ainsworth *et al.*, 1978).

Los MOI incluyen recuerdos de experiencias de apego, creencias, expectativas y actitudes sobre las relaciones que, en gran medida, las acaban determinando. Si recordamos el caso de Mateo, ese niño del ejemplo clínico anterior al que la administración le está alterando/alternando de continuo todos sus vínculos, podríamos pensar que sus MOI no incluirán la noción de «confianza» en la relación con el otro, tan solo porque no ha podido vivirla. Cuando Mateo sea mayor, ¿podrá sentirse tranquilo y a gusto con un amigo, con una pareja o en un trabajo? Sus MOI, por ejemplificarlo de algún modo, quizás le estarán indicando algo así como: «Ya sabes, no te puedes fiar de nadie, a la mínima todo el mundo desaparece, no te comprometas, no te entregues, si te dejan por algo será, quizás no eres bueno…». Eso es lo que la vida le está enseñando, lo que Mateo *aprende*, tristemente, un día tras otro.

Como señalan Castillo y Medina (2007), más allá de la primera infancia, las relaciones y, con ellas, el estilo de apego se irán extendiendo a los amigos y, más adelante, a la pareja. La adolescencia es una etapa crucial para el desarrollo de la identidad personal y de las relaciones. Es en la adolescencia cuando se tiene más consciencia de los propios MOI, cuando hay más capacidad para pensar sobre uno mismo y los demás.

Llegada la adultez, los MOI de cada cual marcarán la tendencia a buscar (o no) y mantener (o no) la proximidad y el contacto con una o unas pocas personas concretas, que proporcionen el sentimiento subjetivo de protección y seguridad física y/o psicológica. La pareja sería un buen ejemplo de lo que estamos comentando. La capacidad (o incapacidad) para la intimidad, el apoyo mutuo y la reciprocidad en las relaciones vendrán determinados, en gran medida, por los MOI de cada individuo. Así, también la disposición para cuidar adecuadamente (o no) de los propios hijos, si los hubiere, ya que, como es lógico suponer, los vínculos de apego, sean estos del tipo que sean, empiezan en la infancia y solo terminan cuando lo hace la propia vida (Bolwby, 1980).

Como escribe Coderch (2012):

> En conjunto, la teoría del apego pone de relieve de manera empírica que en los primeros años de su vida todo niño debe gozar de cuidados regulares, emocionalmente cálidos, previsibles de acuerdo con sus expectativas y afectivamente comunicativos para poder desarrollarse adecuadamente como persona y alcanzar un nivel óptimo de salud mental. (p. 152)

Habrá quien cuestione la afirmación anterior acusándola —acusándonos a todos los que con ella coincidimos— de excesivamente determinista. No faltarán ejemplos de niños que han vivido su infancia en las peores condiciones imaginables y han salido adelante con una vida digna y saludable. En el capítulo destinado a las cuestiones psicopatológicas trataremos de dilucidar estos y otros argumentos con respecto a esta temática. Bastará mencionar, por el momento, que hoy en día sabemos que si un niño no ha tenido oportunidad de establecer un apego de calidad en el curso de sus dos primeros años de vida, tendrá siempre lagunas en el ámbito de su comportamiento social y en su capacidad para vincularse con los demás (Barudy y Dantagnan, 2005). En el próximo apartado se revisarán las dificultades asociadas a cada estilo de apego *inseguro*.

Como se ha comentado, el tipo de apego que el niño establece con sus progenitores depende del trato que este reciba por parte estos (Isabella, 1993). A partir de este trato, el vínculo será de mayor o menor calidad. Los trabajos de Ainsworth y su equipo (Ainsworth *et al.*, 1978)[52] y Main y Solomon (1986) han permitido establecer cuatro tipos[53] de apego:

---

[52]. Para evaluar la calidad del apego, Ainsworth diseñó un método de laboratorio llamado la «situación extraña», en el que se observa al niño en su interacción con la madre y con un adulto (extraño) en un entorno no familiar. Véase, por ejemplo: http://www.youtube.com/watch?v=JsYdzdIg6OM. En la actualidad se dispone de numerosos instrumentos (escalas y entrevistas estandarizadas) para estudiar el estilo de apego tanto en niños como en adultos (Yárnoz y Comino, 2011).

[53]. Se han propuesto otras clasificaciones más detalladas (Zeanah, 1993), pero no han tenido gran repercusión entre la comunidad científica.

2.3.1.1. *Apego seguro*

El niño dispone de unos padres cálidos, atentos y sensibles, que satisfacen de forma adecuada sus necesidades. Se dan las condiciones antes descritas (preocupación maternal primaria, sincronía, simetría, contingencia, etc.). Los padres responden empáticamente a las expresiones emocionales del niño, tanto a las positivas como a las negativas, y esto ayuda al pequeño a poner en palabras sus emociones. Es el primer paso para poder comprenderse a sí mismo y a los demás. La cercanía física y las demostraciones de cariño son permanentes, y el niño se siente aceptado de manera incondicional (al menos de entrada) y confiado.

En la «situación extraña», un niño con apego seguro no quiere separarse de su madre y muestra su disgusto si esta desaparece, pero puede tranquilizarse lo suficiente como para explorar durante su ausencia. Cuando se reencuentra con ella, se alegra y calma rápidamente.

Como decíamos antes, cuando las relaciones son de este calibre, los padres son interiorizados como fuente de seguridad, y por ello el niño, a medida que crece, puede ir explorando el entorno o incluso alejarse de lo conocido con la confianza de poseer una base segura, siempre disponible, a la que retornar. Se considera que su MOI se basa en estas certezas y opera en conformidad a las mismas.

Este tipo de apego no excluye, como es inevitable, sentimientos de inseguridad en el niño o episodios de desencuentro o conflicto entre padres e hijos. Pero el clima general en el que se dan las relaciones entre unos y otros es de bonanza y tranquilidad.

2.3.1.2. *Apego inseguro evitativo*

En este caso nos encontramos ante unos padres que, por los motivos que sean, no son capaces de satisfacer los requisitos afectivos de los niños. Los padres presentan una combinación de ansiedad, rechazo y hostilidad hacia el crío. Cuando el pequeño despliega sus necesidades, por ejemplo al llorar o reclamar atención, obtiene respuestas maternas que lo desairan, lo angustian aún más y no lo calman. La madre puede evitar entrar en contacto con el niño y toma distancia emocional con él, por ejemplo, desdeñando, no comprendiendo o negando sus necesidades. No hay apenas muestras de contacto físico cariñoso y afecto por parte de los padres. Con el tiempo, el niño acabará desarrollando/aprendiendo una estrategia defensiva (de autoprotección) que consistirá en evitar o inhibir todas sus necesidades de afecto y proximidad con su figura de apego.

En la «situación extraña», estos niños están más interesados en los objetos que en las personas, no se alteran claramente cuando la madre desaparece y no se muestran interesados cuando regresa. Se acercan sin ninguna prisa a saludarla y su renovada presencia no les provoca ninguna reacción especial de alegría. Parece que reaccionan de la misma manera con su madre que con una persona extraña. Lo que sucede es que el niño ha aprendido un lema que podríamos transcribir del siguiente modo: «La mejor manera de asegurarme el contacto con las personas que quiero, y de las que dependo, es no mostrarme necesitado, no pedir, no mostrar ansiedad, inquietud, ni siquiera interés. Así, los mayores estarán tranquilos y yo obtendré la cercanía que preciso; ya que si pido, reclamo o exijo, se alejan de mí, no me entienden y acabo perjudicado». Esta sería la *filosofía* de su MOI.

2.3.1.3. *Apego inseguro ansioso-ambivalente (o resistente)*

En esta categoría, lo que se observa es que los padres han ofrecido unos cuidados iniciales de carácter poco fiable e impredecible. Por ejemplo, madres inconsistentes que un día se sienten tranquilas y cómodas pero al día siguiente están irritables y tensas. La preocupación maternal primaria no está bien consolidada y la madre se muestra muy cambiante en su trato hacia su hijo. Las necesidades del bebé, de todo tipo, pueden quedar desatendidas o ser incomprendidas durante ciertos periodos de tiempo. Suelen darse ciertas ausencias temporales —o bien una presencia física constante— de la madre pero sin la disponibilidad psicológica necesaria para ocuparse del bebé en todos los sentidos, es decir, estando *ausente* en términos psicológicos. El resultado es que el bebé será atendido de modo poco coherente y no conseguirá sentirse tranquilo y seguro, ya que no podrá *predecir* lo que puede suceder en cada ocasión en que se sienta necesitado o demandante.

Para el bebé no existe una conexión entre lo que él hace y la conducta de su madre. No puede aprender de las experiencias repetidas en su relación con ella. O mejor dicho, acaba aprendiendo que lo que prima es *el cambio* y *la inconsistencia*. Esto provocará una intensa ansiedad en el niño, junto con sensaciones de impotencia y abandono de las que el niño tratará de protegerse desesperadamente. Su defensa consistirá en aumentar sus demandas y sus llamadas de atención (llanto, gritos, insistencias repetitivas) de modo reiterado y persistente, con la esperanza de lograr, *al final*, cierto control de la conducta de sus padres, cuando estos, *al final*, acaban atendiendo las demandas del niño. Como es fácil intuir, este tipo de padres puede responder con intolerancia, enfado, exasperación o incluso agresividad (física o psicológica) ante las demandas del niño.

En la «situación extraña», el niño con apego inseguro ambivalente se angustiará intensamente cuando la madre se vaya. A su regreso, el niño buscará el contacto y al mismo tiempo la rechazará, alejándose, mostrándose enfadado, displicente e incluso agresivo (ambivalencia). No se calmará con facilidad, tenderá a llorar de una manera desconsolada y no retomará la actividad de exploración. La presencia de la madre y sus intentos de calmarlo fracasarán en reasegurarlo; la ansiedad y la rabia parecen impedir que obtenga alivio con la proximidad de la madre. En realidad, se observa que el niño no puede explorar ni relajarse ni con ella ni sin ella. Dedica toda su energía a controlar que la madre no se vaya.

2.3.1.4. *Apego inseguro desorganizado/desorientado*

Cuando unos padres son muy incompetentes y patológicos como consecuencia de haber sufrido ellos mismos, de pequeños, cuidados muy negligentes, malos tratos, traumatismos o pérdidas severas (Lyons-Ruth, y Block, 1996), difícilmente pueden brindarle a su hijo unas condiciones psicológicas que faciliten un apego seguro. Al contrario, estos padres, que a menudo sufren una patología mental grave (toxicomanía, psicosis, trastorno límite de la personalidad, etc.), suelen asustar a sus hijos con conductas violentas, impredecibles y desconcertantes. Los malos tratos y los abusos de todo tipo son frecuentes en este tipo de familias. Si el niño se acerca o efectúa demandas, los padres pueden responder con brusquedad, con amenazas de castigo, mostrarse violentos o abusadores. Si, por el contrario, el niño se aleja asustado, se sentirán provocados y aumentara su hostilidad y su rechazo. Como señalan Barudy y Dantagnan (2005), la «figura de apego» se convierte en una «paradoja vital», imposible de resolver para el niño: aquellos de los que depende son fuente de temor.

Ante una situación de estas características, las defensas del niño se colapsan y no sabe qué hacer para conseguir proximidad y seguridad. A diferencia del niño con estilo evitativo o ambivalente que, a su modo, es capaz de hallar estrategias que le permiten paliar en parte la ansiedad que sufre, el niño sometido a este estado de terror siente que no puede hacer nada para lograr cierta calma.

De hecho, hay quien opina (Hesse y Main, 2000) que el apego desorganizado no puede considerarse una forma de apego formal, ya que representaría, más bien, el resultado del fracaso de las estrategias que el pequeño utiliza para hallar seguridad en sus cuidadores. Puesto que ninguna resulta útil, el niño no es capaz de regular sus emociones y aparecería la desorganización. Así, en la «situación extraña» se ha observado que estos niños reaccionan ante el encuentro con sus figuras de apego con conductas contradictorias que implican desorganización. Buscan a su madre pero cuando la encuentran expresan temor o se acercan a ella de espaldas. O bien, no suelen mirar a la madre cuando son cogidos en brazos y mantienen una expresión facial atónita. Algunos lloran después de estar calmados y se muestran fríos y distantes. En casos más severos pueden mostrar movimientos descoordinados o que se interrumpen, quedándose parados a mitad de la acción, sin llegar su fin.

Dentro de este tipo de apego se han descrito dos subtipos, que a su vez comprenden diferentes subclases. Puesto que los consideramos consecuencia de la propia desorganización, es decir, como algo patológico, los describiremos en el capítulo destinado a la psicopatología derivada de estas circunstancias.

2.3.1.5. *Ejemplos clínicos*

Para ilustrar los diferentes tipos de apego utilizaremos una misma situación: el primer día de guardería de un supuesto niño llamado Juan de unos 9 meses de edad.[54] Desde la dirección del centro educativo, para facilitar la adaptación del niño, se solicitó previamente al adulto responsable que permaneciera en el aula dos horas el primer día y una hora, al menos, el segundo día.

Juan con un estilo de apego *seguro*:

La madre de Juan llega a la guardería con su hijo en brazos. Siguiendo las orientaciones ya acordadas con la educadora se queda con él dos horas para facilitar la adaptación del niño al nuevo ambiente. La madre y la educadora hablan de manera animada, Juan no quiere bajar de los brazos de su madre, pero se muestra relajado y observa con curiosidad a la recién conocida que habla con su mamá. Cuando la educadora le dice alguna cosa cariñosamente y le hace cosquillas, él ríe y está tranquilo. Estas interacciones se van incrementando, pero siempre desde los brazos y la protección de su madre. El día siguiente Juan sonríe a la educadora cuando la ve y escucha su voz. Juegan los tres. Después, la madre desaparece un rato, la persigue con la mirada, pero se queda jugando con la educadora. La madre vuelve, el niño le muestra el juguete que tiene en la mano, pero la interacción con la educadora puede continuar. Al tercer día, Juan es capaz de quedarse solo.

---

54. Todos los casos derivan de observaciones reales efectuadas en una guardería. Solo a efectos didácticos hemos condensado los diferentes niños en uno solo, para resaltar la ilustración que se pretende.

Juan con un estilo de apego *inseguro evitativo*:

La madre de Juan trae al niño en el cochecito. Llega tarde y con prisas. La educadora y la madre hablan, el niño todavía está en el cochecito sin protestar. La educadora pide a la madre que lo tome en brazos. El niño, poco expresivo facialmente, mira a la educadora sin demasiado interés. La madre lo deja en el suelo con los juguetes. Coge el que tiene más cerca y se lo pone en la boca. Se lo muestra a la madre. A pesar de las indicaciones de la educadora, una hora después la madre se va. Se despide del niño diciéndole «ahora vengo». Este la mira inmutable, observa cómo se va y continúa chupando el juguete. No le presta apenas atención a la educadora que tiene a su lado, pero tampoco la rechaza.

Juan con un estilo de apego *inseguro ansioso-ambivalente (o resistente)*:

Juan llega en brazos de su madre. La educadora los saluda y él esconde la cabeza. Se sientan para hablar, la madre lo quiere dejar en el suelo para que juegue pero el niño no quiere, grita, empieza a llorar y se coge fuertemente al cuello de su madre. Esta lo regaña. El niño interacciona poco con la recién conocida. Aunque la madre esté con él, no se le ve relajado. Un rato después, el niño observa un juguete que le llama la atención y lo señala. La madre de modo súbito lo deja en el suelo sin acompañarlo o animarlo a buscar el juguete. Inmediatamente, el niño se vuelve hacia su madre, desesperado, reclamando de nuevo ser tomado en brazos. Ha perdido el interés por aquel juguete y por explorar. La madre se enfada y le exige que coja el coche. El niño llora de manera desconsolada. La madre no sabe qué hacer. Afirma que el niño «es pesado» y que «no es fácil saber lo que quiere».

Juan con un estilo de apego *desorganizado*:

Cuando Juan llega al centro, la madre y la educadora se ponen a hablar. El niño continúa en el cochecito en el que lo han traído, despierto, sin protestar y sin mirar ni a su madre ni a la educadora. Esta última le da un juguete, pero el niño lo tira al suelo. La madre lo regaña bruscamente, le da un cachete en la mano y otro en la cara y le dice «eres muy malo». El niño llora y con los brazos pide salir. La madre le vuelve a pegar y no lo coge. El niño patalea ansiosamente. La educadora recoge el juguete y se lo da. El niño se empieza a tranquilizar escuchando la música del juguete. La madre se lo quita y le dice chillando: «¡Molestas, con tanto ruido no podemos hablar!». El niño chilla y grita, es todo lo que puede hacer, ya que todavía está sentado —y atado— en el cochecito.

2.3.2. Algunos comentarios sobre la teoría del apego

La teoría del apego, como decíamos, ha supuesto un tremendo avance en el estudio de las relaciones humanas, y su impacto en el entorno de los profesionales (investigadores y clínicos) de la salud mental es incuestionable. De hecho, lo que se inició como el análisis de las primeras vinculaciones ha devenido un verdadero *paradigma* dentro de la psicología, que comprendería: 1) una teoría del desarrollo infantil, tanto normal como patológico, 2) una teoría de los procesos de internalización y representación mental, que sustentaría, en parte, al llamado «psicoanálisis relacional» (Lyons-Ruth, 2006), y 3) una teoría de la psicopatología. No obstante, como toda teoría, tiene sus limitaciones, cuestiones pendientes y puntos que se prestan al debate (Galán, 2010).

Por ejemplo, resulta obvio que las observaciones realizadas mediante el procedimiento, artificial y manipulado, de la «situación extraña» no pueden extrapolarse sin más a un entorno natural como el doméstico. Por ello, la fiabilidad[55] de esta clasificación, así como de la propia situación extraña, ha sido puesta en entredicho por unos (Waters, 1978) y defendida por otros (Main, Kaplan y Cassidy, 1985). Los datos no son concluyentes, pero las investigaciones más modernas (Van Ijzendoorn y Marinus, 2004), que comparan la situación extraña con otros métodos de observación, apuntan a una fiabilidad aceptable de los datos empíricos en los que se basa, en parte, la teoría del apego.

---

55. La «fiabilidad» expresa hasta qué punto la medida es estable y consistente. Puede comprobarse en pruebas de test-retest, o en pruebas con diferentes observadores.

Ya hemos comentado en otro momento que la calidad del apego —su estilo— vendrá determinada, básicamente, por las respuestas de los adultos. Ampliando esta idea, Fonagy (2001) señala que los factores que determinan la seguridad o inseguridad del apego se pueden dividir en «próximos» y «distantes».[56] Entre los «próximos» se incluirían el temperamento del niño y la sensibilidad o disposición de la madre o cuidador principal, la presencia o ausencia de psicopatología (y su tipo) en los progenitores, así como cualquier otra condición que facilite o dificulte los primeros contactos entre el bebé y el cuidador. Especial importancia posee el estilo del apego del adulto que se hace cargo del niño. Entre los adultos se han descrito cuatro estilos de apego (Fonagy, 2001): «seguro-autónomo», «preocupado-enredado», «distante-devaluador» y «desorganizado-no resuelto». No es este el lugar para describir con detalle estos tipos de apego adulto, tan solo los citamos para señalar que están relacionados con la calidad del apego que los padres fomentan en sus propios hijos. De hecho, como ya se apuntaba al inicio de este capítulo, hay datos que sugieren que, antes del parto, el estilo de apego de los padres puede predecir el que desarrollará el futuro hijo, al año o año y medio de vida (Steele, Steele y Fonagy, 1996). A este fenómeno se le ha dado en llamar *transmisión intergeneracional del apego* (Fonagy, 1999; Van Ijzendoorn y Bakermans-Kranenburg, 1997).

Ahora bien, ¿cómo se produce esta transmisión? En este punto también hay cierta discusión. Parecería lógico pensar en términos conductuales: las prácticas de los progenitores durante la crianza, determinadas por sus propias experiencias y vivencias infantiles, podrían explicar por qué ciertos patrones se repiten y se transmiten de padres a hijos (Madigan *et al.*, 2006). Por ejemplo, los padres con apego adulto desorganizado suelen tener hijos con idéntico estilo (Barudy y Dantagnan, 2005). Pero desde posturas psicoanalíticas se ha insistido en que no son las experiencias vividas por los padres lo que permite predecir el tipo de vínculo de sus hijos, sino el grado en que aquellos

---

56. Empleamos la distinción de Fonagy (2001) pero discrepamos con el autor sobre cómo agrupa los diversos factores y presentamos una clasificación propia.

las han integrado y les han dado sentido. En lugar de las experiencias vividas se tendría en cuenta factores como la capacidad de la madre para pensar en su hijo en términos psicológicos y la representación del niño como alguien que tiene sentimientos, deseos e intenciones propias. Para los psicoanalistas sería esta capacidad materna lo que permitiría predecir el tipo de apego que acabará presentando el niño (Galán, 2010).

La polémica anterior nos recuerda a las antiguas trifulcas psicoanalíticas sobre la importancia de la realidad y de la fantasía. ¿Qué es más importante de cara a predecir el apego del hijo: lo que los padres han vivido o cómo lo han vivido? Probablemente ambas posturas mencionadas son correctas o concomitantes, ya que todo lo vivido se integra, de un modo u otro, en una conciencia autonarrativa y en los esquemas MOI, sean estos más o menos conscientes o inconscientes. Si una mujer que se convierte en madre ha vivido abandonos intempestivos, abusos, maltrato, negligencia y traumas, difícilmente podrá tener una representación mental positiva de sí misma o de su hijo, y ello facilitará que este último muestre un apego desorganizado.

Entre los factores «distantes» se incluirían aquellos de carácter más social o contextual. Así, por ejemplo, sabemos que en nada favorecen la formación de un apego seguro, aunque no son determinantes, las condiciones económicas, sociales o de soporte comunitario altamente deficitarias (Diener, Nievar y Wright 2003; Vaugh, 2005).

Por otra parte, la teoría del apego postula la estabilidad del apego una vez se ha constituido. No obstante, es preciso poder considerar la posibilidad de cambio dada la plasticidad propia del desarrollo infantil. En este ámbito, los datos no son concluyentes (Fonagy, 2001) pero el sentido común y la experiencia clínica apuntan a esta potencialidad de cambio en función de las condiciones ambientales y familiares en las que se desarrolla el individuo. No podríamos plantearlo de otro modo, so pena de caer en un determinismo psicológico radical tan absurdo científicamente como cualquier otro reduccionismo. Los datos de diversas investigaciones muestran que el apego posee un carácter dinámico y contextual (Galán, 2010).

Por ello, resultaría excesivo considerar la teoría del apego como una «teoría de la personalidad».

Aunque los estudios sobre el apego se han centrado en la madre como figura principal, también hay trabajos sobre el papel del padre en estas cuestiones (Lewis, y Lamb, 2003; Yárnoz, 2006). Algunos estudios indican que la calidad del apego puede ser diferente en ciertos casos para la madre y el padre (Main y Weston, 1981), mientras que otros señalan que tiende a ser similar (Van Ijzendoorn y DeWolff, 1997). La evidencia disponible apunta a que el apego con el padre es seguro si este cumple las condiciones necesarias ya descritas. Es observable que los niños tienden a establecer, en la primera infancia, una especie de «jerarquía» de cuidadores principales, en la que suele destacar una figura preferida por encima de las demás. El tiempo que el adulto pasa con el niño, el tipo de cuidados que suministra y la forma en que lo hace, la disponibilidad psicológica que muestra (comunicación afectiva, lúdica, etc.,) son factores que determinan cuál es el cuidador principal en esta gradación dispuesta por el niño (Cassidy y Shaver, 1999). Por supuesto, un niño con apego seguro con ambos progenitores experimentará mayor seguridad y tranquilidad que otro que solo lo tenga con uno de sus padres, ya que el apego estará dispuesto con las mejores condiciones posibles.

Decimos *mejores* pero no *ideales,* y lo hacemos con toda la intención. El apego seguro podría aparecer como una condición *ideal* en la que hay ausencia de conflictos y, siguiendo con este razonamiento utópico, representar un camino inequívoco hacia la salud mental. No resulta tan fácil: los conflictos se dan en toda relación humana; un niño con un excelente apego seguro hacia sus dos progenitores vivirá momentos de inquietud e incluso angustia. El factor diferencial radica, como ya hemos dicho, en las variables de «frecuencia», «duración» e «intensidad». En una situación vital *suficientemente buena*, el fiel de la balanza estará, en mayor medida, inclinado hacia el sector de la estabilidad y la confianza en los demás.

Nos ocuparemos de lo que sucede si este fiel presenta otras inclinaciones después de un breve periplo por las implicaciones neurobiológicas de las primeras relaciones y del apego.

Referencias bibliográficas

AINSWORTH, M.D.S. (1967) *Infancy in Uganda. Infant and the growth of love,* Baltimore, John Hopkins University Press.

AINSWORTH, M.; BLEHAR, M.C.; WATERS, E. y WALL, S. (1978) *Patterns of attachment: A psychological study of the Strange Situation,* Hillsdale, Erlbaum.

AINSWORTH, M.D.S. y BOWLBY, J. (1991) «An ethological approach to personality development», en *American Psychologist, 46,* 331-341.

ALBORES, L.; MÁRQUEZ, M. ªE. y ESTAÑOL, B. (2003) «¿Qué es el temperamento? El retorno de un concepto ancestral», en *Salud Mental, 26,* 16-26.

ARCUS, D. (2001) «Inhibited and uninhibited children: Biology in the social context», en T. Wachs y G.A. Kohnstamm (eds.), *Temperament in context,* New Jersey, Erlbaum, (pp. 43-60).

BARUDY, J. y DANTAGNAN, M. (2005) *Los buenos tratos a la infancia. Parentalidad, apego y resilencia,* Barcelona, Gedisa.

BATES, J.E. y PETTIT, G.S. (2007) Temperament, parenting, and socialization, en J. GRUSEC y P. HASTINGS (eds.): *Handbook of socialization,* Nueva York, Guilford., pp. 153-177.

BELSKY, J., y ROVINE, M. (1988) «Nonmaternal care in the first year of life and the security of infant-parent attachment», en *Child Development, 59,* 157-167.

— (2003) «Child care and its impact on young children (0-2)», en: R.E. Tremblay; R.G. Barr y R.D. Peters (eds.): *Encyclopedia on Early Childhood Development* [online]. Montreal, Centre of Excellence for Early Childhood Development. Disponible en: http://www.child-encyclopedia.com/documents/BelskyANGxp_rev-Child_care.pdf

— (2009) «Early day care and infant-mother attachment security», en R.E.TREMBLAY; R.G. BARR y R.D. PETERS (eds.): *Encyclopedia on Early Childhood Development* [online]. Montreal, Quebec: Centre of Excellence for Early Childhood Development. Disponible en: http://www.child-encyclopedia.com/documents/belskyangxp-attachment.pdf

BERGER, M. (2003) *L'echec de la protection de l'enfance,* París, Dunod.

BION, W. R. (1962) *Learning from experience,* Londres, Heinemann. (Trad. cast.: *Aprendiendo de la experiencia,* Buenos Aires, Paidós, 1980.)

Bowlby, J. (1958) «The nature of the child's tie to his mother», en *International Journal of Psycho-Analysis*, 1958, *39*, 350-373.
— (1980) *Attachment and loss. Vol. III: Loss, sadness and depression*, Londres, Hogarth Press. (Trad. cast.: *La pérdida afectiva. Tristeza y depresión*, Barcelona, Paidós, 1983.)
Brazelton, T.B. y Cramer, B.G. (1990) *The earliest relationship. Parents, infants and the drama of early attachment*, Massachusetts, Addison-Wesley. (Trad. cast.: *La relación más temprana. Padres, bebés y el drama del apego inicial*, Barcelona, Paidós, 1993.)
Bretherton, I. y Munholland, K.A. (1999) «Internal working models in attachment relationships: A construct revisited», en J. Cassidy y P.R. Shaver (eds.) *Handbook of attachment: theory, research, and clinical applications*, Nueva York, Guilford, pp. 89-111.
Broadhurst, P. L. (1960) «Analysis of maternal effects in the inheritance of behavior», en *Animal Behavior, 9*, 129-141.
Cannella, B. L. (2005) «Maternal-fetal attachment: an integrative review», en *Journal of Advanced Nursing, 50*, 60-68.
Cassidy, J. y Shaver, P.R. (1999) *Handbook of attachment: Theory, research and clinical applications*, Nueva York, Guilford.
Chodorow, N. (1978) *The reproduction of maternity. Psychoanalysis and the sociology of gender*, San Francisco, University of California. (Trad. cast.: *El ejercicio de la maternidad. Psicoanálisis y sociología de la maternidad y la paternidad en la crianza de los hijos*, Barcelona, Paidós, 1984.)
Coderch, J. (2012) *Realidad, interacción y cambio psíquico. La práctica de la psicoterapia relacional II*, Madrid, Ágora Relacional.
Dennis, C.L. y McQueen, K. (2009) «The relationship between infant-feeding outcomes and postpartum depression: a qualitative systematic review», en *Pediatrics, 123*, 736-751.
Diener, M.L.; Nievar, M.A. y Wright, C. (2003) «Attachment security among mothers and their young children living in poverty: Associations with maternal, child, and contextual characteristics», en *Merrill-Palmer Quarterly, 49*, 154-182
Field, T. (2010) «Postpartum depression effects on early interactions, parenting, and safety practices: a review», en *Infant, Behavior and Development, 33*, 1-6.
Flandera, V. y Nováková, V. (1974) «Effect of mother on the develop-

ment of aggressive behaviour in rats», en *Developmental Psychobiology,* 8, 49-54.
FONAGY, P. (1999) «Persistencias transgeneracionales del apego: una nueva teoría. Aperturas Psicoanalíticas», en *Revista Internacional de Psicoanálisis, 3.* Disponible en: http://www.aperturas.org.
— (2001) *Attachment theory and psychoanalysis,* Nueva York, Other Press. (Trad. cast.: *Teoría del apego y psicoanálisis,* Barcelona, Espaxs, 2004.)
FONAGY, P.; STEELE, H. y STEELE, M (1991) «Maternal representations of attachment during pregnancy predict the organization of infant-mother attachment at one year of age», en *Child Development, 62,* 891-905.
GABBARD, G.O. (1989) «Two subtypes of narcissistic personality disorder», en *The Bulletin of the Menninger Clinic, 53,* 527-532.
GALÁN, A. (2010) «El apego. Más allá de un concepto inspirador», en *Revista de la Asociación Española de Neuropsiquiatría, 30,* 581-595.
HARLOW, H.F. (1958) «The nature of love», en *American Psychologist, 13,* 673-685.
HESSE E. y MAIN, M. (2000) «Disorganized infant, child, and adult attachment: collapse in behavioural and attentional strategies», en *Journal of American Psychoanalytic Association, 48,* 1097-1127.
ISABELLA R.A. (1993) «Origins of attachment: Maternal interactive behaviour across the first year», en *Child Development, 64,* 605-621.
IVORRA, J.; GILABERT, J.; MOLTÓ, M.D. y SANJUÁN, J. (2007) «Genética del temperamento en niños», en *Revista de Neurología, 45,* 418-423.
KAFFMAN, A. y MEANEY, M.J. (2007) «Neurodevelopmental sequelae of postnatal maternal care in rodents: clinical and research implications of molecular insights», en *Journal of Child Psychology and Psychiatry, and Allied Disciplines, 48,* 224-244.
KIFF, C.J.; LENGUA, L.J. y ZALEWSKI, M. (2011) «Nature and nurturing: parenting in the context of child temperament», en *Clinical Child and Family Psychology Review, 14,* 251-301.
KOCHANSKA, G.; AKSAN, N. y JOY, M. E. (2007) «Children's fearfulness as a moderator of parenting in early socialization: Two longitudinal studies», en *Developmental Psychology, 43,* 222-237.
LEWIS, C. y LAMB, M.E. (2003) «Father's influences on children's development: The evidence from two-parent families», en *European Journal of Psychology Education, 23,* 211-228.

Lozano, M. (2006) *La maternidad en escena. Mujeres, reproducción y representación cultural*, Zaragoza, Prensas Universitarias de Zaragoza.

Lyons-Ruth, K. (2006) «The interface between attachment and intersubjectivity: perspective from the longitudinal study of disorganized attachment», en *Psychoanalytic Inquiry, 26*, 595-616.

Lyons-Ruth, K. y Block D. (1996) «The disturbed caregiving system: Relations among childhood trauma, maternal caregiving, and infant affect and attachment», en *Infant Mental Health Journal, 17*, 257-275.

Madigan, S.; Bakermans-Kranenburg, M.J.; Van Ijzendoorn, M.H.; Moran, G.; Pederson, D.R. y Benoit, D. (2006) «Unresolved states of mind, anomalous parental behavior, and disorganized attachment: a review and meta-analysis of a transmission gap», en *Attachment & Human Development, 8*, 89-111.

Main, M.; Kaplan, N. y Cassidy, J. (1985) «Security in infancy, childhood, and adulthood: A move to the level of representation», en I. Bretherton y E. Waters (eds.), *Growing points in attachment theory and research. Monographs of the Society for Research in Child Development, 50*, 66-106.

Main, M. y Solomon, J. (1986) «Discovery of an insecure disorganized / disoriented attachment pattern: procedures, findings and implications for classification of behaviour», en T.B. Brazelton y M.W. Yogman (eds.), *Affective development in infancy*, Norwood, Ablex, pp. 95-124.

Main, M. y Weston, D. (1981) «The quality of the toddler's relationships to mother and to father. Related to conflict behavior and the readiness to establish new relationships», en *Child Development, 52*, 932-940.

Mangelsdorf, S.C. y Frosch, C.A. (1999) «Temperament and attachment: one construct or two?», en *Advances in Child Development and Behavior, 27*, 181-220.

Marrone, M. (2001) *La teoría del apego. Un enfoque actual*, Madrid, Psimática.

Marshall, H.H. (2003) «Opportunity deferred or opportunity taken? An updated look at delaying kindergarten entry», en *Young Children, 58*, 84-93.

Maziade, M.; Caron, C.; Cote, R.; Merette, C.; Bernier, H.; Laplante, B.; Boutin, P. y Thivierge, J. (1990) «Psychiatric status of adolescents who had extreme temperaments at age seven», en *American Journal of Psychiatry, 147*, 1531-1536.

McWey, L.M. (2004) «Predictors of attachment styles of children in foster care: An attachment theory model for working with families», en *Journal of Marital and Family Therapy, 30*, 439-452.

Meaney, M.J. y Szyf, M. (2005a) «Environmental programming of stress responses through DNA methylation: life at the interface between a dynamic environment and a fixed genome», en *Dialogues in Clinical Neuroscience, 7*, 103-123.

— (2005b) «Maternal care as a model for experience-dependent chromatin plasticity?», en *Trends in Neuroscience, 28*, 456-463.

Menard, J.L. y Hakvoort, R.M. (2007) «Variations of maternal care alter offspring levels of behavioural defensiveness in adulthood: evidence for a threshold model», en *Behavioural Brain Research, 176*, 302-313.

Montaner, A (2007) «Nuestra tarea con los padres», en E. Torras (comp.), *Normalidad, psicopatología y tratamiento en niños, adolescentes y familia*, Barcelona, Lectio, pp. 153-168.

Muris, P. y Ollendick, T.H. (2006) «The role of temperament in the etiology of child psychopathology», en *Clinical Child and Family Psychology Review, 8*, 271-289.

NICHD Early Child Care Research Network. (1997) «The effects of infant child care on infant-mother attachment: Results of the NICHD study on early child care», en *Child Development, 68*, 860-879.

— (2005) *Child care and child development: Results from the NICHD study of early child care and youth development*, Nueva York, Guildford Press.

— (2007) «Age of entry to kindergarten and children's academic and socioemotional development», en *Early Education & Development, 18*, 337-368.

Nigg, J.T. (2006) «Temperament and developmental psychopathology», en *Journal of Child Psychology and Psychiatry, 47*, 395-422.

Pederson, D.R.; Moran, G.; Sitko, C.; Campbell, K.; Ghesquire, K. y Acton, H. (2008) «Maternal sensitivity and the security of infant-mother attachment: A Q-Sort study», en *Child Development, 61*, 1974-1983.

Rothbart, M.K. y Bates, J.E. (2006) «Temperament», en W. Damon, R. Lerner y N. Eisenberg (eds.), *Handbook of child psychology, vol. 3: Social, emotional, and personality development*, Nueva York, Wiley, pp. 99-166.

SÁINZ, F. (2007) «Narcisismo y sociedad. Entre la arrogancia y la carencia», en A. TALARN (comp.), *Globalización y salud mental*, Barcelona, Herder, pp. 417-452.
SPITZ, R.A. (1945) «Hospitalism. An inquiry into the genesis of psychiatric conditions in early childhood», en *Psychoanalytic Study of the Child, 1,* 53-74.
STEELE, H.; STEELE, M y FONAGY, P. (1996) «Associations among attachment classifications of mothers, fathers, and their infants», en *Child Development, 67,* 541-555.
STERN, D.N. (1994) «One way to build a clinically relevant baby», en *Infant Mental Health Journal, 15,* 36-54.
STIPEK, D. y BYLER, P. (2001) «Academic achievement and social behaviors associated with age of entry into kindergarten», en *Journal of Applied Developmental Psychology, 22,* 175-189.
SUOMI, S.J. (1997) «Early development of behaviour: evidence from primate studies», en *British Medical Bulletin, 53,* 170-184.
SZYF, M.; MCGOWAN, P. y MEANEY. M.J. (2008) «The social environment and the epigenome», en *Environmental and Molecular Mutagenesis, 49,* 46-60.
SZYF, M.; WEAVER, I. y MEANEY, M.J. (2007) «Maternal care, the epigenome and phenotypic differences in behaviour», en *Reproductive Toxicology, 24,* 46-60.
THOMAS, A. y CHESS, S. (1977) *Temperament and development,* Nueva York, Brunner/Mazel.
TORRAS, E. (2010) *La mejor guardería tu casa: Criar saludablemente a un bebé,* Barcelona, Plataforma.
VALENCIA, C.E.; FERIA, A.; LUQUÍN, S.; DÍAZ, Y. y GARCÍA, J. (2004) «Efectos cerebrales del medio ambiente social», en *Revista de Neurología, 38,* 869-878.
VAN DEN BOOM, D. (1994) «The influence of temperament and mothering in attachment and exploration: an experimental manipulation of sensitive responses among lower-class mothers with irritable infants», en *Child Development, 65,* 1449-1469.
VAN IJZENDOORN, M.H. y BAKERMANS-KRANENBURG, M.J. (1997) «Intergenerational transmission of attachment. A move to the contextual level», en L. ATKINSON y K.J. ZUCKER (eds.), *Attachment and psychopathology,* Nueva York, Guilford Press, pp. 135-170.

Van Ijzendoorn, M.H. y DeWolff, M.S. (1997) «In search of the absent father-meta-analyses of infant-father attachment: A rejoinder to our discussants», en *Child Development, 68,* 604-609.

Van Ijzendoorn, M.H. y Marinus, H. (2004) «Assessing attachment security with the Attachment Q Sort: Meta-analytic evidence for the validity of the observer AQS», en *Child Development, 75,* 1188-1213.

Vargas A. y Chaskel, R. (2007) «Neurobiología del apego», en *Avances en Psiquiatría Biológica, 8,* 43-56.

Vaugh, B.E. (2005) «Discovering pattern in developing lives: reflections on the Minnesota study of risk and adaptation from birth to adulthood», en *Attachment & Human Development, 7,* 369-380.

Waters, E. (1978) «The reliability and stability of individual differences in infant-mother attachment», en *Child Devolopment, 49,* 483-494.

Winnnicott, D.W. (1956) «Primary maternal preoccupation», en *Collected Papers: Throught paediatrics to psycho-analysis,* Londres, Hogarth. (Trad. cast.: *Escritos de pediatría y psicoanálisis,* Barcelona, Laia, 1979.)

— (1960) «Ego distortion in terms of the true and false self», en *The maturational processes and the facilitating environment,* Londres, Hogarth. (Trad. cast.: *El proceso de maduración en el niño,* Barcelona, Laia, 1975.)

Yárnoz, S. (2006) «¿Seguimos descuidando a los padres? El papel del padre en la dinámica familiar y su influencia en el bienestar psíquico de sus componentes», en *Anales de Psicología, 22,* 175-185.

Yárnoz, S. y Comino, P. (2011) «Evaluación del apego adulto: análisis de la convergencia entre diferentes instrumentos», en *Acción Psicológica, 8,* 67-85.

Zeanah, C. H. (1993) *Handbook of infant mental health,* Nueva York, Guilford Press.

Zentner, M. y Bates, J.E. (2008) «Child temperament: An integrative review of concepts, research programs, and measures», en *European Journal of Developmental Science, 2,* 7-37.

Capítulo 3
Neurobiología relacional

La idea de que el ser humano funciona como una unidad psicosomática no es nueva. Ya en los tiempos de la medicina hipocrática se asumía que el cuerpo y la mente no son entes separados. Sin embargo, los saberes médicos y psicológicos occidentales no siempre han tenido en cuenta esta evidencia. Las ideas de Descartes (*materia* = cuerpo, *mente* = pensamiento, ambos como entidades escindidas) influyeron enormemente en el pensamiento científico y filosófico de nuestra cultura. Más tarde, los avances de la investigación biomédica y la tecnificación ultraespecializada de la medicina, así como los intentos de ciertas teorías psicológicas —el conductismo y el cognitivismo— por inscribirse en el seno de las ciencias naturales, han mantenido durante décadas el enfoque psicosomático de lo humano apartado de las consideraciones de ambas disciplinas. Y aunque desde hace tiempo se insiste en un enfoque «bio-psico-social» de la salud y la enfermedad, lo cierto es que tal rótulo sigue siendo, en la inmensa mayoría de los casos, solo eso: un rótulo bienintencionado, pero de escasa repercusión en la praxis, la docencia y la investigación, excepto para unos pocos profesionales, instituciones y medios centrados en tal enfoque.

En consecuencia, los aquejados de alguna dolencia, incluso si esta es calificada como «enfermedad mental», siguen siendo tratados, fundamentalmente, desde una medicina biológica que recurre a las ayudas psicológicas como un vistoso complemento decorativo. Lo mismo puede decirse de lo que sucede en la investigación de todo tipo de enfermedades, incluidas las psiquiátricas.

La moderna neurociencia, no obstante, parece estar en posición de lograr un cambio en la situación descrita, al menos en parte.

Relaciones, vivencias y psicopatología

Autores de gran prestigio como Damasio[57] (1994) o Kandel[58] (2005) son muy citados en la actualidad, y sus aportaciones confirman, de modo empírico, la unidad psicosomática del comportamiento y la mente humana. Unidad reivindicada y defendida desde hace tiempo, incluso en nuestro entorno, por autores fundamentales como Rof Carballo.[59]

En la actualidad, concebir el funcionamiento y el desarrollo del organismo y la mente por separado puede considerarse un anacronismo superado. Pero puede decirse más, y en este sentido apunta el título de este capítulo: no es lícito considerar que cuerpo y mente operan y se expanden aislados del entorno que los rodea. Hemos pasado de la división entre *soma* y *psique* a su unificación y a concebir esta soldadura no como una entidad ajena a sus circunstancias, sino como algo muy vinculado a las mismas. La ciencia ha virado desde una «neurobiología unipersonal» a una interpersonal (Marrone, 2001), es decir, a una «neurobiología relacional».

La dotación genética, el sistema nervioso, el cerebro, el sistema hormonal e inmunitario, la personalidad, las habilidades, las motivaciones y la presencia o ausencia de psicopatología no son una cuestión individual, sino el producto y el resultado, en gran medida, de las interacciones del sujeto con su entorno. En un vocabulario acorde con los tiempos que corren diríamos que el ser humano, en su integridad funcional psicosomática, nace, se desarrolla y vive *en red*. Es una red muy amplia la que nos interesa en este ensayo: aquella que tiene que ver con la primera infancia.

---

57. António Damasio (Lisboa, 1944), profesor de Psicología, Neurociencia y Neurología en la Universidad del Sur de California. Sus investigaciones y numerosos textos se centran en las bases neurológicas de la mente, es decir, el estudio de los sistemas cerebrales y neurales que subyacen a la memoria, el lenguaje, las emociones, etc.

58. Erik Kandel (Viena, 1929), premio Nobel de medicina en el año 2000. Investigador de las bases biológicas de la memoria.

59. Juan Rof Carballo (Lugo, 1905 - Madrid, 1994), psiquiatra y ensayista. Sus ideas sobre psicosomática y la importancia de las relaciones interpersonales para la formación y dinámica cerebral datan de mediados del siglo pasado (Rof Carballo, 1949, 1952, 1961).

Como veremos a lo largo de este capítulo, en esta etapa de la vida se asientan las bases funcionales —e incluso anatómicas, en ciertos puntos— de la mencionada unidad psicosomática. De ahí deriva la importancia de todo aquello que rodea e impregna al bebé. Trataremos, entonces, las bases biológicas de esta unidad y las situaremos en su contexto de relaciones interpersonales.

3.1. Programas de llegada: lo innato

Nadie mejor que los profesionales de la etología para aclarar qué se entiende por «innato» y para mostrarnos qué hay de innato en el ser humano. Según estos profesionales (Eibl-Eibesfeldt, 1990), el concepto de innato ya no se define de forma negativa como lo *no aprendido*, sino de forma positiva, según el origen de la adaptabilidad. El concepto de innato significa «adaptación filogenética», un conocimiento preciso y específico que no se puede adquirir a lo largo de la ontogénesis. Son, por ejemplo, secuencias de movimientos preprogramados como el limpiado del hocico que efectúan los ratones o el nado de un pato recién nacido. Estas disposiciones programadas de un organismo, que actúan como un equipamiento básico, están adaptadas filogenéticamente, ya que facilitan la supervivencia.

En el ser humano, como no podría ser de otro modo, también se dan estas circunstancias. El neonato humano está menos preparado que el resto de mamíferos y muchos otros animales en el momento de nacer, pero aun así posee ciertas competencias. Los recién nacidos pueden agarrarse al dedo de un adulto y sostener todo su peso en él, o hacer movimientos de andar si son guiados sobre una superficie. Tras el parto, si se los coloca sobre el vientre de la madre, pueden avanzar con ayuda de sus propias piernas hacia el pecho, en un automatismo de búsqueda del pezón, que pueden coger entre sus labios y empezar a mamar. Tampoco es necesario que nadie les enseñe a coordinar los movimientos de succión y los respiratorios para no atragantarse mientras maman. El llanto o el «reflejo de Moro» son bien conocidos por todos. El test de Brazelton[60] muestra que los bebés muy pequeños pueden volverse a una fuente de luz o mover sus ojos hacia el lugar de donde proviene un sonido. Ciertas expresiones de enfado o alegría son también innatas: arrugar la frente, patear el suelo o apretar los dientes en caso de rabia, o sonreír en el caso contrario, se dan en los bebés de todas las culturas, así como en los bebés ciegos y sordos de nacimiento (Alonso, 1991).

Algunos aprendizajes resultan tan rápidos que podríamos sospechar en ellos una base genética.[61] Así, por ejemplo, sabemos que un bebé de tan solo tres días prefiere la voz humana a cualquier otro sonido y la voz de su madre a la de un extraño; esta preferencia, como ya vimos, puede venir determinada por la vida uterina. También posee un olfato muy sensible, que le permite distinguir a su madre entre otras personas a los dos días de vida (Sullivan, 2000). Además, el bebé puede realizar ciertas imitaciones de otros rostros humanos, tan solo 36 horas después de nacer (Field, Woodson, Greenberg y Cohen, 1982).[62] Y, lo que para nosotros resulta más relevante, la tendencia a establecer un vínculo con un cuidador es también algo no aprendido y preprogramado en el humano (Bowlby, 1958). Su valor como adaptación filogenética es incuestionable y, como señala la etología, merece el calificativo de «innato». La sociabilidad humana es innata, no cabe duda.[63]

Desde luego, no acaba aquí el estudio de lo innato en el ser humano, puesto que su campo abarca ciertas cuestiones relacionadas con la agresividad, la sexualidad, la territorialidad, la comunicación y demás comportamientos. Pero para nuestros intereses no es necesario ir más allá. Hemos querido tan solo subrayar algunas cuestiones que aparecen en un primer momento para mostrar, a continuación, el

---

60. Véase capítulo 1, nota 28.

61. De tal modo que se les ha llamado *disposiciones innatas para el aprendizaje* (Tinbergen, 1951) o *aprendizajes preparados* (Seligman, 1971).

62. En cuanto a las imitaciones de neonatos suele ser citado el trabajo de Meltzoff y Moore (1977) pero actualmente está muy cuestionado en su metodología.

63. Véase Riera (2011) para un excelente resumen de las peripecias evolutivas de esta herencia.

valor que las interacciones y las relaciones con los otros poseen para la neurobiología del bebé.

3.2. El cerebro infantil: desarrollo, entorno y plasticidad cerebral

Es innegable que el cerebro es un órgano asombroso. Su gran tamaño —en comparación con otras especies—, sus cien mil millones de neuronas, cada una con miles de enlaces, su billón de células gliales,[64] sus 1,6 millones de kilómetros de fibras nerviosas y su enorme complejidad hacen del cerebro una maravilla de la naturaleza.

Según Lagercrantz (2008), el cerebro de un niño se desarrolla en tres grandes etapas: desde que nace hasta los 2 años, la «etapa del *big bang*» o enorme crecimiento; de los 2 a los 7 años, la «etapa de organización» y de los 7 años en adelante, la «etapa de estabilización». No debe olvidarse que desde el nacimiento hasta los 8 años hay más crecimiento cerebral que entre los 8 y los 80 (Álvarez, 2000). Sin embargo, este desarrollo, aunque viene determinado genéticamente, no es estático sino dependiente de las variadas condiciones en las que vive el menor.

Gracias a los trabajos de los premios Nobel Hubel y Weisel,[65] conocemos un hecho muy significativo: los circuitos neurales, dispuestos por el genoma, solo se activan y se acaban de configurar si reciben la estimulación adecuada, en el momento oportuno (Hubel y Weisel, 1963). Aspectos como la visión, la audición o el lenguaje deben ser espoleados por la estimulación necesaria para desplegarse a pleno rendimiento. Un bebé nacido a término viene al mundo con

---

64. Las «células gliales» efectúan diversas tareas: dan soporte a las neuronas, reparan y regeneran el sistema nervioso, guían la migración neuronal en las primeras fases del desarrollo, participan en la barrera hematoencefálica, etc.

65. David Hubel y Torsten Weisel recibieron el premio Nobel de Fisiología y Medicina por sus estudios sobre la visión. Mostraron cómo el cerebro reacciona y se modifica en función de los estímulos que recibe.

billones de neuronas que tienen que formar millones de conexiones para funcionar con eficacia. En respuesta a los estímulos del entorno en los órganos sensoriales (ojos, oídos, nariz, lengua, piel, propioceptivos), las neuronas establecen sinapsis que permiten al cerebro reconocer las señales de las vías nerviosas unidas a estos órganos. Como los estímulos suelen ser repetidos, la pauta de conexión se estabiliza (siguiendo la ley de Hebb, que comentaremos más adelante) y se acaba construyendo la red específica para cada respuesta.

Un espléndido ejemplo de la interacción entre lo ambiental y lo psicosomático viene dado por el acto de la lactancia materna. La leche materna está cargada de oxitocina, una hormona que ayuda al bebé a regular sus funciones fisiológicas más básicas. En su cerebro, concretamente en el sistema límbico, hay multitud de receptores de esta hormona, que actúa como un ansiolítico para el niño que, cuando mama, asocia el olor materno[66] y el sabor de la leche a un efecto relajante y placentero.

Estas «conexiones cerebro-ambientales», por llamarlas de algún modo, se producen con gran intensidad hasta los 3 años de vida y en especial durante el primer año. Prosiguen, ya en menor medida, hasta los 10 años. Para algunas funciones, este *cableado cerebral* y *aumento de la densidad sináptica* se extiende a lo largo de toda la vida del sujeto.

Al mismo tiempo que el cerebro se interconecta, existe un proceso importante de *poda* o supresión de neuronas, sinapsis y vías que no están siendo estimuladas. Este proceso recibe el nombre de *apoptosis neuronal* y como resultado del mismo se eliminan aquellos recursos que no son usados o no son eficientes (Buss, Sun y Oppenheim, 2006). Muchos elementos anatómico-funcionales del cerebro se activan solamente con operaciones muy específicas y, si estas actividades no se realizan durante las etapas del desarrollo, las neuronas involucradas pueden sufrir un proceso regresivo, y es posible

---

66. El olfato juega un papel muy relevante, ya que su acción comprende diferentes estructuras cerebrales (bulbo olfatorio, *locus ceruleus*, amígdala) que tiene que ver con aspectos relativos al apego.

que ello implique deficiencias funcionales en el individuo. Es por este motivo que algunos autores hablan de una auténtica «gestación extrauterina» para señalar la inmadurez del sistema nervioso del bebé y la necesidad de que este siga creciendo y desarrollándose a través de los vínculos con los cuidadores (Vargas y Chaskel, 2007).

No obstante, este proceso de configuración y programación cerebral requiere no solo estimulación sino, y esto nos parece fundamental, *estimulación en el momento adecuado*. La activación neural, proveniente del entorno, debe realizarse durante momentos vitales determinados y precisos llamados *ventanas* o *periodos críticos*,[67] genéticamente programados (Herlenius y Lagercrantz, 2004). Según Doherty (1997), estos periodos críticos tienen dos etapas: la primera implica un lapso de tiempo durante el cual el niño es muy sensible a la experiencia específica y la segunda conlleva una disminución gradual de la sensibilidad.

El siguiente esquema muestra de forma gráfica algunos de estos periodos críticos:

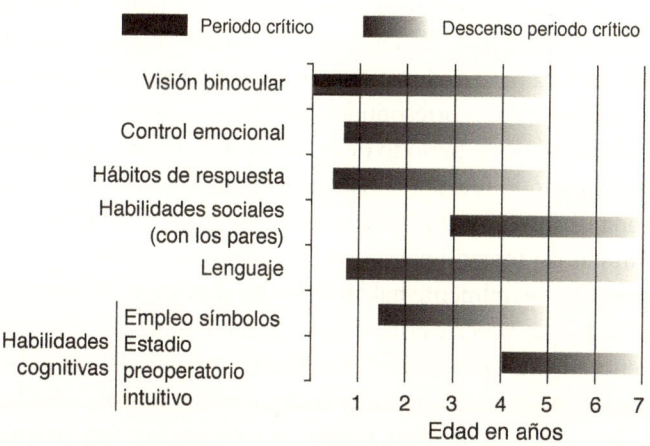

Figura 3.1. Periodos críticos para el desarrollo de ciertas habilidades (Doherty, 1997).

67. *Sensitive time-windows*, en inglés. También reciben el nombre de *periodos sensibles*.

Los periodos críticos para el establecimiento de conexiones con el córtex parecen emerger en sinergia con otras funciones principales del cerebro, como el control emocional y los patrones de *arousal* («activación»). El cableado cerebral recibe un apoyo si puede integrar estimulaciones de calidad por varios canales a la vez. Una estimulación sensorial positiva, por ejemplo a través de los cuidados recibidos, ayuda a reforzar la capacidad cerebral en diversas funciones como el desarrollo cognoscitivo, la estabilidad emocional, el apego y las respuestas de activación. Por el contrario, una estimulación inadecuada o negativa puede conducir a un desarrollo insuficiente de las partes del cerebro involucradas en estas funciones.

Una vez que los periodos críticos para el cableado cerebral han pasado, es posible que, si se toman las medidas adecuadas, se pueda desarrollar la capacidad del cerebro para compensar el desarrollo empobrecido de la función en cuestión. Pero no será fácil, como saben todos aquellos que se dedican al cuidado de niños con retrasos madurativos.

Dicho esto, es necesario aclarar algunas cuestiones con respecto a estos periodos críticos (Bruer, 1999). En primer lugar, no debe hacerse una lectura temporal estricta. En segundo lugar, los momentos críticos más limitados corresponden a las funciones más básicas; para las más elaboradas, el «periodo de oportunidad» es más dilatado. Por ejemplo, el periodo temporal disponible para la visión binocular no tiene nada que ver con el periodo para el lenguaje, cuya extensión es muy amplia. En tercer lugar, es preciso observar que estos periodos no se *cierran* —literalmente hablando—: su disminución es gradual y no brusca, lo que ofrece cierto margen de maniobra. En cuarto lugar, la existencia de periodos críticos no implica que, con la estimulación adecuada, un niño pueda aprender cualquier cosa. Los periodos hacen referencia a aprendizajes para los que el ser humano está adaptado.

Por otra parte, es evidente que, cuando nos referimos a la estimulación que necesitan los niños, en realidad estamos hablando de lo que los adultos *hacen* o *dejan de hacer* con los bebés. La moderna neurociencia pone de relieve el papel fundamental de los primeros años de vida y la importancia de las primeras relaciones (Coderch,

2010). La neurociencia nos responsabiliza a todos, un poco más si cabe, con respecto al trato que ofrecemos a nuestros menores. Esto no significa, como al parecer afirmó Hillary Clinton (Bruer, 1999, p. 127), que las neurociencias acentúen nuestra sensación de culpa (la de los adultos que son padres). Lo que han hecho, en el terreno que nos ocupa, es ofrecer una nueva perspectiva sobre el desarrollo cerebral de los más pequeños, poniendo el acento en el entorno más que en la genética.

Pero cuando se habla de estos periodos críticos y de la influencia de la primera infancia en la vida del sujeto, no se trata de la sustitución de un «determinismo genético» por uno de corte «psicológico» o «experiencial». Ciertamente estas consideraciones sobre el valor del entorno y la experiencia liberan, en parte, al sujeto del determinismo genético entendido como si se tratase de un *destino*. Pero ello no equivale a dotar al ambiente de un poder tan determinante como el que antaño se le otorgaba a la genética. En el relativo «determinismo ambiental» se da por asumida una mayor capacidad de maniobra y cambio a disposición del sujeto. Por otra parte, como con acierto señalan Ansermet y Magistretti (2004), si podemos constatar que nuestro cerebro es moldeable y plástico, esto implica que *estamos genéticamente determinados para no estar genéticamente determinados* (p. 24).

Con todo lo dicho, Shore (1997) señala que hoy en día podemos repensar nuestras ideas sobre el cerebro infantil del siguiente modo:

Tabla 3.1. Las nuevas ideas sobre el cerebro infantil (Shore, 1997).

Ideas antiguas	Nuevas ideas
El desarrollo del cerebro depende de los genes con los que se nace.	El desarrollo del cerebro depende de la interacción de los genes con los que se nace y las experiencias que se tengan.
Las experiencias que se tienen antes de los tres años tienen un impacto limitado en su posterior desarrollo.	Las experiencias tempranas tienen un impacto decisivo en la arquitectura del cerebro y en la naturaleza de las capacidades que se prolongan en la edad adulta.

Ideas antiguas	Nuevas ideas
Una relación segura con un cuidador primario crea un contexto favorable para el desarrollo y aprendizaje temprano.	Las interacciones tempranas no solo crean un contexto, sino que también afectan o influyen directamente en la forma de las conexiones del cerebro.
El desarrollo del cerebro es lineal: la capacidad del cerebro de aprender y cambiar crecen conforme el infante va progresando hacia la edad adulta.	El desarrollo del cerebro no es lineal: hay diferentes momentos para adquirir distintos tipos de conocimiento, destrezas y habilidades.
El cerebro de un niño de 3 años es mucho menos activo que el de un estudiante universitario.	Para cuando el niño alcanza los 3 años, el cerebro es el doble de activo que el de los adultos. Los niveles de actividad bajan durante la adolescencia.

Como es natural, todas estas ideas no están exentas de críticas y cuestionamientos. Hay incluso quien las llega calificar de «mitos pseudocientíficos» (Bruer, 1999). Claro está que aún ignoramos muchas cuestiones sobre la dinámica cerebral, y algunos de los estudios más populares pueden tener sesgos metodológicos o ser malinterpretados. La neurociencia es una disciplina compleja y los no especialistas podemos cometer errores en la justa apreciación de sus datos. Todo esto, no obstante, no resta valor a las ideas que aquí hemos mostrado, ya que, diga lo que diga la neurociencia, se contradigan o no algunos estudios, o incluso se demuestre que algunas de sus actuales aseveraciones no son correctas, esto no implica que los primeros años de vida no sean de un valor capital para el desarrollo integral de las personas. En nuestra opinión, las neurociencias no hacen más que confirmar el sentido común (hay que tratar a los niños con amor y cuidados adecuados) que, como decíamos al principio de este texto, suele imperar en este tema.

El trato recibido en la infancia a través de las interacciones relacionales con los miembros de la familia se instaura en la mente, aunque el individuo no sea consciente de ello. Luego, las experiencias acumuladas surgen de nuevo en el seno de otras relaciones con los demás. A este fenómeno se le llama, en psicoanálisis, *transferencia*. Hoy sabemos, además, que los buenos tratos recibidos en la infancia se instalan directamente en el cerebro y lo modifican (Barudy y Dagtanan, 2005). Ocurre, por tanto, lo mismo con las *malas experiencias*. Lo social entra en nuestra mente y en nuestro cerebro y los modifica. Para lo bueno y para lo malo, en el tema que nos ocupa: la *psicopatología* (Toyokawa *et al.*, 2012).

Es evidente que la neurociencia nos enseña y nos ayuda, pero si se nos permite una pequeña *boutade*, diremos que, en realidad, nosotros no la necesitábamos, al menos para convencernos de la importancia basal de la primera infancia. En tiempos en los que no se disponía de estas investigaciones ultrasofisticadas —no tan lejanos—, muchos estudiosos (antropólogos, etólogos, pedagogos, psicoanalistas, filósofos, médicos) ya consideraban la primera infancia como una etapa fundamental de la vida. Por ejemplo, a mediados del siglo pasado, Rof Carballo aportó mucha luz a los temas que aquí estamos tratando. Sin tanta tecnología a su alcance, este autor injustamente olvidado señalaba ya en 1952 que el cerebro del niño se completa en contacto con el prójimo y que el desarrollo del córtex, del «yo» y de la inteligencia se verifican sobre un haz de relaciones afectivas a las que denominó *urdimbre afectiva* (1952, 1961). El concepto es muy complejo,[68] y no disponemos de espacio para desgranar sus funciones y tipologías, pero vale la pena detenerse, en el contexto de un capítulo titulado «Neurobiología relacional», en ciertas características muy concretas del mismo. Teniendo en cuenta que la urdimbre afectiva se expresa en la trama de las relaciones interpersonales, el autor apunta que:

1. Se basa en un *continuum* psicobiológico. Su correlato neurológico es el desarrollo de las redes neurales, así como la influencia en la individualidad hormonal e inmunológica.

---

68. Similar pero más amplio y elaborado que el de «unidad originaria» (Pérez-Sanchéz, 1981), tan popular en nuestro entorno.

2. Es una realidad *transaccional*; es decir, se establece entre dos sistemas (padres-hijo) que se influyen entre sí recíprocamente de manera continua.
3. Es una realidad *constituyente-programadora*. Por ella quedan establecidas unas pautas biopsicológicas que determinarán, en gran medida, la conducta y la percepción de la realidad del individuo, su subjetividad.

Desde hace tan solo unas décadas disponemos de datos que apuntalan estas ideas. Los datos, precisamente, parecen apoyar otra de las cuestiones fundamentales con respecto al cerebro de los más pequeños: el de la «plasticidad cerebral».[69]

La definición más correcta de «plasticidad cerebral» señala que se trata de la adaptación funcional del sistema nervioso central para minimizar los efectos de las lesiones estructurales o fisiológicas, sea cual fuere su causa. Esta adaptación es posible gracias a la capacidad de cambio estructural-funcional que tiene el sistema nervioso por influencias endógenas y exógenas (Pascual-Castroviejo, 1996). Una demostración de esta capacidad se observa en los casos de niños con parálisis cerebral, cuyos déficits funcionales motores mejoran con el paso de los años, o en las restauraciones funcionales de adultos que han sufrido un *ictus* cerebral.

Aunque esta definición hace referencia a las lesiones y su recuperación, la idea general, que es la que más nos interesa, es la que indica que el cerebro es capaz de experimentar cambios debido a su «neuroplasticidad». Esta confiere a nuestro sistema nervioso la propiedad de registrar, de forma perdurable en los circuitos neuronales, las informaciones provenientes del entorno. Dicho de otro modo, permite que las experiencias vividas dejen *huella*[70] en el sistema nervioso central. Esta aptitud representa un valor adaptativo para el ser humano, ya que se trata de una cualidad del cerebro que le

---

69. Ya apuntada por Santiago Ramón y Cajal.
70. Freud ya mencionó esta idea de «huella» neuronal en 1895 (Freud, 1895).

permite escapar a las restricciones de su propio genoma y adaptarse a las presiones ambientales, los cambios fisiológicos y las experiencias vividas (Pascual-Leone, Amedi, Fregni y Merabet, 2005).

Pongamos un ejemplo ilustrativo. Un estudio demostró, a través de la magnetoencefalografía, que en los músicos de cuerda, el área de la corteza cerebral que gobierna la mano de digitación (la que marca las notas sobre el mástil del instrumento) es mayor que la correspondiente a la misma mano de personas que no tocan ningún instrumento. También observaron que, entre los músicos, a la mano más usada le corresponde una mayor área de la corteza cerebral que a la menos usada; es decir, los dedos más utilizados son los que tienen asignado mayor espacio en el tejido de la corteza cerebral (Elbert *et al.*, 1995). Cambios similares se han observado en personas ciegas que leen mediante el sistema Braille. Aquellos que lo hacen usando tres dedos muestran modificaciones mayores que los que emplean uno solo (Sterr, 1998).

Justa es, pues, la frase de Marina (2011): «El cerebro posee la capacidad física de encarnar los hábitos decididos por el sujeto» (p. 84). Por eso, como ya comentamos al inicio de este libro, los taxistas de Londres poseen un hipocampo mayor que sus congéneres, porque los años que se han pasado circulando por las calles de la ciudad han aumentando esta zona del cerebro que se ocupa de la orientación y la memoria espacial (Maguire, *et al.*, 2000).

Esta sensibilidad o potencial de cambio es mayor cuanto más joven es el sujeto (Mahncke, Bronstone y Merzenich, 2006). Conclusión: puesto que el cerebro del bebé es inmaduro, el entorno en el que este se desarrolla resulta más importante que nunca (Nelson, 1999). Debe tenerse en cuenta que el cerebro humano tiene una extensión de córtex «no comprometido» (sin función específica) mayor que cualquier otra especie animal. Esto nos da una extraordinaria flexibilidad para aprender. Como señalaba Penfield (1966), el córtex «está disponible para un futuro no programado». Puesto que cada individuo se encuentra con experiencias y entornos diferentes, podríamos decir que cada cerebro es *esculpido* de modo único y personal. La plasticidad cerebral muestra que el cerebro puede ser tanto o más variable *dependiente* que *independiente*, ya que más que crear o causar, actúa como mediador (Pérez, 2012).

No faltará quien sugiera que las experiencias y entornos en los que se desarrollan los bebés de una misma sociedad son muy similares, por no decir prácticamente idénticos. Muchos progenitores creen, llevados por su buena intención, que han criado a todos los hijos del mismo modo, que a todos les han dado el mismo afecto, la misma estimulación y las mismas condiciones y oportunidades. «Todas las infancias son iguales», nos llegó a decir un conocido psiquiatra, en un debate televisivo hace unos años.[71] Nada más lejos de la realidad. Cada infancia es única, empezando desde las motivaciones y deseos de los padres con respecto al nuevo embarazo, pasando por las condiciones biopsicosociales del mismo y siguiendo por las circunstancias relativas al parto, la biología del niño, la lactancia, el temperamento, el apego y demás. Añádase a estos condicionantes todo lo relativo a los progenitores: edad, experiencia, acontecimientos vitales, tipo de familia de origen, duelos, creencias, condiciones socioeconómicas, enfermedades, tamaño de la familia, etc. Si se combinan todas estas variables, a menudo cambiantes en el tiempo, se obtendrá como resultado que cada hijo es *hijo único*, o mejor dicho, que *cada infancia es única y particular*. Tal obviedad también ha recibido soporte empírico (Plomin y Daniels, 2011).

A menudo, los clínicos nos encontramos ante padres de niños con dificultades que se sorprenden por el hecho de que uno de sus hijos las presente y el otro no, o bien porque los problemas (psicopatológicos, de aprendizaje, de comportamiento) de los diversos hijos son diferentes. Estos progenitores suelen argumentar, como justificación a su sorpresa o incomprensión, que han criado *igual* a todos los hermanos. Pero tal igualitarismo en realidad no es posible, ya que en cada momento unos y otros, padres e hijos, *se han sentido o han estado* diferentes. Que sea difícil, o a veces imposible, dilucidar estas variaciones, más o menos sutiles, en función de cada caso y

---

71. Véase: http://www.tv3.cat/videos/2766990/Vigencia-de-Freud.

familia, no significa que no existan. Volveremos sobre esta cuestión en el capítulo siguiente.

3.3. La conexión social y las *neuronas espejo*

Paul MacLean[72] se hizo popular a raíz de su teoría evolutiva del «cerebro triple». Su hipótesis es que el cerebro habría experimentado tres grandes etapas de evolución, y esta habría desembocado, en los mamíferos superiores, en una especie de jerarquía organizada de tres cerebros, o capas cerebrales, en uno (MacLean, 1973):

1. *El cerebro reptiliano*, que comprende el tallo cerebral, ajusta los elementos básicos de supervivencia. Por ejemplo, la regulación del ritmo cardíaco o la ventilación pulmonar. Es un cerebro no pensante, no emocional, automático, reactivo a los cambios del medio, interno o externo, sin intervención alguna de la voluntad.

2. *El cerebro paleomamífero* o *límbico* permite que los procesos homeostáticos anteriores interactúen con el entorno, de lo que surge la emoción. Constituye el asiento de las emociones, de la inteligencia afectiva y motivacional. Trabaja en sintonía con el *cerebro reptil*. Por ejemplo, el instinto de reproducción se activa con la presencia de un miembro atractivo del sexo opuesto, lo que genera sentimientos de deseo sexual.

3. Por último, dispondríamos de un *cerebro neomamífero* —el córtex o neocorteza— muy desarrollado en los primates y aún más en el ser humano, que permite las funciones de inteligencia racional en el hemisferio izquierdo y de inteligencia asociativa, intuitiva y creativa en el derecho.

El recién nacido se presenta en este mundo con la herencia necesaria para desarrollar estos *tres cerebros*, por así decirlo. Como

---

72. Médico norteamericano, 1913 - 2007.

hemos visto, puede efectuar un buen número de acciones de modo casi automático (respirar, mamar, llorar y demás). Todo ello viene asegurado por la capa más antigua del cerebro, y en estas actividades poco se diferencia del resto de los mamíferos. Muy pronto se le une a todo ello el cerebro límbico y, dado que también está en su genoma el impulso a buscar la interacción con los otros, tal como señalaba Bowlby (1958), de inmediato empiezan a aparecer las emociones. El *miedo* es una de las principales emociones humanas y tiene su asiento en la amígdala, precisamente un área del sistema límbico. La parte más evolucionada del cerebro tarda un poco más en ponerse en acción. El córtex orbitofrontal, que se ha asociado al funcionamiento social (García-Molina *et al.*, 2009), perteneciente a la última capa cerebral de MacLean, no inicia su proceso de maduración hasta un poco más adelante. El córtex frontal experimenta un gran crecimiento neuronal entre los 6 y los 12 meses, y alcanza su punto álgido entre los 12 y los 24 meses de edad. Son meses de gran intercambio emocional con los progenitores, en los que se fragua y consolida el estilo de apego.

Lo crucial del desarrollo completo del cerebro, hasta su última capa, es la interacción social. Pero en esta interacción tan temprana no resulta más relevante lo cognitivo o educativo, sino lo *emocional*, que surge de inmediato en relación con lo fisiológico (las necesidades y automatismos de supervivencia). Hoy en día se insiste en la importancia de enseñar a los niños a desarrollar su «inteligencia emocional», fomentando todo lo que tiene que ver con la empatía y el reconocimiento de sentimientos. No obstante, conviene aclarar que, desde nuestro punto de vista, aquello que tiene un verdadero impacto en nuestras vidas no es la información en sí misma, sino las vivencias. Lo que se graba en el cerebro y en la mente, y por tanto en nuestro ser, son las experiencias emocionales que se dan en el seno de las relaciones afectivas. Por decirlo de alguna manera, el niño no graba solo lo que ve o lo que se le dice, sino principalmente hace suyo lo que vive a través de la experiencia. Esto podría explicar por qué algunos niños que han sido «bien educados» tienen un funcionamiento emocional precario.

Olfato, tacto, oído, visión (un poco más adelante), alimentación y cuidados básicos, todas estas percepciones y atenciones primarias dan lugar a las emociones, y desde ellas se alcanza la plena interacción humana y social. Cuando estas necesidades «bioemocionales» no están adecuadamente satisfechas, el desarrollo cerebral se ve alterado.

Chugani y su equipo (Chugani *et al.*, 2001) realizaron un estudio muy sofisticado, empleando TEP cerebral,[73] en el que analizaron multitud de variables cerebrales de niños criados en orfanatos rumanos (tristemente conocidos por sus precarias condiciones). Los resultados fueron concluyentes: se observaron disfunciones en el tallo cerebral, el córtex orbitofrontal, el córtex prefrontal infralímbico, el córtex tempolateral, la amígdala y el hipocampo. Esto implicaba alteraciones en áreas como el lenguaje, la memoria, la atención, las funciones ejecutivas y, por supuesto, la socialización. Los datos obtenidos han sido confirmados por estudios posteriores, realizados con otras técnicas diagnósticas, lo que aporta validez a dichos resultados (Eluvathingal *et al.*, 2006; McCrory, De Brito y Viding, 2010, 2011). Estudios efectuados con animales (Liu *et al.*, 2012) muestran que el aislamiento social, incluso en ratones adultos, provoca cambios ultraestructurales de la corteza prefrontal y afecta a la mielinización de las neuronas. También se ha observado que los bebés de madres depresivas presentan un mayor volumen de su amígdala (Lupien, *et al.*, 2011). Teniendo en cuenta que la idea de los periodos críticos, antes comentada, es aplicable también a estos datos, se concluye que los perjuicios causados sobre el cerebro por un entorno desfavorable son más drásticos en los menores de edad que en los adultos.

Como ejemplo de lo que se está comentando, diversos autores (Emery, 2000; Schore, 1994, 2001) han subrayado el valor de la mirada para el crecimiento integral del bebé. Gerhardt (2004) nos resume lo que sucede en el organismo del crío en el momento en

---

73. La tomografía por emisión de positrones es una técnica de neuroimagen no invasiva de diagnóstico e investigación. Mide la actividad metabólica del cuerpo humano a partir del análisis de la distribución que adopta en el interior del cuerpo un radiofármaco, administrado a través de una inyección intravenosa.

que intercambia una mirada amorosa con su madre: cuando percibe las pupilas dilatadas del adulto, el niño capta el estado placentero, probablemente a través de las «neuronas espejo». En respuesta a esta percepción, el propio sistema nervioso del bebé reacciona con respuestas inductoras de bienestar, segregando betaendorfina[74] y dopamina. Ambas sustancias ayudan al desarrollo cerebral; la primera, facilitando el crecimiento neuronal en el córtex orbitofrontal y la segunda aumentando el tejido del córtex prefrontal. Por el contrario, si el bebé capta una mirada hostil o negativa de su madre, se desencadenará, automáticamente, una respuesta bioquímica de malestar. No sería descabellado afirmar que el bebé experimentará *miedo*, sobre todo si tenemos en cuenta que percibe como hostil a la figura principal de la cual depende su supervivencia. Sus glándulas suprarrenales, entonces, secretarán cortisol, una hormona que es necesaria en su justa medida, pero que en concentraciones excesivas —o demasiado escasas— es perjudicial (Gerhardt, 2004), ya que afecta al desarrollo del cerebro, tal como veremos con más detalle a continuación.

Es tan solo un ejemplo de aquello que se repite en multitud de ocasiones: el bebé interactúa con su entorno y, en función de la respuesta que recibe, ciertas zonas cerebrales son impactadas de un modo u otro. Que exista un adecuado crecimiento de las estructuras cerebrales depende del número de experiencias positivas que el bebé experimente. Lo contrario a esta situación, como veremos en el próximo capítulo, queda descrito de forma magistral en esta frase de Rygaard (2005):

> Cuando a las crías humanas no se las acaricia y se las abandona, los sistemas cerebrales responsables de la experiencia placentera de la vinculación afectiva dejan de funcionar. La consecuencia de esto, a corto plazo, son niños y niñas que sufren intensamente y cuyo dolor se les almacena en «memorias traumáticas» en el cerebro emocional. Estas memorias organizan sus comportamientos, sobre todo aquellos

---

74. Sustancia que se produce en el cerebro y que bloquea la sensación de dolor. Actúa como neurotransmisor y está relacionada con los estados de placer.

Neurobiología relacional

que tienen que ver con la relación con los demás. A medio y largo plazo este sufrimiento conducirá a diferentes trastornos del desarrollo, así como a alteraciones importantes en sus modos de relacionarse o modelos de apego (p. 20).

El cerebro social se construye, como no puede ser de otro modo, en sociedad: en la pequeña sociedad que rodea al bebé. Una parte importante del estilo relacional que el sujeto mostrará más adelante se fragua en esta época de la vida. Un claro ejemplo que confirma esta aseveración lo encontramos en el estudio de las «neuronas espejo», antes mencionadas.

Las neuronas espejo son un tipo especial de neuronas,[75] situadas en el córtex frontal y temporal, el lóbulo parietal y las áreas frontales motoras, entre otras localizaciones. Su función es doble: por una parte se activan cuando el sujeto *realiza* una acción, pero también lo hacen cuando *observa* a otro congénere realizarla.

Los primeros estudios sobre este tipo de neuronas se efectuaron con macacos (Rizolatti *et al.*, 1988), y poco tiempo después se supo, gracias a sofisticadas técnicas de neuroimagen, que también están presentes en los seres humanos (Grafton *et al.*, 1996; Rizolatti *et al.*, 1996a; 1996b). De entrada, podría parecer que se trata tan solo de las neuronas que se ocupan de los aprendizajes «por imitación». Naturalmente, están implicadas en este aprendizaje, pero su función va mucho más allá.

Estas neuronas se activan también frente a la observación de las expresiones faciales o tonalidades vocales que sugieren emociones. Así, cuando observamos a otro mostrando dolor o desagrado, se activan en nuestro cerebro sensaciones parecidas a las del sujeto que observamos. Así pues, estas neuronas, si funcionan a pleno rendimiento, le permiten al observador *interpretar* o *codificar* cuáles son los estados emocionales del observado. Por ello se han considerado

---

75. Al parecer, descubiertas por casualidad (Riera, 2010) en 1996, cuando el equipo de G. Rizzolatti (Premio Príncipe de Asturias, 2011) estudiaba la actividad neuronal correspondiente a ciertas acciones motoras.

la base neurológica de la empatía y la identificación intrapersonal y social.[76] Su acción nos permite comprender las intenciones de las otras personas, *leer su mente*, por así decirlo, e incluso predecir o anticipar sus futuras acciones (Gallese, 2011), de una forma que antaño hubiésemos considerado *intuitiva*, pero que hoy en día denominamos *simulación corporeizada* (Gallese, 2011). Corporeizada en el sentido de que se basa en un sustrato neuronal, el «sistema en espejo» que forman las neuronas espejo. La mente humana es una *mente compartida*, en el sentido social pero también en el neural. Como señala Coderch (2012), la simulación corporeizada crea el espacio a la vez cerebral y psíquico del *nosotros*, un espacio común. Las neuronas espejo son la base biológica que nos permite emocionarnos al *sintonizar* con las emociones de los demás (Bastiaansen, Thioux y Keysers, 2009).

Conviene también recordar una antigua formulación de Freud (1921) con respecto a que la «identificación» es lo primer lazo de amor, y por tanto de vínculo, con los demás. Miramos a los demás y podemos empatizar con sus emociones y sentimientos, y esto es posible gracias a que alguien ha empatizado con los nuestros.

La cuestión en este punto, una vez más, es que para que el sistema en espejo se despliegue correctamente es necesaria la participación del entorno. Las neuronas están ahí, pero se requiere un proceso de estimulación y aprendizaje[77] (Del Giudice, Manera y Keysers, 2009). Aún no sabemos mucho sobre la ontogenia de estas neuronas, si bien todo indica que están presentes desde el nacimiento

---

76. No es de extrañar que los estudiosos de este tipo de neuronas (Martineau *et al.*, 2008; Rizollatti y Fabbri-Destro, 2010) hayan formulado interesantes hipótesis sobre los «trastornos del espectro autista», una de cuyas características principales es la falta de empatía y sociabilidad.

77. Aprendizaje que en neurociencia se conoce como *aprendizaje de Hebb* o *aprendizaje hebbiano*, ya que se rige por la llamada «regla de Hebb». Esta reza así: cuando el axón de una célula *A* está suficientemente cerca como para excitar a una célula *B* y repetidamente toma parte en la activación, ocurren procesos de crecimiento o cambios metabólicos en una o ambas células, de manera que tanto la eficiencia de la célula *A* como la capacidad de excitación de la célula *B* son aumentadas (Hebb, 1949).

(Lepage y Théoret, 2007) y que su proceso de desarrollo no se detiene en la primera infancia (Kilner y Blakemore, 2007). No será necesario insistir más en el papel que juega la estimulación adecuada —y en el momento correcto— para que se desarrollen las trascendentales capacidades humanas, interpersonales y sociales que estas células facilitan.

Decenas de estudios confirman lo aquí expuesto (Rizollatti y Fabbri-Destro, 2010). Sin embargo, como casi todas las aportaciones científicas, esta tampoco está exenta de cuestionamientos. Algunos autores llegan a dudar de su existencia o se replantean su papel en el comportamiento humano (Hickok, 2009; Lingnau, Gesierich y Caramazza, 2009). No disponemos de espacio para profundizar en estas complejas polémicas, cuyos detalles son más propios de un libro de neurología que de un texto como el presente. Además, como señalábamos antes, ninguna controversia científica, por más valiosa que sea, impide considerar a la primera infancia y sus relaciones como algo de una importancia sin parangón.

3.4. Avanzar hacia el lenguaje: palabras, emociones y personalidad

Si la evolución es correcta desde el punto de vista biológico y psicológico (y ambos componentes están indisolublemente intrincados), llegará un momento en que el niño empezará a utilizar unos rudimentos de lenguaje.[78] Esto corresponde a una clara diferenciación hemisférica, al especializarse el cerebro izquierdo en los procesos secuenciales y verbales. Al mismo tiempo crecerán el área cingular anterior y el córtex prefrontal dorsolateral, zonas importantes en lo que respecta a la memoria, los pensamientos, los sentimientos y el lenguaje.

---

78. Previamente ya se habrán dado las «protoconvesarciones», diálogos sin palabras basadas en los balbuceos del bebé y las respuestas de los cuidadores.

Relaciones, vivencias y psicopatología

Las palabras irán adquiriendo cada vez más importancia en la vida del niño, y este ya no será, por así decirlo, un mero sismógrafo emocional que comunica sus reacciones tan solo con sus respuestas básicas (motricidad, llanto, balbuceos, gestos de enfado o sonrisas). Poco a poco, el niño traducirá sus estados emocionales y sus demandas en palabras. A su vez, los cuidadores del menor podrán comunicarse con él de un modo más sutil y elaborado.

Sin duda, este es un momento crucial en la vida de todo ser humano. Es el momento en que arranca un proceso fundamental: el de poner en palabras las emociones y los sentimientos. Naturalmente, completar este proceso llevará su tiempo, pero las bases primordiales se encuentran en la primera infancia. Los adultos desempeñan, una vez más, un papel trascendental, ya que serán ellos los que enseñen al niño a efectuar esta traslación, que parte de lo corporal y acaba en lo verbal. Si las personas que cuidan sl niño sintonizan con él y le formulan verbalmente esta conexión, serán capaces de ayudarle a expresar aquello que siente. Le mostrarán las palabras adecuadas para dar forma simbólica a sus estados internos (Gerhardt, 2004).

Por el contrario, si los adultos no pueden empatizar con el niño o nunca hablan de sus sentimientos, como ocurre en el seno de algunas familias, no podrán franquearle el camino del lenguaje de las emociones. Sus estados emocionales no podrán ser mentalizados, pensados, reflexionados o manejados de manera consciente. Es muy posible que el niño así tratado acabe siendo un adulto con «alexitimia»[79] (Sifneos, 1973) o «personalidad operatoria»[80] (Marty y M'Uzan, 1963), condiciones vinculadas a las enfermedades tradicionalmente denominadas «psicosomáticas». El propio MacLean, ya en 1949, afirmaba que, en

---

79. Del griego *a*: «falta», *lexis*: «palabra», y *thymos*: «afecto». Dificultad para verbalizar estados afectivos y diferenciarlos de sensaciones corporales. Suele acompañarse de trastornos psicosomáticos o somatomorfos, escasa capacidad introspectiva, tendencia al conformismo social y «pasos al acto» frente a situaciones conflictivas. Véase Otero (1999) para una revisión precisa.

80. Caracterizada por un pensamiento muy vinculado a lo concreto y desprovisto de símbolos y abstracciones, normopatía social, alexitimia, escasa actividad onírica y poca fantasía.

estos casos, las emociones, en vez de transmitirse al neocórtex, donde encontrarían una expresión simbólica mediada por las palabras, se descargan directamente a través del sistema nervioso autónomo y se traducen en un «lenguaje de órganos» (MacLean, 1949). La neurociencia ha confirmado todas estas hipótesis y, en efecto, relaciona déficits de funcionamiento (Heinzel *et al.*, 2012) o incluso morfológicos (Borsci *et al.*, 2009) en las estructuras cerebrales citadas.

Ejemplo clínico:

Alba, de 5 años, llega a consulta derivada desde la escuela, a la que acaba de asistir por primera vez. La maestra ha detectado un déficit de lenguaje expresivo. En el resto de las áreas, el desarrollo parece, de entrada, correcto. En su historia destaca que hasta los 4 años y medio vivió en una comunidad neorural compuesta por familias de distintas nacionalidades. Los padres explican que la vida en el campo era «muy activa y libre». Según ellos, la niña corría desnuda por los alrededores, trepaba a los árboles, comía directamente las frutas del huerto cuando le apetecía, dormían todos juntos en un dormitorio común y se relacionaba con otros niños con total normalidad y espontaneidad. Eso sí, se comunicaba «gestualmente», dado que la enorme disparidad de idiomas hacía imposible otro tipo de comunicación. Al parecer, incluso los adultos, con escasa formación, tenían serios problemas de comunicación verbal, ya que apenas podían utilizar rudimentos de inglés. Cuando se pregunta a los padres cómo era su nivel comunicativo con la niña, además del propio de la vida en comunidad, indican que era bueno y que se entendían, pero que no se dirigían mucho verbalmente a ella, puesto que les parecía que la niña prefería la comunicación gestual.

Desde hace seis meses, la familia ha abandonado la vida comunitaria y vive en una casa para ellos solos en las afueras. Al parecer, la niña se ha adaptado bien al nuevo entorno, pero sigue comunicándose exclusivamente con gestos, sin apenas articular palabra, a pesar de que los padres se dirigen a ella en un único idioma.

En la exploración inicial se observa que no hay intencionalidad comunicativa verbal imitativa. Con ayuda de la terapeuta, la niña centra su atención en los labios de esta e inicia un proceso de imitación silábica. Poco a poco, Alba va aprendiendo a hablar y se instruye a los padres para realizar con ella ejercicios de estimulación del lenguaje. Hay, no obstante, un detalle que preocupa los profesionales que la atienden: cuando Alba se emociona, para bien o para mal, reacciona exclusivamente con su cuerpo. Cuando algo la pone contenta, corretea y salta («como si fuera un gatito juguetón», según relatan algunos observadores). Cuando se enfada, patalea con fuerza y poco después suele presentar episodios de diarrea.

Comentario: Alba es muy pequeña, posee una constitución saludable y muestra una buena capacidad de adaptación. Está recibiendo ayuda profesional y también en casa, ya que sus padres han comprendido que la niña precisa el uso del lenguaje para su correcto desarrollo. Todo ello apunta a un buen pronóstico en general. Es de esperar que con estas ayudas la niña somatice cada vez menos[81] sus estados emocionales. No cabe duda de que los padres, llevados por las mejores intenciones basadas en su ideología naturista, cometieron el error de no estimular suficientemente a la niña en el plano verbal. Por fortuna para todos, decidieron escolarizar a la niña antes de la edad obligatoria (6 años) y esto permitió iniciar la estimulación lo antes posible.

Por supuesto, todo lo que estamos revisando se implica con la propia personalidad. Memoria, emociones, sentimientos y la narrativa (lenguaje) que cada uno acaba construyendo en torno a sí mismo son factores, entre otros, en los que se basa la personalidad de cada cual. Para poder recordar y asociar eventos, el hipocampo, que forma parte del sistema límbico, debe vincularse correctamente con las estructuras cerebrales del lenguaje ya mencionadas.

Como todo el mundo sabe por propia experiencia, no nos es factible recordar las experiencias de nuestra primera infancia. Gerhardt (2004) señala que esto se debe, casi con seguridad, a la falta de maduración del córtex prefrontal dorsolateral y el hipocampo.

---

81. Aun teniendo en cuenta que los niños suelen somatizar bastante, como es comprensible a la luz de lo que hemos comentado hasta aquí.

A medida que se fraguan estas zonas cerebrales, podemos acceder a ciertos recuerdos precoces, justamente aquellos que ya están teñidos de lenguaje.

Sin embargo, que no podamos recordar no equivale a que las experiencias no dejen huella. Las huellas *no recordables* de forma narrativa se almacenan en las estructuras más antiguas de nuestro cerebro, como la amígdala, y desde ahí ejercen su influencia emocional y caracterizan una parte de nuestra personalidad. La historia invisible de cada sujeto, no por ser invisible, deja de ser historia. No son recordables pero tampoco *olvidables* (Gerhardt, 2004).

A continuación revisaremos cómo las experiencias precoces estresantes, *no recordables*, dejan marcas en nuestro sistema nervioso y modelan nuestra personalidad.

3.5. El estrés infantil y su repercusión psicosomática

A lo largo de este texto, como en tantos otros libros de psicología, hemos hecho referencia en innumerables ocasiones al concepto de «estrés». Pero su popularidad no siempre va acompañada de una correcta comprensión. Por ejemplo, no se suele distinguir entre el estrés y sus causas o entre el estrés y sus consecuencias.

El estrés es una respuesta del organismo a las demandas, presiones o situaciones a las que debe hacer frente en el medio ambiente en el que se desenvuelve. Esta respuesta consiste, principalmente, en una activación de ciertos sistemas corporales.[82] Como si la fisiología se preparase para responder con una huida o un ataque, ya que, como enseguida veremos, el sujeto siente que está frente a una *amenaza*.

Esto significa que el estrés, en cuanto respuesta, no solamente no es *malo* (condición con la que el vulgo suele dotarlo) sino que,

---

82. Entre otras condiciones: vasoconstricción periférica, midriasis, taquicardia, taquipnea, ralentización de la motilidad intestinal, liberación de adrenalina, noradrenalina y cortisol, aumento en sangre de la cantidad circulante de glucosa, factores de coagulación y factores inmunitarios.

en determinadas situaciones, es absolutamente necesario e imprescindible. Sin estrés seríamos incapaces de actuar adecuadamente, por ejemplo, frente a las exigencias del tráfico rodado o a una agresión de la cual fuera preciso defendernos. El problema del estrés es que conlleva un precio: el desgaste de los mecanismos fisiológicos (y psicológicos) de quien lo experimenta, y cuando es *excesivo*, la persona —su organismo— puede enfermar. Podríamos decir, entonces, que unos determinados niveles de estrés son saludables, mientras que otros son perjudiciales.

Es relevante subrayar que el estrés no se activa solo frente a situaciones físicas (pasar hambre, por ejemplo), sino también frente a situaciones sociales, psicológicas o simbólicas (sentirse abandonado, pongamos por caso). La idea es que para que se dé estrés, el sujeto debe sentir algún elemento del medio ambiente como *amenazante*. En este sentido, la sensación de que las cosas que ocurren son *impredecibles* o *incontrolables* no hace sino aumentar el estrés.

Trasladamos todas estas aclaraciones al ámbito infantil.[83] Un resumen esquemático de lo que sucede cuando el niño experimenta una amenaza rezaría así: la amígdala envía señales al hipotálamo, que a su vez estimula a la hipófisis, y estas a las glándulas suprarrenales (eje HHA). Las suprarrenales producen más cantidad de cortisol, adrenalina y noradrenalina, mientras que el sistema nervioso autónomo se activa considerablemente. Cuando todo esto sucede, el niño se encuentra en un estado de excitación psicosomática muy importante y experimenta intensas sensaciones de malestar.

Resultará inevitable que el bebé sufra estrés, ya que, dada su extrema fragilidad, cualquier circunstancia mínimamente adversa (un poco de frío o de calor, sensaciones de hambre, picor, dolor, sueño, etc.,) será vivida como *amenazante*.[84] Sobre todo, cuando lo que está sucediendo es impredecible e incontrolable por el bebé. El quid de la cuestión radica en que este estrés inevitable no se convierta en

---

83. Recuerde el lector todo lo mencionado en el primer capítulo sobre el sistema HHA y su relación con el estrés.
84. Véase nota número 4 del capítulo 2.

crónico, es decir, que no sea la sensación que preside la mayor parte de la vida del niño. Naturalmente, son los cuidadores del menor los que deben ocuparse de que esto no suceda; de ahí los esfuerzos de los progenitores amorosos por tratar de que sus pequeños sufran el menor estrés posible, aunque no sepan nada sobre los tecnicismos de los que aquí estamos tratando.

Si el bebé sufre estrés crónico, toda su biología y su psicología (su unidad psicosomática) pueden quedar alteradas: sus sistemas nerviosos central y autónomo, los sistemas inmunitario y hormonal, sus funciones de autorregulación visceral, sus niveles de miedo o ansiedad, sus respuestas ante la frustración o el placer, parte de su personalidad y sus formas de vinculación con los demás. Es de remarcar que estas alteraciones pueden ser de larga duración, ya que según algunos estudios, el eje HHA alcanza su pleno desarrollo a los 6 meses de edad (Jansen *et al.*, 2010; Lewis y Ramsay, 1995). Es decir, las primeras experiencias serán las que marcarán buena parte del funcionamiento de este eje hormonal tan importante para la vida física y mental del individuo.

Revisemos algunas las consecuencias del estrés crónico en los bebés.

1. Los niveles elevados de cortisol durante los primeros meses de vida afectan al correcto establecimiento de los sistemas de neurotransmisión, aún inmaduros en estos momentos (Konyecsni y Rogeness, 1998). Neurotransmisores tan importantes como la dopamina, el glutamato, el GABA, la adrenalina y noradrenalina (Morilak *et al.*, 2005) o la serotonina (Cowen, 2002) pueden resultar afectados por el exceso de cortisol producido por el estrés. Como es sabido, la alteración de estos neurotransmisores está muy vinculada a trastornos mentales como la psicosis, la depresión, el suicidio y los trastornos de ansiedad.
2. El aumento exagerado de cortisol puede ser perjudicial para el desarrollo cerebral del bebé. Especialmente para el córtex orbitofrontal, el hipocampo, el cuerpo calloso (Metha *et al.*, 2009), el córtex prefrontal (Carrion *et al.*, 2009) y el cerebelo (De Bellis

y Kuchibhatla, 2006). Estas alteraciones,[85] que incluyen cambios en el tamaño y la conectividad, ayudan a generar psicopatología (Braun y Bock, 2011) y pueden prolongarse durante el resto de la vida del sujeto (Lupien *et al.*, 2009). La «apoptosis neuronal» puede verse favorecida por el estrés (Sugo *et al.*, 2002).
3. Paradójicamente, el estrés crónico, así como el sufrido a consecuencia de un trauma severo, puede conducir a niveles anormalmente bajos de cortisol (Heim, Ehlert y Hellhammer, 2000; Raison y Miller, 2003), condición que tampoco resulta favorable para el sujeto. Por ejemplo, niños de clases sociales bajas, con sus consiguientes niveles de estrés familiar y maltrato asociados, presentan bajos niveles de cortisol comparados con niños que viven en mejores condiciones (Zalewski, 2012). No se conocen con exactitud los mecanismos de este proceso, que Gerhardt (2004) vincula a una estrategia defensiva mediante la cual el sujeto y su organismo quedarían retraídos y desconectados de las experiencias y los sentimientos dolorosos. La negación de los mismos conduciría a una falsa aquiescencia que, posteriormente, podría resultar en explosiones de cólera o agresividad, en principio inmotivadas. De hecho, hay estudios que relacionan el hipocortisolismo con la conducta antisocial (Kobak, Zajac y Levine, 2009; McBurnett *et al.*, 2000) o la depresión (Badanes, Watamura y Hankin, 2011).
4. El estrés elevado en la infancia puede producir una alteración del eje HHA, con el resultado de acabar generando un sistema hiperreactivo a toda situación adversa que tenga que enfrentar el sujeto. Los niños portadores de este sistema HHA altamente sensibilizado y muy poco autorregulado serán, con bastante probabilidad, más miedosos, ansiosos e inquietos que aquellos que han sufrido menos estrés crónico. Estudios experimentales con animales (Caldji, Diorio y Meaney, 2003; Macrì y Würbel, 2006) y correlacionales en humanos (McLeod, Wood y Weisz, 2007; Nolte *et al.*, 2011) así lo demuestran, poniendo, además, la ansie-

---

85. Estas alteraciones han sido demostradas tanto en animales como en seres humanos. Véase la interesante y exhaustiva revisión de Valencia *et al.* (2004).

dad o miedo de los sujetos en estrecha relación con la conducta materna que han vivido.
5. El estrés elevado en la infancia (y la vida adulta) se correlaciona con mayores niveles de enfermedades somáticas y alteraciones psicológicas. Es sabido desde hace décadas que el estrés excesivo o crónico posee efectos perniciosos sobre los sistemas inmunitario, cardiovascular y gastrointestinal, entre otros (Toro, 1983). Por ello, las más diversas enfermedades y condiciones se han relacionado con el estrés: hipertensión, diabetes, accidentes vasculares, obesidad, propensión a las infecciones e incluso, por sorprendente que pueda parecer, el «enanismo psicológico» (Green, Campbell y David, 1984; Muñoz *et al.*, 2011) y el crecimiento lento (Montgomery, Bartley y Wilkinson, 1997). De especial relevancia se consideran las relaciones entre el cortisol excesivamente elevado (o bajo) y el mal rendimiento del sistema inmunitario, lo que se ha vinculado a enfermedades como las alergias, la artritis, el asma, la colitis ulcerosa o el cáncer (Lutgendorf y Sood, 2011; Rod *et al.*, 2010; Spiegel *et al.*, 1998).

Hemos recorrido, de la mano de numerosos y sofisticados estudios científicos, el impacto que el entorno —las relaciones con los otros— posee para el desarrollo integral, psicosomático del niño. Como hemos comentado en diversas ocasiones, no nos resulta necesaria la ilustración empírica de la importancia que tiene la crianza para la vida de los niños que serán adultos en un futuro. Antes de conocer todos estos datos tan interesantes ya otorgábamos a la vida infantil un valor fundacional. El psicoanálisis lo hizo desde el primer momento, aunque con otro método y otra terminología. Pero, como no puede ser de otro modo, damos la bienvenida a estas ideas y demostraciones de la neurociencia que, entre muchas otras cuestiones, vienen a sancionar desde el punto de vista científico, ciertos postulados que, para todos aquellos interesados en el desarrollo armonioso de los niños, resultan radical y cardinalmente incuestionables. Estas son: la unidad psicosomática, la relevancia del correcto cuidado de las necesidades infantiles, el valor del amor y del estilo de apego seguro, lo tóxico y dañino que resultan la negligencia, el maltrato, el abuso y demás circunstancias que hacen sufrir en exceso al niño.

A estas últimas cuestiones dedicaremos los siguientes capítulos de este ensayo.

Referencias bibliográficas

ALONSO, E. (1991) *El animal humano. Una introducción a su etología*, Barcelona, Barcanova.

ÁLVAREZ, S.A. (2000) *Aumenta la inteligencia de tu bebé*, San José, Academica Creativa de Programación Neuro-Lingüística.

ANSERMET, F. y MAGISTRETTI, P. (2004) *À chacun son cerveau. Plasticité neuronale et inconscient*, París, Odile Jacob. (Trad. cast.: *A cada cual su cerebro. Plasticidad neuronal e inconsciente*, Buenos Aires, Katz, 2006.)

BADANES, L.S.; WATAMURA, S.E. y HANKIN, B.L. (2011) «Hypocortisolism as a potential marker of allostatic load in children: associations with family risk and internalizing disorders», en *Development and Psychopathology, 23*, 881-896.

BARUDY, J. y DANTAGNAN, M. (2005) *Los buenos tratos a la infancia. Parentalidad, apego y resilencia*, Barcelona, Gedisa.

BASTIAANSEN, J.A.; THIOUX, M. y KEYSERS, C. (2009) «Evidence for mirror systems in emotions», en *Philosophical Transactions of The Royal Society –Biological Science–, 364*, 2391-2404.

BORSCI, G.; BOCCARDI, M.; ROSSI, R.; ROSSI, G.; PEREZ, J.; BONETTI, M. y FRISONI, G.B. (2009) «Alexithymia in healthy women: a brain morphology study», en *Journal of Affective Disorders, 114*, 208-215.

BOWLBY, J. (1958) «The nature of the child's tie to his mother», en *International Journal of Psycho-Analysis, 39*, 350-373.

BRAUN, K. y BOCK, J. (2011) «The experience-dependent maturation of prefronto-limbic circuits and the origin of developmental psychopathology: implications for the pathogenesis and therapy of behavioural disorders», en *Developmental Medicine and Child Neurology, 53*, 14-18.

BRUER, T. (1999) *The myth of the first three years*, Nueva York, Free Press.

(Trad. cast.: *El mito de los tres primeros años. Una nueva visión del desarrollo inicial del cerebro y del aprendizaje a lo largo de la vida*, Barcelona, Paidós, 2000.)

Buss, R.R.; Sun, W. y Oppenheim, R.W. (2006) «Adaptive roles of programmed cell death during nervous system development», en *Annual Review of Neuroscience, 29*, 1-35.

Caldji, C.; Diorio, J. y Meaney, M.J. (2003) «Variations in maternal care alter GABA(A) receptor subunit expression in brain regions associated with fear», en *Neuropsychopharmacology, 28*, 1950-1959.

Carrion, V.G.; Weems, C.F.; Watson, C.; Eliez, S.; Menon, V. y Reiss, A.L. (2009) «Converging evidence for abnormalities of the prefrontal cortex and evaluation of midsagittal structures in pediatric posttraumatic stress disorder: An MRI study», en *Psychiatry Research: Neuroimaging, 172*, 226-234.

Chugani, H.T.; Behen, M.E.; Muzik, O.; Juhász, C.; Nagy, F. y Chugany, C. (2001) «Local brain functional activity following early deprivation: A study of postinstitutionalized romanian orphans», en *Neuroimage, 14*, 1290-1301.

Coderch, J. (2012) *Realidad, interacción y cambio psíquico. La práctica de la psicoterapia relacional II*, Madrid, Agora Relacional.

Cowen, P.J. (2002) «Cortisol, serotonin and depression: all stressed out?», en *The British Journal of Psychiatry, 180*, 99-100.

Damasio, A. R. (1994) *Descartes' error. Emotion, reason, and the human brain*, Nueva York, Putnam. (Trad. cast.: *El error de Descartes. La emoción, la razón y el cerebro humano*, Barcelona, Crítica, 2003.)

De Bellis, M.D. y Kuchibhatla, M. (2006) «Cerebellar volumes in pediatric maltreatment-related posttraumatic stress disorder», en *Biological Psychiatry, 60*, 697-703.

Del Giudice, M.; Manera, V. y Keysers, C. (2009) «Programmed to learn? The ontogeny of mirror neurons», en *Development Science, 12*, 350-363.

Doherty, G. (1997) *Zero to six. The basis for school readiness*, Quebec, HRDC Publications Centre.

Eibl-Eibesfeldt, I. (1990) *Die biologie des menschlichen verhaltens*, Frankfurt del Meno, Blank Media. (Trad. cast.: *Biología del comportamiento humano. Manual de etología humana*, Madrid, Alianza, 1993.)

Elbert, T.; Pantev, C.; Rockstroh, B.; Wienbruch, C. y Taub, E. (1995)

«Increased cortical representation of the fingers of the left hand in string players», en *Science, 270,* 305-307.

ELUVATHINGAL, T.J.; CHUGANI, H.T.; BEHEN, M.E.; JUHÁSZ, C.; MUZIK, O.; MAQBOOL, M.; CHUGANI, D.C. y MAKKI, M. (2006) «Abnormal brain connectivity in children after early severe socioemotional deprivation: a diffusion tensor imaging study», en *Pediatrics, 117,* 2093-2100.

EMERY, N.J. (2000) «The eyes have it: the neuroethology, function and evolution of social gaze», en *Neuroscience & Biobehavioral Reviews, 24,* 581-604.

FIELD, T.M.; WOODSON, R.; GREENBERG, R. y COHEN, D. (1982) «Discrimination and imitation of facial expression by neonates», en *Science, 218,* 179-181.

FREUD, S. (1895) «Proyecto de una psicología para neurólogos», en *Obras Completas,* vol. I, Buenos Aires, Amorrortu.

— (1921) «Psicología de las masas y análisis del yo», en *Obras Completas,* vol. XVIII, Buenos Aires, Amorrortu.

GALLESE, V. (2011) «Neuronas espejo, simulación corporeizada y las bases neurales de la identificación social», en *Clínica e Investigación Relacional. Revista Electrónica de Psicoterapia, 5,* 34-59. Disponible en: http://www.psicoterapiarelacional.es.

GARCÍA-MOLINA, A.; ENSEÑAT, A.; TIRAPU J. y ROIG, T. (2009) «Maduración de la corteza prefrontal y desarrollo de las funciones ejecutivas durante los primeros cinco años de vida», en *Revista de Neurología, 48,* 435-440.

GERHARDT, S. (2004) *Why love matters. How affection shapes a baby's brain,* Londres, Routledge. (Trad. cast.: *El amor maternal. La influencia del afecto en el desarrollo mental y emocional del bebé,* Barcelona, Albesa, 2008.)

GRAFTON, S.T.; ARBIB, M.A.; FADIGA, L. y RIZZOLATTI, G. (1996) «Localization of grasp representations in humans by PET: 2. Observation compared with imagination», en *Experimental Brain Research, 112,* 103-111.

GREEN, W.H.; CAMPBELL, M. y DAVID, R. (1984) «Psychosocial dwarfism: a critical review of the evidence», en *Journal of American Academy of Child Psychiatry, 23,* 39-48.

HEBB, D.O. (1949) *The organization of behavior,* Nueva York, Wiley. (Trad. cast.: *La organización de la conducta,* Madrid, Debate, 1985.)

HEIM, C.; EHLERT, U. y HELLHAMMER, D.H. (2000) «The potential role of hypocortisolism in the pathophysiology of stress-related bodily disorders», en *Psychoneuroendocrinology, 25*, 1-35.

HEINZEL, A.; MINNEROP, M.; SCHÄFER, R.; MÜLLER, H.W.; FRANZ, M. y HAUTZEL, H. (2012) «Alexithymia in healthy young men: a voxel-based morphometric study», en *Journal of Affective Disorders, 163*, 1252-1256.

HERLENIUS; E. y LAGERCRANTZ, H. (2004) «Development of neurotransmitter systems during critical periods», en *Experimental Neurology, 190*, 8-21.

HICKOK, G. (2009) «Eight problems for the mirror neuron theory of action understanding in monkeys and humans», en *Journal of Cognitive Neuroscience, 21*, 1229-1243.

JANSEN, J.; BEIJERS, R.; RIKSEN-WALRAVEN, M. y DE WEERTH, C. (2010) «Cortisol reactivity in young infants», en *Psychoneuroendocrinology, 35*, 329-338.

KANDEL, E. (2005) *Psychiatry, psychoanalysis, and the new biology of mind*, Arlington, American Psychiatric Publishing. (Trad. cast.: *Psiquiatría, psicoanálisis y la nueva biología de la mente*, Barcelona, Ars Médica, 2006.)

KILNER, J.M. y BLAKEMORE, S.J. (2007) «How does the mirror neuron system change during development?», en *Developmental Science, 10*, 524-526.

KOBAK, R.; ZAJAC, K. y LEVINE, S. (2009) «Cortisol and antisocial behavior in early adolescence: The role of gender in an economically disadvantaged sample», en *Development and Psychopathology, 21*, 579-591.

KONYECSNI, W.M. y ROGENESS, G. (1998) «The effects of early social relationships on neurotransmitter development and the vulnerability to affective disorders», en *Seminars in Clinical Neuropsychiatry, 3*, 285-301.

LAGERCRANTZ, H. (2008) *Le cerveau de l'enfant*, París, Odile Jacob.

LEPAGE, J.F. y THÉORET, H. (2007) «The mirror neuron system: grasping others' actions from birth?», en *Developmental Science, 10*, 513-523.

LEWIS, M. y RAMSAY, D. (1995) «Stability and change in cortisol and behavioral response to stress during the first 18 months of life», en *Developmental Psychobiology, 28*, 419-428.

LINGNAU, A.; GESIERICH, B. y CARAMAZZA, A. (2009) «Asymmetric fMRI adaptation reveals no evidence for mirror neurons in humans», en *Proceedings of the National Academy of Sciences of United States of America, 106*, 9925-9930.

LIU, J.; DIETZ, K.; DELOYHT, J.M.; PEDRE, X.; KELKAR, D.; KAUR, J.; VIALOU, V.; LOBO, M.K.; DIETZ, D.M.; NESTLER, E.J.; DUPREE, J. y

Casaccia, P. (2012) «Impaired adult myelination in the prefrontal cortex of socially isolated mice», en *Nature Neuroscience, 15*, 1621-1623.
Lupien, S.J.; McEwen, B.S.; Gunnar, M.R. y Heim, C. (2009) «Effects of stress throughout the lifespan on the brain, behaviour and cognition», en *Nature Reviews Neuroscience, 10*, 434-445.
Lupien, S.J.; Parent, S.; Evans, A.C.; Tremblay, R.C.; Zelazo, P.D.;- Corbo, V.; Pruessner, J.C. y Séguin, J.R. (2011) «Larger amygdala but no change in hippocampal volume in 10-year-old children exposed to maternal depressive symptomatology since birth», en *Proceedings of the National Academy of Sciences of United States of America. 108*, 14324-14329.
Lutgendorf, S.K. y Sood, A.K. (2011) «Biobehavioral factors and cancer progression: physiological pathways and mechanisms», en *Psychosomatic Medicine, 73*, 724-730.
MacLean, P.D. (1949) «Psychosomatic disease and the "visceral brain"» en *Psychosomatic Medicine*, 11, 338-353.
— (1973) «A triune concept of the brain and behaviour», en T.J. Boag y D. Campbell (eds.), *The Hincks Memorial Lectures*, Toronto, University of Toronto Press, pp. 6-66.
Maguire, E.A.; Gadian, D.G.; Johnsrude, I.S.; Good, C.D.; Ashburner, J.; Frackowiak, R.S.J. y Frith, C.D. (2000) «Navigation-related structural change in the hippocampi of taxi drivers», en *Proceedings of the National Academy of Sciences, 97*, 4398-4403.
Mahncke, H.W.; Bronstone, A. y Merzenich, M.M. (2006) «Brain plasticity and functional losses in the aged: scientific bases for a novel intervention», en *Progress in Brain Research, 157*, 81-109.
Marina, J.A. (2011) *El cerebro infantil: la gran oportunidad*, Barcelona, Ariel.
Marrone, M. (2001) *La teoría del apego. Un enfoque actual*, Madrid, Psimática.
Martineau, J.; Cochin, S.; Magne, R. y Barthelemy, C. (2008) «Impaired cortical activation in autistic children: is the mirror neuron system involved?», en *International Journal of Psychophysiology, 68*, 35-40.
McBurnett, K.; Lahey, B.B.; Rathouz, P.J. y Loeber, R. (2000) «Low salivary cortisol and persistent aggression in boys referred for disruptive behaviour», en *Archives of General Psychiatry, 57*, 38-43.

Macrì, S. y Würbel, H. (2006) «Developmental plasticity of HPA and fear responses in rats: a critical review of the maternal mediation hypothesis», en *Hormones and Behavior, 50*, 667-680.

Marty, P. y M'Uzan, M. (1963) «La pensée opératoire», en *Revue Française de Psychanalyse, 27,* 1345-1356.

McCrory, E., De Brito, S.A. y Viding, E. (2010) «Research review: the neurobiology and genetics of maltreatment and adversity», en *Journal of Child Psychology and Psychiatry, and Allied Disciplines, 51,* 1079-1095.

— (2011) «The impact of childhood maltreatment: a review of neurobiological and genetic factors», en *Frontiers in Psychiatry, 2,* 48. Publicación *online.* Disponible en: http://www.ncbi.nlm.nih.gov/pmc/articles/PMC3148713/pdf/fpsyt-02-00048.pdf.

McLeod, B.D.; Wood, J.J. y Weisz, J.R. (2007) «Examining the association between parenting and childhood anxiety: a meta-analysis», en *Clinical Psychology Review, 27,* 155-172.

Mehta, M.A.; Golembo, N.I.; Nosarti, C.; Colvert, E.; Mota, A.; Williams, S.C.R.; Rutter, M. y Sonuga-Barke, E.J. (2009) «Amygdala, hippocampal and corpus callosum size following severe early institutional deprivation: The English and Romanian adoptees study pilot», en *Journal of Child Psychology and Psychiatry, 50,* 943-951.

Meltzoff, A.N. y Moore M.K. (1977) «Imitation of facial and manual gestures by human neonates», en *Science, 198,* 75-78.

Montgomery, S.M.; Bartley, M.J. y Wilkinson, R.G. (1997) «Family conflict and slow growth», en *Archives of Disease in Childhood, 77,* 326-330.

Morilak, D.A.; Barrera, G.; Echevarria, D.J.; Garcia, A.S.; Hernandez, A.; Ma, S. y Petre, C.O. (2005) «Role of brain norepinephrine in the behavioral response to stress», en *Progress in Neuro-psychopharmacoly & Biological Psychiatry, 29,* 1214-1224.

Muñoz, A.; Molina, A.; Augustin, M.; Contreras, F.; Naranjo, A.; Justicia, F. y Uberos J. (2011) «Psychosocial dwarfism: psychopathological aspects and putative neuroendocrine markers», en *Psychiatry Research, 188,* 96-101.

Nelson, C.A. (1999) «Neural plasticity and human development», en *Current Directions in Psychological Science, 8,* 42-45.

Nolte, T.; Guiney, J.; Fonagy, P.; Mayes, L.C. y Luyten, P. (2011) «Interpersonal stress regulation and the development of anxiety disorders: an attachment-based developmental framework», en *Froniers in Behavioral Neuroscience, 5,* 55. Publicación *online.* Disponible en: http://www.ncbi.nlm.nih.gov/pmc/articles/PMC3177081/?tool=pubmed.

Otero, J. (1999) «Alexitimia, una revisión», en *Revista de la Asociación Española de Neuropsiquiatría, 19,* 587-596.

Pascual-Castroviejo, I. (1996) «Plasticidad cerebral», en *Revista de Neurología, 24,* 1361-1366.

Pascual-Leone, A.; Amedi, A.; Fregni, F. y Merabet, L.B. (2005) «The plastic human brain cortex», en *Annual Review of Neuroscience, 28,* 377-401.

Penfield, W. (1966) «Speech and perception. The uncommitted cortex», en J.C. Eccles (ed.), *Brain and conscious experience,* Berlín, Springer-Verlag, pp. 217-237.

Pérez, M. (2012) «Frente al cerebrocentrismo, psicología sin complejos», en *Infocop, 57,* 8-12.

Pérez-Sánchez, M. (1981) *Observación de bebés. Relaciones emocionales en el primer año de vida,* Barcelona, Paidós.

Plomin, R. y Daniels, D. (2011) «Why are children in the same family so different from one another?», en *International Journal of Epidemiology, 40,* 563-582.

Raison, C.L. y Miller, A.H. (2003) «When not enough is too much: the role of insufficient glucocorticoid signaling in the pathophysiology of stress-related disorders», en *The American Journal of Psychiatry, 160,* 1554-1565.

Riera, R. (2010) *La connexió emocional. Formació i transformació de la nostra manera de reaccionar emocionalment,* Barcelona, Octaedro.

Rizzolatti, G.; Camarda, R.; Fogassi, L.; Gentilucci, M.; Luppino, G. y Matelli, M. (1988) «Functional organization of inferior area 6 in the macaque monkey. II. Area F5 and the control of distal movement», en *Experimental Brain Research, 71,* 491-507.

Rizzolatti, G. y Fabbri-Destro, M. (2010) «Mirror neurons: from discovery to autism», en *Experimental Brain Research, 200,* 223-237.

Rizzolatti, G.; Fadiga, L.; Gallese, V. y Fogassi, L. (1996a) «Premo-

tor cortex and the recognition of motor actions», en *Cognitive Brain Research, 3,* 131-141.
RIZZOLATTI, G.; FADIGA, L.; MATELLI, M.; BETTINARDI, V.; PAULESU, E.; PERANI D. y FAZIO, F. (1996b) «Localization of grasp representations in human by PET: 1. Observation versus execution», en *Experimental Brain Research, 111,* 246-252.
ROD, N.H.; KRSITENSEN, T.S.; DIDERICHSEN, F.; PRESCOTT, E.; JENSEN, G.B. y HANSEN, A.M. (2010) «Cortisol, estrogens and risk of ischaemic heart disease, cancer and all-cause mortality in postmenopausal women: a prospective cohort study», en *International Journal of Epidemiology, 39,* 530-538.
ROF CARBALLO, J. (1949) *Patología Psicosomática,* Madrid, Paz Moltavo.
— (1952) *Cerebro interno y mundo emocional,* Barcelona, Labor.
— (1961) *Urdimbre afectiva y enfermedad,* Barcelona, Labor.
RYGAARD, N.P. (2005) *L'enfant abandonneè. Guide de traitement des troubles de l'aattachment,* Bruselas, Boeck & Lacier. (Trad. cast.: *El niño abandonado. Guía para el tratamiento de los trastornos del apego,* Barcelona, Gedisa, 2008.)
SCHORE, A. (1994) *Affect regulation and the origin of the self: The neurobiology of emotional development,* Hillsdale, Erlbaum.
— (2001) «Effects of a secure attachment relationship on right brain development: Affect regulation, and infant mental health», en *Infant Mental Health Journal, 22,* 7-66.
SELIGMAN, M.E.P. (1971) «Phobias and preparedness», en *Behavior Therapy, 2,* 307-321.
SHORE, R. (1997) *Rethinking the brain, New insights into early development,* Nueva York, Families and Work Institute.
SIFNEOS, P.E. (1973) «The prevalence of "alexithimic" characteristics in psychosomatic patients», en *Psychotherapy and Psychosomatics, 22,* 255-262.
SPIEGEL, D.; SEPHTON, S.E.; TERR, A.I. y STITES, D.P. (1998) «Effects of psychosocial treatment in prolonging cancer survival may be mediated by neuroimmune pathways», en *Annals of the New York Academy of Sciences, 840,* 674-683.
STERR, A.; MUELLER, M.; ELBERT, T. y TAUB, E. (1998) «Perceptual correlates of use-dependent changes in cortical representation of the fingers in blind Braille readers», en *Journal of Neuroscience, 18,* 4417-4423.

Sugo, N.; Hurn, P.D.; Morahan, M.B.; Hattori, K.; Traystman, R.J. y DeVries, A.C. (2002) «Social stress exacerbates focal cerebral ischemia in mice», en *Stroke, 33*, 1660-1664.

Sullivan, R.M. (2000) *Review: Olfaction in the human infant*. Documento de The Sense of Smell Institute. Disponible en: http://www.senseofsmellinstitute.org/research/R.Sullivan-White-Paper.pdf.

Tinbergen, N. (1951) *The study of instinct*, Oxford, Clarendon Press. (Trad. cast.: *El estudio del instinto*. México, Siglo XXI, 1969.)

Toro, J. (1983) «Stress y enfermedad», en C. Ballús (ed.), *Psicobiología*, Barcelona, Herder, pp. 457-490.

Toyokawa, S.; Uddin, M.; Koenen, K.C. y Galea, S. (2012) «How does the social environment "get into the mind"? Epigenetics at the intersection of social and psychiatric epidemiology», en *Social Science & Medicine 74*, 67-74.

Valencia, C.E.; Feria, A.; Luquín, S.; Díaz, Y. y García, J. (2004) «Efectos cerebrales del medio ambiente social», en *Revista de Neurología, 38*, 869-878.

Vargas A. y Chaskel, R. (2007) «Neurobiología del apego», en *Avances en Psiquiatría Biológica, 8*, 43-56.

Wiesel, T.N. y Hubel, D.H. (1963) «Single cell response in striate cortex of kittens deprived of vision in one eye» en *Journal of Neurophysiology, 26*, 1003-1017.

Zalewski, M.; Lengua, L.J.; Kiff, C.J. y Fisher, P.A. (2012) «Understanding the relation of low income to hpa-axis functioning in preschool children: Cumulative family risk and parenting as pathways to disruptions in cortisol», en *Child Psychiatry and Human Development, 43*, 924-942.

Capítulo 4
El sufrimiento emocional excesivo en la infancia

Hoy, en pleno siglo XXI, en la época de internet, de los aceleradores de partículas, del mapa del genoma humano y de la preparación del viaje tripulado a Marte, muchos niños siguen sufriendo en exceso por situaciones que serían evitables. El progreso, quizás porque en realidad no es tal, no ha conseguido erradicar la injusticia de que los más inocentes e indefensos penen por los desatinos y la falta de ética de sus mayores.

Como profesionales interesados en el bienestar infantil, no podemos dejar de mencionar que hay millones de niños —y sus cuidadores— que sufren, física y emocionalmente, por cuestiones como el hambre y la falta de agua potable, la guerra, el tráfico de personas, la explotación laboral y sexual, las mutilaciones genitales, la precaria atención sanitaria y demás lacras atroces.

No es este el lugar ni somos nosotros los más adecuados para analizar estos fenómenos. Pero no queremos dejar de denunciar que somos los adultos los responsables, puesto que somos quienes decidimos cómo está organizado el mundo. Somos los adultos los que vivimos en una «esquizofrenia de valores» (Oliveras, 2006) que, por ejemplo, permite que se entregue a las entidades financieras —a causa de sus desmanes— un dinero que serviría para detener el hambre en el mundo 92 veces (Oliveras, 2012) y sin embargo esta persista.[86] Como muy bien señala Cyrulnik (2001), son los Estados que hacen

---

86. Cuando hablamos de crisis olvidamos que la crisis más mortífera de todas es la alimentaria, que afecta a 870 millones de personas (FAO, 2012) y que mata a unos 19 000 niños menores de 5 años al día (UNICEF, 2012).

Relaciones, vivencias y psicopatología

la guerra o provocan derrumbamientos económicos o sociales los mayores agresores de los niños en la actualidad.

Cuando cosas como estas suceden y siguen sucediendo, al parecer sin solución de continuidad, se tiene la sensación de que algo falla en la esencia moral y ética de la humanidad entera. Sea a causa de condiciones socioeconómicas injustas, como las que acabamos de citar, o a causa de una deficiente crianza en entornos sociales más privilegiados, como es el nuestro, muchos niños sufren de modo excesivo, y lo hacen bajo nuestra incumbencia. No consideramos que está de más recordarlo de nuevo.

Pero este ensayo versa sobre cierto tipo de sufrimiento, el *emocional,* que experimentan algunos de los menores de nuestro entorno, en los que se supone que están cubiertas las necesidades más perentorias. En las próximas páginas intentaremos dar cuenta de este dolor emocional y algunas de sus razones y consecuencias. En todo caso, consideramos del mismo modo válida la afirmación anterior: cuando un niño que vive entre nosotros sufre emocionalmente en exceso, por condiciones que serían evitables, somos los adultos los responsables de esta situación.

4.1. Psicopatología infantil: cuestiones previas

Cualquier persona un poco informada ha oído hablar de ciertos trastornos mentales como el TDAH (trastorno por déficit de atención con hiperactividad) o el «autismo». Los medios de comunicación suelen reportar informaciones sobre estas y otras condiciones que afectan a los niños de nuestra sociedad. Es decir, la psicopatología infantil es omnipresente y las cifras epidemiológicas más rigurosas así lo atestiguan.

Los datos, como es natural en los estudios de gran alcance, oscilan; pero lo hacen en unas magnitudes que nos parecen espantosas. Hay trabajos que señalan que entre un 10 y un 20 por ciento de los niños y adolescentes del planeta sufren algún tipo de trastorno mental (Belfer, 2008; Kieleing *et al.*, 2011). Podría pensarse que estos datos globales resultan tan abultados por incluir cifras de países pobres o en vías de desarrollo[87] o por sumar los trastornos que sufren los adolescentes, pero no es así. Estudios rigurosos, efectuados en países ricos como Dinamarca y que contabilizan tan solo los trastornos de niños de año y medio de edad, arrojan cifras muy similares (Skovgaard, 2010).

En nuestra opinión, estas cifras están artificialmente abultadas debido al prurito diagnóstico contemporáneo, un *furor diagnosticandis* producto de la inmódica medicalización y psiquiatrización de la vida cotidiana (Illich, 1974; Rigat y Talarn, 2009; Sáinz y Talarn, 2009). Cabe, pues, cuestionarlas y dudar de su validez real. Pero sean cuales sean las cifras auténticas, la presencia de un buen número de trastornos mentales en los niños es un asunto de extrema gravedad por varios motivos.

En primer lugar, por el propio sufrimiento excesivo de los niños, siempre (en su carácter de *excesivo*) innecesario y a erradicar. Somos conscientes de que jamás podrá darse una sociedad que libre por completo de la angustia a sus niños, pero esto no significa que debamos permitir los dolores emocionales sobrantes que muchos de ellos soportan. En segundo lugar, si se tiene en cuenta nuestro punto de partida, esta alta prevalencia de dolor mental cuestiona los tratos que estos niños están recibiendo. Creemos que este fenómeno pone en tela de juicio al conjunto de la sociedad, del mismo modo que las injusticias globales antes comentadas nos hacen criticar a la humanidad en general. Por último, un motivo de preocupación surge con respecto al futuro de estos niños, ya que los estudios de seguimiento son concluyentes:[88] los niños con psicopatología tienen un altísimo riesgo de ser adultos con psicopatología (Althoff *et al.*, 2010; Hofstra, Van der Ende y Verhulst, 2000; Manzano *et al.*, 1992, 1993, 1994; Pihlakoski *et al.*, 2006; Reef *et al.*, 2010). Cabe recordar, además, que los adultos con psicopatología *grave* sufren mucho también

---

87. En los cuales se supondría una peor atención a las necesidades infantiles. Este supuesto es erróneo en muchas ocasiones o, en todo caso, necesitado de muchos matices.

88. Esta constatación se repite una y otra vez, década tras década, como puede observarse en la bibliografía citada.

(y hacen sufrir a los demás), ven mermada su vida en diversas facetas, su capital humano y social corre el riesgo de perderse, al menos en parte, y con bastante probabilidad tendrán hijos a los que harán sufrir excesivamente. La psicopatología infantil, pues, no es un asunto menor, ya que posee un enorme coste personal y social.[89]

Enfrentados a un problema de tales proporciones, la primera pregunta cae por su propio peso. ¿Cuáles son las causas de este fenómeno? Obsérvese que la pregunta se plantea en términos de pluralidad, ya que hablamos de *causas* y no de *causa*. Como suele suceder, cuando lo que se estudia es muy complejo, raramente puede pensarse en una única variable explicativa.

En psicopatología, el problema de la etiología sigue sin resolverse de modo satisfactorio. Cada escuela teórica, cada *modelo*, plantea sus propios razonamientos y pone el énfasis en aquellos aspectos que le son más conocidos. Desde la medicina, como es natural, se insiste en los factores genéticos y biológicos (Vallejo, 2011); el psicoanálisis moderno hace hincapié en los factores relacionales más o menos inconscientes (Gabbard, 2005); la psicología cognitivo-conductual basa sus especulaciones causales en los procesos de aprendizaje (Caballo, Salazar y Carrobles, 2011) o en los procesos de pensamiento (Pérez, 2012); desde una óptica humanística se estudian los procesos psicopatológicos en relación a diversos aspectos, como la moral (Villegas, 2011) o los vacíos existenciales (Frankl, 1956), y, para terminar este listado en absoluto exhaustivo, la teoría sistémica piensa en las interacciones familiares como fuente principal de la psicopatología (Linares, 1996).

Ninguna de estas aportaciones es banal, y podríamos decir, parafraseando al pájaro Dodo de *Alicia en el país de las maravillas*

---

89. Por no hablar del coste económico, incalculable, si tenemos en cuenta no solo el gasto sanitario ocasionado por la infancia doliente, sino el que estos niños generarán si llegan a adultos manteniendo sus problemas. Los dispendios monetarios asociados a patologías como las adicciones, la conducta antisocial, la depresión, la esquizofrenia, los trastornos bipolares y demás son enormes (en psicofármacos, ingresos, alteraciones de la ley, accidentes, absentismo laboral, etc.).

(Carroll, 1865): «todas aciertan y todas tiene razón», en el sentido de que todas arrojan luz sobre ciertos aspectos parciales que influyen en el resultado final, esto es, la presencia de un trastorno mental.

Pero tal dispersión teórica, aun siendo inevitable y aportando riqueza al conocimiento científico sobre la psicopatología, incomoda a ciertos profesionales de la salud mental, especialmente a aquellos cuya aspiración última sería poseer *la respuesta* a la pregunta sobre *la causa* de los trastornos mentales. Tal deseo, mal planteado —porque no admite pluralidad—, puede llevar a ciertos radicalismos basados en lecturas muy parciales de los datos derivados de la investigación o la clínica. El «cientificismo», tal como lo define Peteiro (2010), acaba perjudicando el progreso del saber.

Frente a los fundamentalistas de una u otra orientación ha surgido, desde hace unos años, la «psicopatología del desarrollo», un enfoque que trata de superar reduccionismos obtusos y se ha convertido en una opción de pensamiento que intenta ser integradora, como veremos a continuación.

4.2. La psicopatología del desarrollo: conceptos fundamentales

La «psicopatología del desarrollo»[90] es una disciplina científica relativamente moderna, cuyo objetivo es examinar los orígenes y el curso de los trastornos psicológicos a lo largo de toda la vida del sujeto, sea cual sea su edad (Sroufe y Rutter, 1984). Su idea fundacional es integrar en este estudio las aportaciones de diferentes disciplinas, ya sean médicas, psicológicas o sociales (Cicchetti, 1993; Sameroff, 2000) y, por consiguiente, no se adhiere a ninguna teoría que trate de dar cuenta, por sí sola, de todos los aspectos relacionados con la psicopatología. Los autores adscritos a esta orientación proponen un «análisis múltiple», en diferentes niveles, de todo aquello implicado en los trastornos mentales (Cicchetti y Blender, 2004).

90. *Developmental psychopathology*, en inglés.

Relaciones, vivencias y psicopatología

Como señala Tizon (2005), la psicopatología del desarrollo, con una visión menos sectaria y sesgada que la psiquiatría infantil imperante, considera que la génesis de la psicopatología se halla bajo la influencia de varias «series complementarias», a saber: a) la dotación genética del infante; b) las influencias intrauterinas y perinatales; c) las relaciones microsociales originarias de la primera infancia: familia, allegados, etc.; y d) las relaciones macrosociales propias de cada cultura y sociedad.

A diferencia de la psicopatología tradicional, cuyo punto de mira está completamente centrado en el individuo, la psicopatología del desarrollo propone un enfoque «contextual» en el que no se dejen de lado las dinámicas que se dan entre el sujeto y sus diferentes entornos, ya sean internos o externos. En este sentido, por ejemplo, se tiene muy presente que los factores asociados al *inicio* de un trastorno pueden ser diferentes a aquellos que se vinculan con su *mantenimiento*, su *mejoría* o su *recidiva*, y, a su vez, cómo todos estos factores (biológicos, personales, culturales, sociales, etc.) interactúan con el momento vital que está atravesando el individuo en cuestión.

Algunos de los conceptos que emplea esta disciplina nos parecen imprescindibles para un estudio riguroso de la psicopatología y permiten matizar todos los datos y afirmaciones que veremos más adelante. Veamos algunos de ellos.

4.2.1. Equifinalidad

Se puede llegar a un mismo resultado a través de diferentes procesos y caminos. Los factores implicados en cada caso pueden ser distintos; sin embargo, el resultado final es relativamente similar. Por ejemplo, no todos los pacientes con depresión han llegado a padecer esta alteración por las mismas vías; no sigue idéntico camino el que alcanza la depresión porque no puede cumplir sus fantasías narcisistas que aquel otro que llega después de la muerte de un ser querido. Aunque ambos pacientes han sufrido una *pérdida*, y en esto coinciden, el resto de factores contextuales asociados pueden ser muy diferentes.

Ejemplo clínico:

Juan es un niño de 6 años, hijo único, que cursa primero de primaria. Procede de una familia de clase socioeconómica alta. Sus padres trabajan muchas horas en sus propias y reconocidas empresas. Durante el poco tiempo que la madre le dedica al hijo, se muestra exigente, hipercontroladora y con elevadas expectativas formales en lo que respecta a rendimiento académico y normas sociales de tipo formal. Al mismo tiempo, es poco empática y fría, en términos emocionales. Da la impresión, confirmada por el padre de Juan, de ser una mujer muy dedicada a su trabajo pero con poco tiempo para jugar y escuchar a su hijo.

Javier, también de 6 años, es el único hijo de una familia muy diferente a la de Juan. El nivel socioeconómico es medio/bajo y sus padres trabajan por cuenta ajena. La madre, en concreto, trabaja a tiempo parcial, por lo que dispone de más tiempo para estar al lado de Javier. Es es una mujer afectuosa pero ni ella ni su marido son suficientemente hábiles como para limitar y contener la conducta del crío. De hecho, no la limitan en absoluto. No hay horarios familiares de rutinas, los hábitos diarios no están establecidos y no hay normas orientativas a las que atenerse. El control brilla por su ausencia. Javier se comporta de modo impulsivo y disruptivo y no hace caso a lo que se le dice.

Los dos niños son traídos a la consulta por su «mal comportamiento», en palabras de sus respectivos progenitores. De hecho, ambos traen un informe en el que aparecen diagnosticados con un «trastorno de conducta negativista-desafiante». Juan ha reaccionado de este modo debido a la incongruencia educativa de la madre, que pide mucho y da poco. El comportamiento del niño manifiesta su enfado. Por su parte, Javier está desorientado, y a través del comportamiento, buscará y pedirá el límite y el orden que necesita y que, de momento, no le dan.

4.2.2. Multifinalidad

Los mismos factores de riesgo pueden dar resultados finales diferentes. Aunque el factor de riesgo sea claro y preciso, no puede derivarse de él una única afección. Por ejemplo, padecer en la infancia un apego inseguro desorganizado no permite pronosticar que se padecerá tal o cual disfunción psicopatológica. O bien no puede afirmarse que dado un trauma X se producirá una respuesta Y o una psicopatología Z.

Ejemplo clínico:

Teresa es una niña de 5 años con un desarrollo global adecuado a su edad. Tiene un hermanito de 2 años con el que le gusta jugar y una relación cálida con sus progenitores. Pero desde el divorcio de estos, hace 11 meses, su ansiedad de separación se ha acentuado de forma alarmante y han aparecido miedos, comportamientos fóbicos y obsesivos. Se la ha diagnosticado de «trastorno de ansiedad generalizada».

Marcos, de 6 años e hijo único, ha manifestado también un buen rendimiento en todas las áreas del desarrollo, pero desde la separación de sus padres, ya hace nueve meses, no obedece, tiene pataletas, insulta, chilla y se le ha diagnosticado «trastorno negativista desafiante».

En los dos casos hay una separación que, de hecho, es vivida con sufrimiento, incomprensión y dificultades adaptativas. En ambos casos, los progenitores no hablaron abiertamente de lo sucedido con los niños y la familia extendió un manto de silencio sobre la separación conyugal. Ni Teresa ni Marcos pudieron acceder a elementos de pensamiento para poder elaborar, cada uno a su modo y en función de su edad, lo sucedido. De repente, y sin más explicaciones, pasaron a vivir en dos hogares, el de papá y el de mamá. El proceso, como puede observarse, presenta ciertas similitudes en ambos casos, pero el resultado a nivel sintómatico es diferente.

4.2.3. Contextualismo

El desarrollo de un individuo normal o patológico —así como las transiciones más o menos difusas entre un estado y otro— se produce en relación con un entorno, y en esta situación interactiva *todos* los agentes implicados son *activos*. El entorno no es visto como algo que crea la experiencia individual sin más; los sujetos también modifican sus propios entornos, los seleccionan, los integran y los modifican o perpetúan de modo activo (Bergman y Magnusson, 1997).

Esta última afirmación, si bien es lógicamente intachable, precisa, en el caso de los niños, un matiz: estos no tienen la potestad de seleccionar el entorno en el que se desarrollan y su capacidad de modificarlo es muy escasa. Imaginemos, por poner un ejemplo, que un bebé llega a una familia donde las dificultades se ocultan hasta que se producen violentos estallidos de cólera y violencia. Ciertamente, si este bebé fuera portador de un temperamento *fácil*, en algo contribuiría a pacificar tal familia. Pero cabe recordar que el niño no ha podido escoger ni su temperamento ni a su familia. Es más, en el hipotético y poco probable caso de que el niño mostrara una tendencia inicial a un temperamento *fácil*, una familia con estas características acabaría acercándolo a la conducta y reacciones propias de uno *difícil*, tal y como señalábamos en el capítulo 2. El contextualismo, en el que todos los participantes son agentes activos, existe, sin duda, pero es obvio que no todos los participantes poseen idéntico poder de decisión o transformación sobre el entorno.

Tener presente los conceptos de «equifinalidad», «multifinalidad» y «contextualismo» impide conformarse con respuestas simplistas con respecto al origen de los trastornos mentales, ya que no permite establecer correlaciones directas entre unos factores determinados y unos resultados fijos. Por ello, desde esta perspectiva, la psicopatología se considera producto de las transacciones que se dan entre un individuo (y sus particularidades biopsicológicas), su historia y su contexto actual (Cicchetti, 2006), teniendo muy presente que, como ya hemos comentado anteriormente, los contextos sociales ejercen una tremenda influencia sobre los procesos biológicos y psicológicos de las personas.

4.2.4. Factor de riesgo

Un «factor de riesgo» es aquel que aumenta la probabilidad de que se dé un determinado trastorno. Algunos autores (Kraemer *et al.*, 1997) distinguen entre factores de riesgo «marcadores» y factores de riesgo «causales». Los «marcadores» son aquellos que, de acuerdo con

Relaciones, vivencias y psicopatología

la investigación, no están relacionados causalmente con la psicopatología y pueden ser «fijos» (el sexo o el ser prematuro, por ejemplo) o «variables» (como la edad o la condición socioeconómica). La asociación repetida —y demostrada por la investigación— entre una determinada característica o factor y una psicopatología resultante puede indicar cierto grado de relación entre uno y otra. Ahora bien, para que esta relación sea «causal», se ha de poder observar con claridad que el factor de riesgo es previo a la emergencia de la psicopatología en cuestión. No tener en cuenta este imprescindible matiz facilita el desarrollo de la «falacia post hoc».[91] Por ejemplo, que un muchacho que abusa de las drogas tenga amigos que también lo hacen no implica necesariamente que estos sean la causa de su abuso. Podría darse el caso de que el chico en cuestión prefiera amigos que, como él, también abusan de las drogas. Otro ejemplo: que en una familia donde hay un niño con dificultades se den unas relaciones tensas no permite inferir, a la primera de cambio, que son estas la causa de los problemas del niño. Se debería descartar que la tensión existente no fuese producto de la preocupación y la ansiedad que los problemas del menor originan en el seno de la familia. Como puede deducirse de estas precauciones lógicas, y de lo comentado antes, no es fácil determinar los factores de riesgo causales.

Por todo ello, los factores de riesgo deben contemplarse como una cuestión de potencial probabilístico: no todos los individuos que están sometidos a estos factores (por ejemplo, aquellos que tienen un padre alcohólico) desarrollarán un problema en torno a ellos (Kraemer *et al.*, 2001).

Como antes señalábamos, la psicopatología no suele ser causada por la presencia de un solo factor de riesgo sino, probablemente, por una sumatoria, en combinación con el resto de factores contextuales. Poder dilucidar un factor de riesgo causal contribuye a un mayor conocimiento de la matriz de variables implicadas en la psicopatología,

---

91. A partir de la coincidencia entre dos fenómenos se establece, sin suficiente base, una relación causal: el primero es la «causa» y el segundo, el «efecto».

pero no la explica completamente. Freud (1915) utilizaba el término de «series complementarias» para señalar que hacen falta diferentes elementos para que se dé una psicopatología. Hoy en día se habla de «cadenas causales» (Grant *et al.*, 2003).

En este sentido, Riera (2010) aporta una idea interesante: las dinámicas psicológicas funcionan con una lógica de tipo «capitalista». Aplicada al tema que estamos tratando, diríamos que los que más poseen (salud, autoestima, bienestar) tienen menos factores de riesgo. Y viceversa: los pacientes más severos, las personas que más sufren muestran una mayor acumulación de factores de riesgo, una *sumatoria* muy cargada en comparación con las personas más felices o más sanas.

4.2.5. Factor de protección[92]

Un «factor de protección», como su nombre indica, funciona como amortiguador de un factor de riesgo, y reduce la probabilidad de que este derive en un proceso psicopatológico. Clínicos e investigadores siempre se han preguntado cómo es posible que algunas personas sometidas a condiciones extremas de crianza —o de la vida en general— no muestren un franco deterioro de su salud mental (Masten, Best y Garmezy, 1990; Rutter, 1999). El estudio de esta especie de «experimentos de la naturaleza»[93] ha derivado en uno de los temas más actuales de la salud mental en la actualidad: el concepto de «resiliencia», que algunos autores (Cova, 2004), aunque no todos (Becoña, 2006), incluyen dentro de los factores de protección.

---

92. No presentaremos aquí un listado de los factores de riesgo o protección. En parte por cuestiones de espacio y, en parte, por su marcada obviedad. El lector interesado puede hallarlo en Werner (2000).

93. En el sentido de que se pueden observar situaciones extremas, que vienen dadas por las circunstancias. Por ejemplo, el estudio de niños que residen en un orfanato en condiciones deplorables o que han sufrido un severo maltrato.

Relaciones, vivencias y psicopatología

4.2.6. Resiliencia

La «resiliencia», concepto que deriva de la física, hace referencia[94] al proceso —o la capacidad— a través del cual un individuo consigue una buena adaptación, a pesar de las circunstancias adversas en las que se ha desarrollado o en las que vive. Aunque ha sido Cyrulnik (2001) el que ha popularizado el término, los primeros estudios los realizaron a mediados de la década de 1950 autores como Norman Garmezy (Masten y Cicchetti, 2012) o Emmy Werner.[95] En la actualidad, la resiliencia se estudia con respecto al resultado de circunstancias adversas diferentes: a) condiciones sociales muy deficitarias; b) enfermedad mental de los padres; c) pobreza urbana y violencia; d) eventos vitales catastróficos; e) niños que soportan condiciones de estrés moderadas como el divorcio de los padres y demás (Luthar, Cicchetti y Becker, 2000, Werner, 2000). Por supuesto, no faltan los estudios de la resiliencia que provienen de los adultos. Victor Frankl, Bruno Bettelheim (1960) o Primo Levy (1948) relatan su paso por los campos del nazismo y cómo reaccionaron adaptativamente ante el sufrimiento experimentado.

Se considera que los «niños resilientes», es decir, que han superado estas condiciones sin una afectación muy severa, poseen una serie de características específicas, tales como fuerza del «yo», disposición para la intimidad, ingeniosidad, autoconfianza, habilidad para mantenerse activos y autónomos, capacidad de atraer la atención positiva de los otros y demás (Barudy y Dantagnan, 2005; Polk, 1997). Semejantes listados, aun siendo útiles, no explican cómo estos niños han conseguido tales habilidades. Incluso pueden resultar fuente de confusión al mezclar los adjetivos que califican la personalidad individual con los procesos que procuran la existencia de la resiliencia. Si la resiliencia se considera como un «rasgo de personalidad»,

---

94. Las definiciones de resiliencia son interminables. Para nuestros propósitos utilizaremos la presente, basada, en parte, en Masten (2001).

95. Psicóloga estadounidense que realizó un estudio muy célebre, con 698 niños de una isla hawaiana a los que observó durante años (Werner, 1989).

se pueden obviar los factores contextuales, que son precisamente aquellos que, en gran medida, la determinan.

La pregunta que todos los investigadores se hacen es relativamente simple, y podríamos resumirla en una frase: ¿cómo, y a partir de qué elementos, han conseguido estas personas no ver afectadas gravemente su vida y su salud mental, a pesar de las adversas circunstancias vividas? O, dicho de otro modo: ¿de dónde procede y cómo se gesta la resiliencia?

Las respuestas, como es fácil imaginar, no son del todo concluyentes. Desde luego, la resiliencia no es una característica innata o genética, sin más. Posee, como todo, unos correlatos neurales (Feder, Nestler y Charney, 2009), pero no es la genética ni el tipo de sistema nervioso lo que determina la resiliencia. Tampoco se trata de una disposición estática o «rasgo de personalidad» que, una vez se ha adquirido, es permanente. Más bien debe verse como un proceso dinámico (Luthar y Zelazo, 2003), ya que un niño puede mostrarse más resiliente en ciertas circunstancias o momentos que en otros.

Todos los autores coinciden en que para que se dé resiliencia hacen falta tres tipos de factores: a) los personales; b) los familiares y c) los de la comunidad (Luthar, Cicchetti y Becker, 2000; Masten y Powell, 2003; Olsson, *et al.*, 2003).

La tabla siguiente[96] muestra estos tres tipos de ingredientes de modo muy resumido:

Tabla 4.1. Los tres tipos de factores considerados facilitadores de la emergencia de la resiliencia.

Factores personales
• Buenas habilidades cognitivas (CI, atención, curiosidad, etc.). • Autopercepciones de competencia, mérito, confianza, autoeficacia y autoestima. • Temperamento fácil y personalidad adaptable y sociable. • Habilidades de autorregulación (control de impulsos, afecto y regulación del *arousal*). • Perspectiva positiva sobre la vida (esperanza, optimismo, etc.).

---

96. Modificada por nosotros a partir de Becoña (2006).

Relaciones, vivencias y psicopatología

Factores familiares
• Buena calidad de la crianza (incluidas la calidez, la seguridad, la buena estructuración y la contención).   • Relaciones cercanas positivas con adultos competentes (padres, familiares, mentores).   • Buenas conexiones a iguales prosociales.
Factores de la comunidad
• Escolarización adecuada y continua, apoyo educativo.   • Conexiones con organizaciones prosociales (asociaciones de diverso tipo).   • Buena calidad del vecindario (seguridad, servicios, etc.).   • Buena calidad de los servicios sociales y sanitarios.

Desde nuestra perspectiva, la tabla anterior debería estar ordenada de otro modo, colocando los factores personales tras los familiares y los comunitarios, ya que consideramos que los factores personales, o al menos algunos de ellos, están en franca dependencia de los anteriores y no al revés. Difícilmente podrá un niño sentirse confiado, ser portador de una buena autoestima, estar atento o ser sociable si las circunstancias familiares y sociales le son de manera evidente adversas. Como decíamos, para nosotros la resiliencia es un «proceso de respuesta» asociado a los contextos vitales y no un «rasgo» del cual el individuo es, o no, portador. Hablar de resiliencia en términos individuales es un error.

A lo anterior cabe añadir una cuestión: si la resiliencia es un proceso dinámico, una persona que no la muestra en un determinado momento como, por ejemplo, un niño —porque sus circunstancias no se la han facilitado—, puede adquirirla más adelante. Que sean los entornos familiar y social (además de factores personales) los que la faciliten impide caer en un fatalismo del tipo: «Este niño no es resiliente y nunca lo será». La clínica está llena de ejemplos de críos que han podido desarrollar la resiliencia gracias a la presencia de una o más personas en su entorno que han permitido su emergencia, incluso aunque en el seno familiar las cosas no funcionasen como era debido. Pero para que esta oportunidad pueda ser recogida por el menor es necesario que el medio la ofrezca. Como dice Cyrulnik (2001):

«El medio ha de disponer en torno a los heridos unas cuantas guías de resiliencia» (p. 213). Y las guías siempre las proporcionan las personas, que son o llegan a ser *significativas* para el niño.

Un magnífico ejemplo de «guía de resiliencia» lo encontramos en el personaje de Lorenzo, descrito por Primo Levi (1948) cuando narra sus desventuras en el *lager* de Buna-Monowitz (un campo dependiente de Auschwitz):

> Por el sentido que pueda tener querer precisar las causas por las cuales justamente mi vida, entre miles de otras equivalentes, pudo resistir la prueba, yo creo que es a Lorenzo a quien le debo estar vivo hoy; y no tanto por su ayuda material, como por haberme recordado constantemente, con su presencia, con su manera tan sencilla de ser bueno, que aún existía un mundo justo fuera del nuestro, alguna cosa y alguien aún puro e íntegro, no corrompido ni salvaje, extraño al odio y al miedo; alguna cosa difícilmente definible, una remota posibilidad del bien, por la cual, a pesar de todo, valía la pena resistir (p. 130).[97]

Otra buena muestra de resiliencia se describe en el siguiente caso.

Ejemplo clínico:

Antonio tiene 5 años y sus padres murieron en un accidente de tráfico. Como no tiene otra familia próxima que se haga cargo de él, es enviado a un CRAE. Pero este centro está lejos de su ciudad. Así, a la pérdida de sus progenitores se le suman otras derivadas de las nuevas condiciones: pérdida de su lugar de residencia, desarraigo de su escuela, de sus amigos y docentes conocidos, pérdida de su propio domicilio y de la mayoría de sus cosas y juguetes, pérdida de otros adultos conocidos, como tenderos, vecinos, pediatra, monitoras de la ludoteca y demás. Su primera reacción fue encerrarse en sí mismo. Solamente los ataques de ira lo hacían conectar con el exterior, para posteriormente continuar en su «posición defensiva autística», con mutismo total e inexpresividad emocional. Pero he aquí que la tutora del CRAE al que Antonio fue a parar permanecía a su lado, silenciosamente, tal como

---

97. La traducción, del catalán, es nuestra.

ella entendió que, en el fondo, el niño deseaba. Lo acompañaba en todas las tareas diarias, a pesar del rechazo del niño. «¡Tú no eres mi madre, déjame! ¡Quiero a mi madre!», le chillaba el niño entre llantos. La educadora le contestaba: «Es verdad, no soy tu madre, y tú estás triste porqué ella no está... pero yo estaré contigo y te intentaré ayudar. No estás solo». Poco a poco, la profesional se percató de que el niño, sin mostrarlo abiertamente, la observaba y esperaba su ayuda en tareas tales como comer, ducharse, irse a dormir o, tan solo, mirar la televisión. Respetando su tiempo, la educadora empezó a conectar con él, obtuvo sus primeras palabras y, después, su primera sonrisa. Más tarde, el niño expresó su incomprensión hacia lo sucedido, su rabia, su pena, su tristeza y juntos lo fueron elaborando. A pesar de la situación traumática, Antonio no estaba solo: fueron construyendo la nueva vida del niño juntos, con esperanza, con miedo, pero con solidez. Los días pasaron y la actitud de Antonio mejoraba. Poco a poco, Antonio iba reconectando con la vida y con las personas que lo rodeaban.

Otra cosa es hablar de los *resultados* de la resiliencia. Como proceso dinámico que es, no tiene por qué expresarse siempre y del mismo modo en todos los ámbitos de la vida de un niño. En este sentido, resulta muy sugerente que se distingan diferentes tipos de resiliencia y que esta se adjetive en función de cómo se manifiesta. Así, por ejemplo, se mencionan la resiliencia «educativa» (Wang, Haertel y Wahlberg, 1994), la «emocional» (Kline y Short, 1991) o la «conductual» (Carpentieri, Mulhern, Douglas, Hanna y Fairdough, 1993). La cuestión, para resumir, es que un niño sometido a ciertas adversidades puede mostrar resiliencia en uno o varios entornos, pero no en otros.

Ejemplo clínico:

Kevin es un niño norteamericano de 8 años que llegó a España hace un año. La familia se trasladó a nuestro país por motivos laborales. Actualmente en casa se muestra bastante tranquilo, hablan inglés, tiene a sus padres con él y los hábitos diarios han cambiado poco. Sin embargo, parece claro que arrastra un «duelo migratorio infantil»

(Achotegui, 2008, 2009). Y estas ansiedades se expresan, básicamente, en la escuela, a la que manifiesta un claro rechazo. A la hora de acudir a la escuela, el niño se resiste chillando, no quiere entrar ni estar sentado en una silla. Dice, a voz en grito, que quiere volver a su país, recuperar su idioma, entender lo que se le dice, relacionarse y jugar con los niños que conoce y sentirse cómodo en general. El fracaso escolar es rotundo y padres y educadores están muy preocupados.

Hemos revisado, hasta aquí, ciertas cuestiones previas con respecto a la psicopatología infantil. El lector atento ya habrá observado que hemos centrado nuestras observaciones en factores de diversa tipología, dejando de lado, en parte, las consideraciones sobre las variables orgánicas (genéticas, anatómicas, bioquímicas, etc.). La experiencia clínica —y la vital—, así como el estudio de la bibliografía especializada disponible, nos invitan a hacerlo de este modo. Lo podemos decir más alto pero no más claro: no son las variables biológicas las causantes de la psicopatología de los niños. Los factores de riesgo fundamentales son de otro orden; pertenecen al registro de lo emocional y, por ende, de lo social. A ellos dedicaremos la parte final de nuestro ensayo.

Recordemos, una vez más, que no nos ocuparemos de aquel sufrimiento emocional que surge de circunstancias en las que los adultos *no tienen mano*, por así decirlo (una enfermedad, una catástrofe natural, por ejemplo). De este modo, nos situamos de nuevo en nuestro punto de partida y nos disponemos a estudiar la «etiología relacional de la psicopatología», aquellas situaciones que, de un modo u otro, son promovidas por los adultos y que calificamos de «tóxicas» o nocivas para los niños.

Para organizar este amplio objeto de estudio lo hemos dividido, un tanto artificialmente, qué duda cabe, en diversos apartados:

1. Estructuraciones familiares y psicopatología;
2. Trastornos derivados del apego inseguro;
3. Maltrato, trauma y psicopatología;
4. Salud mental de los hijos de padres con severos trastornos mentales.

Referencias bibliográficas

ACHOTEGUI, J. (2008) «Duelo migratorio extremo: el síndrome del inmigrante con estrés crónico y múltiple (Síndrome de Ulises)», en *Revista de Psicopatología y Salud Mental del Niño y del Adolescente, 11,* 15-25.
— (2009) *Emigrar en el siglo XXI: estrés y duelo migratorio en el mundo de hoy. El Síndrome del Inmigrante con estrés crónico y múltiple: Síndrome de Ulises,* Llançà, Ediciones El mundo de la mente.
ALTHOFF, R.R.; VERHULST, F.C.; RETTEW, D.C.; HUDZIAK, J.J. y VAN DER ENDE J. (2010) «Adult outcomes of childhood dysregulation: a 14-year follow-up study», en *Journal of American Academy of Child and Adolescent Psychiatry, 49,* 1105-1116.
BARUDY, J. y DANTAGNAN, M. (2005) *Los buenos tratos a la infancia. Parentalidad, apego y resilencia,* Barcelona, Gedisa.
BECOÑA, E. (2006) «Resiliencia: definición, características y utilidad del concepto», en *Revista de Psicopatología y Psicología Clínica, 11,* 125-146.
BELFER, M.L. (2008) «Child and adolescent mental disorders: the magnitude of the problem across the globe», en *Journal of Child Psychology and Psychiatry, 49,* 226-236.
BERGMAN, L.R. y MAGNUSSON, D. (1997) «A person-oriented approach in research on developmental psychopathology», en *Development and Psychopathology, 9,* 291-319.
BETTELHEIM, B. (1960) *The informed heart. Autonomy in a mass age,* Glencoe, The Feee Press. (Trad. cast.: *El corazón bien informado. La autonomía en la sociedad de masas,* México, Fondo de Cultura Económica, 1973.)
CABALLO, V. E.; SALAZAR, I.C. y CARROBLES, J.A. (2011) *Manual de psicopatología y trastornos psicológicos,* Madrid, Pirámide.
CARPENTIERI, S.C.; MULHERN, R.K.; DOUGLAS, S.; HANNA, S. y FAIRDOUGH, J. (1993) «Behavioral resiliency among children surviving brain tumors: The neuropsychological basis of disorders affecting children and adolescents», en *Journal of Clinical Child Psychology, 22,* 236-246.
CARROLL, L. (1865) *Alice's adventures in wonderland,* Londres, MacMillan. (Trad. cast.: *Alicia en el país de las maravillas,* Madrid, Rivadeneyra, 1922.)
CICCHETTI, D. (1993) «Developmental psychopathology: Reactions, reflections, projections», en *Developmental Review, 13,* 471-502.

— (2006) «Developmental psychopathology», en D. Cicchetti y D.J. Cohen (eds.) *Developmental psychopathology: Theory and method*, vol. 1, Hoboken, Wiley & Sons, pp. 1-23.

Cicchetti, D. y Blender, J. A. (2004) «A multiple-levels-of-analysis approach to the study of developmental processes in maltreated children», en *Proceedings of the National Academy of Sciences, 101*, 17325-17326.

Cova, F. (2004) «La psicopatología evolutiva y los factores de riesgo y protección: el desarrollo de una mirada procesual», en *Revista de Psicología de la Universidad de Chile, 13*, 93-101.

Cyrulnik, B. (2001) *Les vilains petits canards*, París, Odile Jacob. (Trad. cast.: *Los patitos feos*, Barcelona, Gedisa, 2002.)

Feder, A.; Nestler, E.J. y Charney, D.S. (2009) «Psychobiology and molecular genetics of resilience», en *Nature Reviews Neuroscience*, 10, 446-457.

Food and Agriculture Organization (2012) *El estado de la inseguridad alimentaria en el mundo 2012*. Disponible en: http://www.fao.org/docrep/016/i2845s/i2845s00.pdf.

Frankl, V. (1956) *Theorie und Therapie der Neurosen Einführung in die Logotherapie und Existenzanalyse*, Múnich, Reinhardt. (Trad. cast.: *Teoría y terapia de las neurosis. Iniciación a la logoterapia y al análisis existencial*, Barcelona, Herder, 2008).

Freud, S. (1915) «Conferencias de introducción al psicoanálisis», en *Obras Completas*, vol. XV, Buenos Aires, Amorrortu.

Gabbard, G.O. (2005) *Psychodynamic psychiatry in clinical practice (4th Edition)*, Airlington, American Psychiatric Publishing.

Grant, K.; Compas, B.; Stuhmacher, A.; Thurm, E.; Mcmahon, S. y Halpert, J. (2003) «Stressor and child and adolescent psychopathology: Moving from markers to mechanisms of risk», en *Psychological Bulletin, 129*, 447-466.

Hofstra, M.B.; Van der Ende, J. y Verhulst F.C. (2000) «Continuity and change of psychopathology from childhood into adulthood: a 14-year follow-up study», en *Journal of American Academy of Child and Adolescent Psychiatry, 39, 850-858.*

Illich, I. (1974) *The medical nemesis. The expropiation of health*, Londres, Calder and Boyars. (Trad. cast.: *Némesis médica. La expropiación de la salud*, Barcelona, Seix Barral, 1975.)

KIELING, C.; BAKER-HENNINGHAM, H.; BELFER, M.; CONTI, G.; ERTEM, I.; OMIGBODUN, O.; ROHDE, L.A.; SRINATH, S.; ULKUER, N. y RAHMAN, A. (2011) «Child and adolescent mental health worldwide: evidence for action», en *Lancet, 378*, 1515-1525.

KLINE, B.E. y SHORT, E.B. (1991) «Changes in emotional resilience: Gifted adolescent boys», en *Roeper Review, 13*, 184-187.

KRAEMER, H.C.; KAZDIN, A.E.; OFFORD, D.R.; KESSLER, R.C.; JENSEN, P. S. y KUPFER, D. J. (1997) «Coming to terms with the terms of risk», en *Archives of General Psychiatry, 54*, 337-343.

KRAEMER, H.C.; STICE, E.; KAZDIN, A.; OFFORD, D. y KUPFER, D. (2001) «How do risk factors work together? Mediators, moderators, and independent, overlapping, and proxy risk factors», *American Journal of Psychiatry, 158*, 848-856.

LEVI, P. (1948) *Se questo è un uomo,* Turín, De Silva. (Trad. cat.: *Si això és un home*, Barcelona, Edicions 62.)

LINARES, J.L. (1996) *Identidad y narrativa. La terapia familiar en la práctica clínica*, Barcelona, Paidós.

LUTHAR, S.S.; CICCHETTI, D. y BECKER, B. (2000) «The construct of resiliencie: a critical evaluation and guidelines for future work» en *Child Development, 71*, 543-562.

LUTHAR, S.S. y ZELAZO, L.B. (2003) «Research on resilience. An integrative review», en S.S. Luthar (ed.), *Resilience and vulnerability. Adaptation in the context of childhood adversities,* Cambridge, Cambridge University Press, pp. 510-549.

MANZANO, J.; FAVRE, C.; ZABALA, I.; BORELLA, E.; FISCHER, W.; GEX-FABRY, M.; LAUFER, D.; SEIDL, R. y URBAN, D. (1993) «Continuity and discontinuity of psychopathology: a study of patients examined as children and as adults. II. Childhood antecedents of drug dependent adults», en *Schweizer Archiv für Neurologie und Psychiatrie, 144,* 273-284.

MANZANO, J.; LAUFER, D.; BORELLA, E.; FAVRE, C.; FISCHER, W.; GEX-FABRI, M.; SEIDL, R.; URBAN, D. y ZABALA, I. (1994) «Continuity and discontinuity of psychopathology: a study of patients examined as children and as adults. III. The infancy of "adult personality disorders"», en *Schweizer Archiv für Neurologie und Psychiatrie, 145,* 13-17.

MANZANO, J.; ZABALA, I.; BORELLA, E.; FAVRE, C.; FISCHER, W.; GEX, M.; LAUFER, D.; SEIDL, R. y URBAN, D. (1992) «Continuity and disconti-

nuity of psychopathology: a study of patients examined as children and as adults. I. Antecedents of adult schizophrenic disorders», en *Schweizer Archiv für Neurologie und Psychiatrie, 143,* 5-25.
MASTEN, A.S. (2001) «Ordinary magic. Resilience processes in development», en *American Psychologist, 56,* 227-238
MASTEN, A.S.; BEST, K. y GARMEZY, N. (1990) «Resilience and development: Contributions from the study of children who overcome adversity», en *Development and Psychopathology, 2,* 425-444.
MASTEN, A.S. y CICCHETTI, D. (2012) «Risk and resilience in development and psychopathology: the legacy of Norman Garmezy», en *Development and Psychopathology, 24,* 333-334.
MASTEN, A.S. y POWELL, J.L. (2003) «A resilience framework for research, policy and practice», en S.S. LUTHAR (ed.), *Resilience and vulnerability. Adaptation in the context of childhood adversities,* Cambridge, Cambridge University Press, pp. 1-25.
OLIVERAS, A. (2006) *Un altre món,* Barcelona, Angle.
— (2012) *Diguem prou! Indignació i respostes a un sistema malalt,* Barcelona, Angle.
OLSSON, C.A.; BOND, L.; BUMS, J.M.;, VELLA-BRODRICK, D.A. y SAWYER, S.M. (2003) «Adolescent resilience: a concept analysis», en *Journal of Adolescence, 26,* 1-11.
PETEIRO, J. (2010) *El autoritarismo científico,* Málaga, Ediciones M. Gómez.
PÉREZ, M. (2012) *Las raíces de la psicopatología moderna. La melancolía y la esquizofrenia,* Madrid, Pirámide.
PIHLAKOSKI, L.; SOURANDER, A.; AROMAA, M.; RAUTAVA, P.; HELENIUS, H. y SILLANPÄÄ, M. (2006) «The continuity of psychopathology from early childhood to preadolescence: a prospective cohort study of 3-12-year-old children», en *European Child and Adolescent Psychiatry, 7,* 409-417.
POLK, L.V. (1997) «Toward a middle-range theory of resilience», en *Advances in Nursing Science, 19,* 1-13.
REEF, J.; VAN MEURS, I.; VERHULST, F.C. y VAN DER ENDE, J. (2010) «Children's problems predict adults' DSM-IV disorders across 24 years», en *Journal of American Academy of Child and Adolescent Psychiatry, 49,* 1117-1124.
RIERA, R. (2010) *La connexió emocional. Formació i transformació de la nostra manera de reaccionar emocionalment,* Barcelona, Octaedro.

RIGAT, A. y TALARN, A. (2009) «Hipermodernidad e infancia. Reflexiones críticas sobre la visión actual de la psicopatología infantil», en *International Journal of Developmental and Educational Psychology, 1*, 599-607.

RUTTER, M. (1999) «Psychosocial adversity and child psychopathology», en *British Journal of Psychiatry, 174*, 480-493.

SÁINZ, F. y TALARN, A. (2009) «Prevención cuaternaria en salud mental», en *Intercanvis. Papers de Psicoanàlisi, 23*, 59-69.

SAMEROFF, A. J. (2000) «Developmental systems and psychopathology», en *Development and Psychopathology, 12*, 297-312.

SKOVGAARD, A.M. (2010) «Mental health problems and psychopathology in infancy and early childhood. An epidemiological study», en *Danish Medical Bulletin, 57*, B 4193. Publicación online. Disponible en: http://www.danmedj.dk/portal/page/portal/danmedj.dk/dmj_forside/PAST_ISSUE/2010/DMB_2010_10/B4193/B4193.pdf .

SROUFE, L.A. y RUTTER, M. (1984) «The domain of developmental psychopathology», en *Child Development, 55*, 17-29.

TIZÓN, J.L. (2005) «Repercusiones sobre el niño de los trastornos mentales de sus progenitores y cuidadores», en *Formación Médica Continuada, 12,* 70-85

UNICEF (2012) *Levels & trends in child mortality. Report 2012.* Disponible en: http://www.childmortality.org/files_v10/download/Levels%20and%20Trends%20in%20Child%20Mortality%20Report%202012.pdf .

VALLEJO, J. (2011) *Introducción a la psicopatología y la psiquiatría*, Barcelona, Masson.

VILLEGAS, M. (2011) *El error de Prometeo. Psico(pato)logía del desarrollo moral*, Barcelona, Herder.

WANG, M.C.; HAERTEL, G.D. y WAHLBERG, H. J. (1994) «Educational resilience in inner cities», en M.C. WANG y E.W. GORDON (eds.), *Educational resilience in inner-city America: Challenges and prospects,* Hillsdale, Erlbaum, pp. 45-72.

WERNER, E.E. (1989) «Children of the Garden Island», en *Scientific American, 260*, 106-111.

— (2000) «Protective factors and individual resilience», en J.P. SHONKOFF (ed.), *Handbook of early childhood intervention,* Cambridge, Cambridge University Press, pp. 115-132.

Capítulo 5
Estructuras familiares y piscopatología

Repetidamente, a lo largo de este texto, hemos mencionado la importancia de la familia para la crianza y el desarrollo de los niños. Nadie, con un mínimo de sentido común, se atreverá a negar que es en el seno de la familia donde se juegan buena parte de las peripecias emocionales de los más pequeños. Conocer cómo han sido y cómo son las relaciones que se dan en el espacio familiar resulta fundamental para comprender el carácter, la conducta y las dificultades, si las hubiere, de sus miembros, en paticular en el caso de los niños. Ningún clínico experimentado se conforma con una breve descripción del entorno familiar de su paciente. Pero llegar a colegir de forma cabal la dinámica de una familia no es tarea fácil.

En ocasiones, esta dificultad se basa en que no basta con saber *lo que ha sucedido*. Como señala uno de nosotros (Sáinz, 2007) tan importante puede llegar a ser *lo que ha pasado* como *lo que no ha pasado*.

Para ejemplo de lo dicho, véase cómo describe Fritz Zorn[98] (1977) el ambiente de su familia:

> Por tanto hablare ahora del mundo tal cual era para mí cuando yo era pequeño. Ese mundo era entonces armonioso. Aquí no se llegará a comprender jamás en su totalidad el concepto de esa armonía. Crecí en un mundo tan totalmente armonioso que hasta los más empecinados por la armonía temblarían de terror. La atmósfera que reinaba en casa de mis padres era prohibitivamente armoniosa. Quiero decir con esto que en casa todo debía ser armonioso, que nada podía ser de otra manera que no fuera armonioso, que la noción o la posibilidad

---

98. Se trata de un seudónimo.

de discordancia no existía siquiera [...]. La cuestión hamletiana que amenazaba a mi familia era: ser armonioso o no ser. Todo debía ser armonioso; no debía existir nada problemático, eso sería el fin del mundo. Y si algo era problemático, había que eliminar el problema. En cualquier cuestión debía haber siempre una opinión única, ya que una divergencia de opiniones hubiera significado el fin de todo. (Zorn, 1977, pp. 50-51).

En las dinámicas de ciertas familias, las apariencias pueden llegar a ser muy engañosas. A simple vista, la familia del autor era un modelo de perfección burgués. Sin embargo, en su seno se alimentaba, con la pitanza de una armonía destructora de toda subjetividad, el germen —silencioso, nada aparatoso— de la más atroz de las neurosis, como tendrá oportunidad de comprobar todo aquel que lea el sobrecogedor relato de la vida —y muerte— del narrador.

En otras ocasiones, la dificultad para saber cómo ha funcionado, o cómo funciona, una determinada familia se da porque *lo sucedido* o *no sucedido* se oculta bajo una pátina de evidente negación. No faltan personas que sufren mucho emocionalmente, o parientes directos que sostienen un relato plagado de *normalidad* relacional en la familia de origen, que no casa con su patología psiquiátrica. Del mismo modo que en el capítulo anterior denunciábamos como falso el «igualitarismo» en la crianza de la fratría, nos atrevemos en este a cuestionar la normalidad de las dinámicas de las familias de origen de las personas con graves trastornos mentales.

Nuestra hipótesis, en este sentido es muy clara: la dinámica relacional de la familia de origen de las personas, adultos o niños, aquejadas de un sufrimiento mental excesivo —psicopatología— es, en muchas ocasiones, disfuncional. Y es tanto más disfuncional cuanto mayor sea la psicopatología hallada en su seno. Dicho de otro modo: de una mayor alteración de la dinámica familiar suele derivarse un mayor sufrimiento emocional para alguno de sus miembros, especialmente para los más pequeños.

Estas afirmaciones requieren, cómo no, ciertos matices y añadidos:

Estructuras familiares y psicopatología

1. En aras de la claridad conceptual —y no en función de su aparente, que no real, tono acusatorio—, recordamos que tal aseveración no es en modo alguno una recriminación a los progenitores de los niños o adultos con una severa psicopatología, sino una descripción de *lo que sucede*, o *no sucede*, en estas familias. Ya comentamos en otro momento esta cuestión.
2. *Lo que sucede* o *no sucede*, es decir, la dinámica familiar disfuncional, es un «factor de riesgo» que se inserta en una «cadena causal», y debe ser vista como tal, no como un único factor explicativo de la etiología de los trastornos mentales.
3. A la disfunción de la dinámica familiar cabe aplicarle, como hemos mencionado, los criterios de «equifinalidad», «multifinalidad» y «contextualismo».
4. Los datos disponibles descartan que la falacia post hoc[99] sea aplicable a nuestra hipótesis. Es decir, apuntan a que la disfunción familiar es un «factor de riesgo causal» presente con anterioridad a la manifestación de las dificultades psicopatológicas de los niños.

Dicho todo ello, consideramos que ya estamos en condiciones de estudiar con cierto detalle estas disfunciones.

En el seno de nuestra cultura, el concepto de «familia» se ha ido modificando con el paso del tiempo (Giddens, 1999). Hemos pasado de la extensa familia patriarcal a la moderna, y en estos momentos podríamos decir que convivimos en el entorno de la familia posmoderna o *hipermoderna*. La familia actual presenta ciertas características particulares, a saber: a) el amor romántico es lo que sostiene las relaciones entre sus miembros; b) hay una multitud de nuevas formas de relación entre los dos sexos; c) los hijos son deseados, no necesitados, como antaño; d) la reproducción puede ser mediada tecnológicamente y, por ello, ha dejado de ser una cuestión ligada a la unión sexual de dos personas de diferente género; y e) el afecto se da y recibe entre iguales, hombres, mujeres e hijos, con iguales derechos y deberes.

99. Cf. supra.

Como es sabido, hoy en día hablamos de diversos tipos de familias: nucleares, extensas, largas, reconstituidas, monoparentales, etc. Pero por más variedad que uno pueda imaginar, siempre quedará un hecho indiscutible: cada persona tiene una «familia de origen». Lo más relevante con respecto a la familia de origen no es su composición, ni la orientación sexual de los progenitores, ni si los hijos han venido al mundo mediante un proceso u otro;[100] lo más relevante es que la familia de origen acoja y trate bien al nuevo ser que se cría en su seno. Aunque a nivel popular pueda darse cierta controversia con respecto al futuro de los niños criados en entornos monoparentales u homosexuales, o sobre aquellos engendrados con la ayuda de la biotecnología, lo cierto es que ningún dato científico cuestiona el correcto desarrollo de estos niños (Arranz, *et al.*, 2010; Biblarz y Stacey, 2010; Golombok, 2000; Kesner y Mckenny, 2001; Oliva y Arranz, 2011; Tasker, 2005). Los prejuicios que algunas personas puedan mostrar frente a ciertas composiciones familiares no son otra cosa que espurias prevenciones, basadas en la ignorancia y el convencionalismo más vulgar.

Numerosos autores han elaborado diversas tipologías de familias. Revisaremos, a continuación, algunas de las que nos parecen más significativas.[101]

5.1. Parentalidad y conyugalidad

Como es obvio, las necesidades infantiles se cubren en el seno de una familia y a partir de la conducta de los adultos responsables del niño.

---

100. Lo cual no significa que estas variables carezcan de importancia o no deban ser tenidas en cuenta según cada caso en particular.

101. Una revisión exhaustiva resultaría imposible. Así pues, dejamos de lado las cuestiones relativas a ciertas familias: las adoptantes, las constituidas mediante ayudas tecnológicas, las homosexuales, las inmigrantes, las monoparentales, las transnacionales, etc., ya que tales tipologías no ponen el acento en las cuestiones relacionales, que son las que aquí nos interesan. Véase Valdivia (2008).

Estructuras familiares y psicopatología

Linares[102] propone un interesante modelo de tipología familiar en el que estos adultos se mueven en dos dimensiones que determinan, en gran medida, cómo son las relaciones con sus hijos: la «parentalidad» y la «conyugalidad» (Linares, 1996, 2006).

Se denomina *parentalidad* a la capacidad de los adultos para responder a las necesidades de los niños que tienen a su cargo: se trata del *amor parental*. La *conyugalidad*, correspondiente al *amor conyugal*, se fundamenta en una reciprocidad cognitiva, emocional y pragmática, mediante la cual los miembros de la pareja se manifiestan su amor en un intercambio sentimental.[103] Ambas son variables relacionales independientes, aunque con cierto grado de influencia recíproca.

La combinación de las dos dimensiones relacionales descritas crea, según sean sus valencias predominantes, cuatro grandes modalidades posibles de familia de origen, como muestra la figura siguiente:

	PARENTALIDAD POSITIVA	
CONYUGALIDAD NEGATIVA	Familias trianguladoras	Familias nutricias
	Familias caóticas	Familias deprivadoras	CONYUGALIDAD POSITIVA
	PARENTALIDAD NEGATIVA	

Figura 5.1. Valencias de las dimensiones adultas y los diferentes tipos de familia que surgen de su combinación (Linares, 1996).

---

102. Juan Luis Linares, psiquiatra y psicólogo, fundador de la prestigiosa Escuela de Terapia Familiar del Hospital de Sant Pau de Barcelona.

103. Podría parecer que no se da la «conyugalidad» en las familias monoparentales, pero no es así. Sea cual sea la vía de llegada a la monoparentalidad (viudedad, abandono, elección), siempre existen figuras sustitutorias del progenitor ausente. La familia monoparental es un tema complejo. Véase, por ejemplo, Barrón (2002).

Relaciones, vivencias y psicopatología

5.1.1. La familia nutricia

La «familia nutricia» es aquella en la que se da una «conyugalidad armoniosa» y una «parentalidad competente». Obviamente, en este tipo de familias hay más posibilidades de que los niños crezcan con una nutrición relacional satisfactoria, al ver cubiertas sus necesidades básicas sin graves conflictos o, en todo caso, sin que estos se cronifiquen. Como ya hemos comentado, no se trata de que en estas familias no aparezcan tensiones o estrés o que los niños no tengan nunca cierto padecimiento emocional. En absoluto. Lo que sucede es que los padres tienen una buena capacidad de resolver y enfrentarse adecuadamente los conflictos que se dan tanto a nivel de pareja como con los niños. Sin duda, la familia nutricia puede calificarse como un «factor de protección».

5.1.2. La familia trianguladora

Se entiende por «familia trianguladora» aquella en la que los padres, agobiados por sus conflictos de pareja —pero interesados en sus funciones parentales—, arrastran a los hijos a participar en los problemas de los adultos. Ya sea para buscar aliados o mediadores, los padres implican a los hijos en sus trifulcas y luchas de poder. Toda triangulación debe verse como un *maltrato* aunque no muestre, en apariencia, las formas más difundidas habitualmente. Un caso extremo puede observarse en el «síndrome de alienación parental»[104] (Jarne y Arch, 2009).

Linares (2006) describe la «triangulación manipuladora» —aunque, de hecho, todas lo son— como una situación en la que los hijos son instigados a aliarse con uno de los progenitores, o con los dos simultáneamente, mediante seducciones, amenazas y denigración de un progenitor (o ambos).

---

104. Se denomina *síndrome de alienación parental* cuando uno de los padres influye, a través de la manipulación, en sus hijos para que rechacen al otro progenitor.

Ejemplo clínico:

Nuria y Alberto llevan más de diez años divorciados y comparten, sin ninguna dificultad importante, la custodia y el cuidado de su hija Mariona, de 15 años. Pero, de repente, aparece un problema entre ambos ya que Nuria, por su cuenta y riesgo y sin dar noticia alguna a su exesposo, decide efectuar un gasto elevado para la hija, del que le pide a Alberto que asuma la mitad. Cuando Alberto pide explicaciones y propone una conversación sobre ciertas cuestiones relativas al cuidado y mantenimiento de la hija, Nuria lo insulta y lo tacha de padre poco comprometido. Pocos días después, Nuria le comenta a Mariona, «para que puedas ver qué tipo de persona es tu padre», que él la abandonó por otra mujer y que es un mal hombre, ya que no quiere hacerse cargo de su hija, ni hacer un gasto para «darte lo mejor». Para aumentar el efecto manipulador de tales aseveraciones, Nuria llora mucho mientras le explica a la hija lo dolida que está por la pérfida conducta del padre.

Estas manipulaciones son generadoras de ansiedad en los menores puesto que provocan un conflicto de lealtades. Para el autor, esta ansiedad puede revestir, según los casos, características propias de la ansiedad propiamente dicha, como los «ataques de pánico» o incluso formas «histriónicas» —basadas en un aprendizaje de la seducción y la manipulación—, así como ansiedad vinculada con los estados depresivos como en el caso de la «distimia». El maltrato físico puede también observarse en este tipo de triangulación.
Peores consecuencias puede acarrear la «triangulación desconfirmadora». El concepto de «desconfirmación», que proviene de Watzlawick (Watzlawick *et al.*, 1967), no sugiere la negación de lo que el otro afirma sino la sutil negación del otro en tanto ser existente o real. Si se da esta situación de triangulación, uno de los miembros de la pareja disfuncional busca aliarse con el hijo pero, una vez realizada esta alianza y conseguido el objetivo del adulto, el hijo queda relegado e ignorado. Se le muestra que lo importante en la familia es la pareja y no otra cosa. El hijo recibe entonces muestras de indiferencia, mensajes y acciones en los que se le excluye, hostilidad o críticas

que reducen su autoestima y la importancia de su presencia. Linares y su equipo vinculan este tipo de triangulación a la psicosis (Linares, Castelló y Colliles, 2001; Linares, 2007), ya que consideran que la insufrible falta de identidad es suplida con una identidad alternativa. Es posible que no solo las psicosis se relacionen con este tipo de triangulación. Los trastornos alimentarios (Onnis, 2004) o algunos trastornos de la personalidad, como el «esquizotípico», también podrían asociarse a esta peculiar y grave forma de maltrato.

Las «triangulaciones equívocas» se dan cuando los padres están muy distanciados relacional y afectivamente, como en el caso de parejas divorciadas, y estos interpretan que el otro se ocupa de las necesidades del hijo. El resultado de este equívoco es que ambos progenitores creen erróneamente que la nutrición relacional está cubierta por el otro progenitor. Por tanto, los padres descuidan la crianza del hijo, pensando que es el otro quien se encarga de ella. Cada uno cumple con sus funciones, pero bajo mínimos, con cierto cansancio y contrariedad, ya que, en ocasiones, se sienten obligados a hacer una determinada acción porque *el otro no la ha hecho como debiera*. Si esto es así, ni el padre ni la madre son capaces de ver el sufrimiento y las carencias afectivas que sufre el niño y ambos fallan al atender al menor, que queda en una especie de «tierra de nadie relacional» (Linares, 2006: 66). Difícilmente un niño carenciado de este modo podrá confiar en los adultos, y es muy posible que busque consuelo en su grupo de iguales o acabe rechazando las normas y los límites que los mayores y la sociedad le imponen. Los autores asocian el «trastorno límite de la personalidad» a esta variante de triangulación, si bien este trastorno, como después veremos, se ha relacionado también con otras formas de maltrato.

Como puede observarse, las triangulaciones hasta aquí descritas se dan en parejas con una marcada *lucha de poder*. Pero cuando la jerarquía está muy clara no se produce esta lucha «simétrica» sino una relación de «complementariedad»: uno es el fuerte y el otro el débil, uno es el superior y otro el inferior. La triangulación que se da entonces recibe el nombre de «triangulación complementaria». Por lo general, el padre es visto como el superior al que se le debe pleitesía. La madre, en cambio, se siente o es considerada inferior, debe procurar satisfacer las demandas y necesidades del varón a toda costa. La disposición para el abuso sexual de los hijos está, de este modo, servida con facilidad, ya que la mujer tolera, ignora, o dice ignorar los abusos que se dan en el seno de la familia. No es necesario reflexionar mucho para percatarse de que la víctima de los abusos tiene una grave alteración de la nutrición relacional, ya que vive inmersa en una pesadilla de terror y aislamiento que, unida a su dependencia afectiva natural con sus progenitores, la sitúa en un espacio físico y relacional que puede tener gravísimas consecuencias.

5.1.3. La familia deprivadora

Las «familias deprivadoras», tal como muestra la figura 5.1 (véase p. 179), pueden mostrar una relativa armonía en las relaciones de pareja, pero aun así fracasan en el desempeño adecuado de ciertas funciones parentales. Sin contar la «deprivación por marginalidad social», en la mayoría de las familias deprivadoras se suelen satisfacer las necesidades más básicas de los hijos: los requisitos fisiológicos, de hábitos, educativos o de socialización no suelen presentar problemas. Esto dificulta su detección por parte de terceros, ya que la familia presenta una apariencia de normalidad y buen funcionamiento de cara al exterior. Pero es en la esfera afectiva en la que se producen las dificultades y el maltrato. Pueden observarse diversas modalidades: la «hiperexigencia y falta de valoración», la «hiperprotección y el rechazo» o el «fracaso en la protección».

Se da «hiperexigencia y falta de valoración» cuando se les pide a los niños que realicen tareas complejas para las que se considera como única posibilidad satisfactoria de la demanda el éxito absoluto y no se valora el esfuerzo invertido. Por ejemplo, no pocos niños oyen de boca de sus padres, ante las notas escolares, frases del estilo «tú puedes sacar mucho más», «con un notable no me vale» o «has aprobado pero no estudias lo suficiente». El lector recordará el caso de Berta, citado en el capítulo 2, como un ejemplo claro de este tipo de situaciones.

Otra clase de deprivación afectiva es la que proviene de la «hiperprotección y el rechazo». La hiperprotección es una forma de desvalorización muy sutil. En el fondo, tras la apariencia de unos cuidados basados en el amor servicial, el mensaje es: «he de cuidarte yo porque tú no sirves para ocuparte de ti y de tus cosas y no te vales por ti mismo». La hiperprotección puede revestirse, al mismo tiempo, de actitudes de los padres destinadas a la satisfacción inmediata de todos los caprichos infantiles. Los niños lo obtienen todo de modo automático, y quedan neutralizados en tanto que interlocutores portadores, asimismo, de conflictos y desavenencias.

Cabe añadir, además, que los padres sobreprotectores no causan un daño al niño únicamente por el ejercicio de una protección que puede ser invalidante para sus capacidades, sino porque protegen cuando ellos, los adultos, lo necesitan, no solo cuando lo precisa el niño. Por tanto, es una necesidad de los padres y no de los niños.

El «fracaso en la protección» se da, en este tipo de familias, cuando los padres están más ocupados en exigir responsabilidades a los hijos o en sus propios problemas que en el ejercicio de la paternidad. Como señala Linares (2006), no es raro que, en ciertas familias deprivadoras, los niños puedan sufrir alguna forma de agresión o abuso por parte de algún adulto relativamente cercano a la familia. El siguiente ejemplo ilustra cómo unos padres deprivadores y exigentes fracasan en sus tareas de protección del menor.

Ejemplo clínico:

Marcelino es un hombre de 30 años, de procedencia rural, que emigró a la gran ciudad hace unos años. Consulta a un terapeuta por indicación de su neurólogo, puesto que padece graves migrañas que le provocan un enorme sufrimiento e incapacidad transitoria. Ya en la primera entrevista, Marcelino comenta que fue víctima de continuos abusos sexuales cometidos por un tío suyo que vivía en el domicilio familiar. Los abusos se prolongaron durante años y, como suele suceder, él nunca se atrevió a decir nada por las amenazas de su agresor y por vergüenza. No obstante, aunque durante todo ese tiempo Marcelino expresaba de diversos modos su intenso malestar (con fracaso escolar, terrores nocturnos, fobias y obsesiones varias, ansiedad de separación y las intensas migrañas que empezaron por aquel entonces), jamás recibió ayuda de ningún tipo por parte de sus padres. Al contrario, recuerda que su padre era un hombre exigente, que le pedía insistentemente que estudiase más y más, o que se dejase de «dolores de cabeza» y fuese un jugador de fútbol fuerte y aguerrido. Por su parte, la madre, ocupada de forma enfermiza en mantener la casa limpia y ordenada, le decía que tenía que ser más cumplidor, perfeccionista y meticuloso. Recuerda con sumo dolor que no quería quedarse solo en casa con su abusador o que trataba de evitar que fuese él quien lo llevase al colegio o a las actividades extraescolares, reclamando a sus padres más compañía, sin obtenerla. Hasta unos años más tarde, Marcelino no abrió la caja de Pandora familiar y se atrevió a enfrentarse a su tío, a denunciarlo y a cuestionar a sus padres por tanta exigencia y tan poca protección.

5.1.4. La familia caótica

Las «familias caóticas» son aquellas en las que no se da ni parentalidad competente ni conyugalidad armoniosa. Linares (2006) indica que una familia puede llegar a este estado transitando por dos caminos diferentes: bien porque proviene de una larga historia de generaciones instaladas en «la cultura del caos» o bien porque ha vivido circunstancias traumáticas que la ha desestabilizado de manera crónica. Otros autores (van Well, 1992) han especificado otros subtipos de familias caotizantes; si bien entre ellas puede haber variables diferenciales, lo cierto es que este tipo de familias tiende a una «desestructuración» en la que el cuidado de los hijos suele estar en niveles mínimos.

La imprevisibilidad, la falta de reglas implícitas y explícitas, las prohibiciones arbitrarias y cambiantes, la confusión de roles, el *ruido* por encima de la comunicación, las amenazas y demás alteraciones relacionales —promiscuidad, agresiones, maltrato entre hermanos, ausencias y presencias reiteradas,[105] peleas y apasionadas reconcilia-

---

105. Todo profesional experimentado ha podido comprobar que el genograma de estas familias suele ser complejo, abigarrado y con sectores muy mal definidos.

ciones— suelen ser el caldo de cultivo en el crecen los hijos de estas familias. El caos, los interminables conflictos y disputas, el mal ambiente crónico que se vive en el domicilio familiar y la falta de contención, normativas y referentes sólidos suelen propiciar todo tipo de maltrato físico y psicológico. A menudo, instaladas en la pobreza y la marginalidad social —aunque no siempre—,[106] estas familias pueden desatender las necesidades básicas de los niños, fracasar en su protección y en su socialización. No es extraño que, en ocasiones, los niños estén mal alimentados, vayan mal vestidos y sucios e incurran en absentismo escolar.

La «negligencia» es su única constante y de ella pueden derivar las más diversas formas de maltrato: abusos sexuales, violencia física, «accidentes» de todo tipo, etc.

Suelen recibir el nombre de «familias multiproblemáticas» (Cancrini, De Gregorio y Nocerino, 1977) y acostumbran a usar los servicios sociales. Este hecho propicia que pueda haber ciertas compensaciones a tanto desbarajuste. Si la acción protectora del sistema —o de la familia extensa— que acude en ayuda de los menores puede verificarse con éxito, es probable que los hijos de estas familias encuentren nuevas figuras de apego, identificación y resiliencia. Si no es el caso, es muy posible que se observen «psicopatologías sociales» en forma de trastornos de conducta —en la infancia— y psicopatía, trastorno antisocial de la personalidad o drogodependencias a partir de la adolescencia.

Ejemplo clínico:

Pablo, de 13 años, es el mayor de dos hermanos y fruto de un embarazo no deseado. Sus padres se divorciaron cuando él tenía 6 años, después de varias separaciones y muchas discusiones. Su madre, que se dedica a la venta ambulante, se ausentaba a menudo de casa durante varios días. El padre, camionero, también. Una vez divorciados los padres, el niño pasaba gran parte de la semana viviendo con una vecina. Su vida

---

106. La relación entre negligencia y nivel socioeconómico se revisa en el punto 4.7.

transcurría en un «ir y venir» de una casa a otra y sin saber quién sería el encargado de recogerlo o con quién y dónde dormiría esa noche. Por ejemplo, cuando la vecina estaba ocupada, la madre se lo llevaba con ella al trabajo, a pesar de que el niño tuviera que ir a la escuela. Cuando las ausencias escolares empezaron a ser significativas y su rendimiento empeoró de manera notable, la escuela trató de contactar, infructuosamente, con los padres. Se requirió entonces la intervención de los servicios sociales de la zona.

Mientras tanto, la madre se quedó embarazada de una nueva pareja a la que el niño ni conocía. Decidieron cambiar de vivienda y todos se fueron a vivir a casa del novio de la madre. El niño no quería cambiar de ciudad, ni de escuela, pero no le escucharon.

Medio año después, las discusiones entre la madre y su compañero eran constantes. El hombre era alcohólico y violento. Fuera de sí, chillaba y pegaba a la madre para que calmara los llantos desesperados del recién nacido. Una noche, los vecinos, temiéndose lo peor, alertaron a la policía. Cuando esta llegó, la escena era terrible: el hombre, agitado y ebrio; la madre sangrando; el bebé llorando y Pablo silencioso, que observaba todo con pavor. Pocos días después, el padre del pequeño los echó a todos de casa. La madre, Pablo y el bebé regresaron a su antigua localidad. Pablo llegó, de nuevo, a su ciudad natal, pero sin un domicilio fijo, con su padre ausente, un nuevo hermano, unos compañeros olvidados y una madre tan emocionalmente rota como él.

5.2. Los estilos parentales

Baumrind (1967), y posteriormente Maccoby y Martin (1983), presentaron una tipología familiar basada en los «estilos parentales», lo que equivale, en la práctica, a los modelos de interacción y educativos que se dan en el seno de la familia. La clasificación se articula en torno a dos variables, que son las de «afecto/comunicación» y «control/exigencia». La figura siguiente lo explicita con claridad:

Relaciones, vivencias y psicopatología

		AFECTO Y COMUNICACIÓN	
		ALTO Afecto y apoyo explícito, aceptación e interés por las cosas del niño y sensibilidad ante sus necesidades	BAJO Afecto controlado y no explícito, distanciamiento, frialdad en las relaciones, hostilidad o rechazo
CONTROL Y EXIGENCIA	ALTO Existencia de normas y disciplina, control y restricciones de conducta y exigencias elevadas.	AUTORITATIVO	AUTORITARIO
CONTROL Y EXIGENCIA	BAJO Ausencia de control y disciplina, ausencia de retos y escasas exigencias.	PERMISIVO	NEGLIGENTE

Figura 5.2. Tipología de estilos parentales según Maccoby y Martin (1983). Adaptado por Raya (2009).

Los niños criados en un ambiente «autoritativo» no presentan apenas conductas problemáticas, ya que viven en un ambiente familiar favorable y con escasos niveles de estrés. En estas familias se presta atención a las demandas de los hijos, hay una buena combinación entre afecto y control, se favorece la autonomía e independencia, la comunicación es efectiva y bidireccional, las reglas son claras, no se invade ni restringe la intimidad, se fomenta más la inducción que el castigo —y si este aparece, es verbal, razonado y no físico.

Los niños que viven en una familia tipo «autoritario» pueden mostrar mayores problemas de conducta, ya que, como se ve en la figura, los padres son poco afectuosos pero muy exigentes y coercitivos. Las reglas también son claras en estas familias, aunque a veces hay un exceso y se imponen de modo dictatorial. Valga esta anécdota clínica como ejemplo: el padre de un paciente psicótico de 16 años hacía la siguiente afirmación: «Doctor, debe saber que en nuestra familia todos nos atacamos mucho», y haciendo una pausa de silencio, añadía: «pero eso sí, no se crea, ¡tenemos normas!». El profesional que los atendía se quedó sorprendido, ya que esperaba una aseveración distinta, algo así como: «pero eso sí, nos queremos».

Lo contrario sucede en el seno de la familia «permisiva». Aquí, las nociones de control y exigencia son escasas, si bien hay una relativa sensibilidad hacia las necesidades del niño. Es relativa en el sentido de que no se atiende, por ejemplo, a la indispensable contención y control que todo infante precisa. La autoridad brilla por su ausencia, apenas hay restricciones y se evita el enfrentamiento con los niños si estos, como suele suceder, muestran una conducta desorganizada o tiránica. Los niños crecen sintiéndose poderosos y capacitados —lo que en realidad es falso—, y esta convicción les dificulta adaptarse al entorno social.

En una familia estilo «negligente» no se dan ni el afecto esencial ni las normas imprescindibles para una adecuada organización de la convivencia. En cierta medida, esta categoría correspondería a las familias caóticas descritas más arriba. Hay una elevada vulnerabilidad a la ruptura familiar y una derivación de las responsabilidades paternas hacia el exterior de la familia (escuela, servicios sociales, otros familiares, etc.). Los problemas que estos niños pueden presentar, derivados de su sufrimiento emocional, coinciden con los ya comentados.

A partir de los autores citados,[107] Barudy y Dantagnan (2005) presentan una tipología[108] familiar basada en el modelo de estilos parentales asociado a la «parentalidad incompetente». Según señalan, hay tres estilos educativos/interactivos —que se pueden dar en una familia o en una institución— capaces de generar dificultades psicopatológicas y de adaptación en los niños: a) «represivo/autoritario», b) «permisivo/indulgente» y c) «permisivo/negligente». En ninguno de estos tres estilos están reconocidos los derechos de los niños, puesto que estos se consideran *propiedad* de los padres.

---

107. Aunque sin citarlos, como sería preceptivo.
108. Esta tipología poco aporta a las elaboradas por Baumrind (1967) y Maccoby y Martin (1983).

Por su parte, algunos autores encuadrados en la tradición adleriana,[109] como Stein (2009), han especificado un buen número de estilos parentales y sus consecuencias para la vida infantil y adulta.

Del mismo modo, Nardone, Giannotti y Rocchi (2001) siguen la estela del modelo de Baumrind[110] y plantean un modelo propio que contempla seis subtipos de familia: «hiperprotectora», «democrática», «sacrificante», «intermitente», «delegante» y «autoritaria», según su estilo de interacciones comunicativas, relaciones, reglas implícitas y algunas otras variables.

No podemos, por cuestiones de espacio, revisar el conjunto de tipologías derivadas del modelo de los estilos parentales. Nos conformaremos con señalar que todos los trabajos coinciden en verificar lo que resulta obvio: son innumerables las áreas de la vida infantil —y adulta— que resultan condicionadas por el entorno familiar de crianza. Hoy en día pueden encontrarse estudios focalizados son cuestiones como los trastornos alimentarios (Haycraft y Blissett, 2010); las adicciones (Visser *et al.*, 2102); los trastornos somatomorfos (Janssens, Oldehinkel y Rosmalen, 2009; Serra, Claustre y Bonillo, 2012); los trastornos de conducta (Buschgens *et al.*, 2010); las psicosis (Read y Gumley, 2008) y prácticamente toda la psicopatología existente.

5.3. Los trastornos de la relación parentoinfantil

Una de las perspectivas más comprehensivas sobre las interacciones entre padres e hijos es la que presenta el manual de diagnóstico de 0 a 3 años del National Center for Clinical Infant Programs (*Zero to Three*, 2005). Tan apreciado por los clínicos infantiles como poco mencionado en la bibliografía científica, es un instrumento impres-

---

109. Alfred Adler (1870 -1937), pionero del psicoanálisis, centró sus estudios en el sentimiento de inferioridad y la influencia de la educación y la sociedad en la formación del carácter. Un buen número de autores siguen esta escuela, aportando estudios muy interesantes (Oberst y Stewart, 2002; Oberst, 2009).

110. Con el que cometen idéntica injusticia que Barudy y Dantagnan (2005), ya que tampoco lo citan.

cindible para la clasificación y el diagnóstico de los niños más pequeños y se presenta como un complemento (Egger y Angold, 2009) de los manuales DSM-V (APA, 2013) y CIE 10 (OMS, 1990).

En el eje II de este manual se describen los llamados «trastornos de la relación», cuyo objetivo es delimitar la naturaleza de las alteraciones observadas en las relaciones e interacciones entre niños y padres. Estudia las percepciones, actitudes, conductas y afectos de unos y otros,[III] teniendo en cuenta que pueden observarse alteraciones en los adultos, los niños o en ambos. El manual describe las siguientes variedades:

1. *Relación sobreinvolucrada.* Se caracteriza por un excesivo involucramiento físico y/o psicológico.

    Por parte del progenitor se observan conductas sobre el niño en forma de interferencias, dominio, control, exigencias inadecuadas y/o erotización. Su estado afectivo se caracteriza por la ansiedad, la depresión o la cólera. El adulto ve al niño como un igual o como una pareja, y desea que satisfaga sus carencias, sin ser consciente de que se trata de un ser independiente, con necesidades propias y con autonomía en desarrollo.

    Por parte del niño, se pueden asumir actitudes sumisas y pasivas, o bien, desafiantes, irritables y obstinadas.

2. *Relación subinvolucrada.* Se caracteriza por los fallos o la baja calidad en los cuidados hacia el menor. Sería, en parte, el equivalente a las familias caóticas.

    Los padres muestran insensibilidad ante las señales del infante y escasa disponibilidad emocional. Presentan déficits en los cuidados básicos y el menor sufre indiferencia, rechazo, descuido, negligencia y abandonos prolongados. No hay predictibilidad o reciprocidad en las interacciones. No se protege al niño del daño físico, o emocional, o del abuso de otras personas.

[III] El manual presenta una Escala de Evaluación Global de la Relación entre Infante y Progenitor (EEG-RIP), de base empírica, que permite captar la calidad de la relación.

El niño suele enfermar con frecuencia y no hay regularidad en los cuidados médicos. Puede presentar un aspecto sucio y abandonado. Se observan retrasos del crecimiento por causas no orgánicas o retraso en el desarrollo de las habilidades motoras y lingüísticas por la falta de apoyo y estimulación. Algunos niños, no obstante, muestran precocidad en estas habilidades y las utilizan de modo promiscuo o seductor con los adultos.

El tono afectivo de mayores y pequeños es restringido, retraído, triste y muestra una relación poco vital y nada placentera.

3. *Relación ansiosa/tensa.* Se caracteriza por interacciones tensas con poca sensación de disfrute distendido.

Los progenitores suelen mostrar rasgos de ansiedad, hipersensibilidad, preocupaciones frecuentes sobre el bienestar del infante y sobreproteccción.

El niño puede ser muy obediente o muy ansioso, apegado al cuidador, tenso y agitado.

4. *Relación cólerica/hostil.* En este tipo de relación las interacciones son tensas, rudas y abruptas, sin reciprocidad emocional ni disfrute mutuo. El tono afectivo es de hostilidad y agresión.

El progenitor puede ser insensible a las señales del infante, suele ridiculizarlo o burlarse de él. Si se acerca físicamente al niño, o lo manipula, lo hace con brusquedad. Puede sentir resentimiento por las exigencias del menor o entender como amenazas para su propia autoridad la creciente asertividad, independencia o negatividad normal del pequeño a medida que madura.

En consecuencia, el niño estará asustado, ansioso, impulsivo o agresivo y exigente. Por el contrario, puede mostrarse inhibido, miedoso, vigilante y evitativo. No son raros los retrasos cognitivos y del lenguaje, así como la tendencia a la descarga impulsiva.

Cuando se observa una combinación de las condiciones anteriores, el manual señala que se trata de un «trastorno mixto de la relación». A su vez, describe la «relación abusiva», que puede ser verbal, física o sexual. Describiremos con detalle este tipo de relaciones en el capítulo 7.

5.4. Tipologías familiares basadas en las teorías psicoanalíticas

Aunque los terapeutas encuadrados bajo la óptica psicoanalítica muestran cierta tendencia a evitar las clasificaciones —por generalistas—, lo cierto es que desde esta teoría, como es natural, no se pueden soslayar.

Para el psicoanalista, la familia es un grupo que se ha institucionalizado con la función de ser una matriz parental con dos sistemas inconscientes en su interior: el continente (sistema parental) y el contenido (sistema filial). Constituida de este modo, la familia es considerada una estructura viva y dinámica que da forma al «aparato mental» de cada uno de sus miembros, especialmente en el caso de los niños, ya que da pie a unas relaciones que se acaban internalizando y a unos espacios para la contención de las ansiedades, el fomento del pensamiento, el crecimiento y el aprendizaje (Pérez Testor, 2008).

Ajuriaguerra (1959) cita diversas tipologías psicodinámicas, algunas muy antiguas y ya obsoletas: «madres virago» (desvirilizantes del varón), «madres escrupulosas» (exigentes), «contramadres» (con mucho odio hacia el hijo), padres «ausentes», «rígidos» o «crueles», etc.

Especial mención precisa el subtipo de madre llamado «madre esquizofrenógena», que apuntaba a la existencia de una madre agresiva, dominante, insegura y rechazante, descrito por Fromm-Reichmann (1948). Más tarde se describió el «padre esquizofrenógeno» (Reichard y Tillman, 1950).

Desde algunos sectores profesionales —y legos— se ha criticado con ferocidad a los autores[112] que describieron estos dos subtipos de

---

112. Especialmente a Fromm-Reichmann, cuya trayectoria fue injustamente desprestigiada, obviando toda una vida profesional llena de fascinantes aportaciones y dedi-

progenitores. Se los acusaba de culpabilizar injustamente a los padres —ignorando su sufrimiento por el hecho de tener un hijo enfermo mental—, de ignorar otros factores en la causa de las psicosis y de falta de rigor científico en sus afirmaciones. Consideramos que estas imputaciones son infundadas. No solo porque en su trabajo no hay tono acusatorio alguno, sino porque el repaso de su trayectoria profesional y teórica avala su rigor profesional. Es más, aunque sea *políticamente incorrecto* señalarlo, todo clínico sabe que en algunos casos pueden observarse ciertas características personales en los progenitores que son francamente «psicotizantes». ¿Qué otra cosa puede decirse de los padres que ejecutan triangulaciones desconfirmadoras, o de aquellos que, como después veremos, abusan, a veces del modo más cruel, de sus propios hijos?

Por su parte, Bleger (1966) sugiere que el grupo familiar es el depositario de la parte más inmadura y simbiótica de la personalidad. Para Bleger, cuando en una familia hay un niño —o un adulto— alterado, se trata de un emergente del grupo familiar y debe ser considerado como el exponente y consecuencia de tensiones en el grupo. A partir del manejo de esa simbiosis, Bleger distingue cinco tipos de funcionamiento familiar: a) «sano», con defensas múltiples y elásticas, donde los individuos son reconocidos como tal y disfrutan de buenas relaciones fuera del entorno familiar; b) «aglutinado», caracterizado por una organización narcisística y una ausencia de diferenciación yo/no yo que hace que la familia funcione como una totalidad y con una identidad grupal. Los miembros de este tipo de familia son muy interdependientes y con escasas relaciones extrafamiliares; c) «esquizoide o dispersa», en el que los miembros de la familia se encuentran separados, no hay comunicación fluida y cada uno se ocupa de lo propio sin tener demasiado en cuenta la vida de los otros familiares. Las relaciones emocionales entre ellos son frías, distantes y cargadas de hostilidad; d) «psicopático», donde frente a la ansiedad que provoca la fusión simbiótica, los individuos se defienden mediante la fuga al

---

cada al cuidado más atento y humanitario que pueda imaginarse del paciente psicótico. En la actualidad, su figura ha sido restituida, véase Hornstein (2000) y Balbuena (2011).

exterior, con el que establecen mucha relación; y, e) «hipocondríaco», en el que las manifestaciones psicosomáticas poseen el mismo valor que la psicopatía del tipo anterior.

Fernández (1973) propone un modelo muy similar al de Bleger, basado en las dimensiones de confusión *versus* diferenciación, y propone cuatro modalidades de relación: «aglutinada», «uniformada», «aislada» e «integrada». En la «aglutinada» existe una dificultad en la discriminación e individuación. Se privilegian los lazos afectivos pero estos son enfermizos y ahogan a los miembros de la familia. Funcionan como un *clan* y viven lo nuevo con desconfianza, como extraño y conflictivo. Todos saben qué hacer y decir en todo momento. Las dificultades son negadas. Según el autor, este tipo de familia corresponde a familias matriarcales. En la «uniformada» hay mayor tendencia a la individuación, pero rige un absolutismo uniformador, que normalmente proviene del padre. Las interacciones son escasas, rígidas, estereotipadas e insatisfactorias, porque son impuestas. No pueden darse las divergencias de opiniones. Los conflictos son proyectados al exterior o reprimidos. Correspondería a una familia de tipo patriarcal. En la relación «aislada», cada miembro funciona de manera independiente de los demás y no se da, en realidad, un verdadero espacio familiar. Las relaciones son superficiales, pero satisfactorias, porque son esporádicas. Las normas y valores familiares prácticamente no existen y los conflictos son inhibidos. Se trataría de un tipo de familia muy presente en la actualidad. En la «integrada», el vínculo y el diálogo permiten afrontar las crisis y los conflictos de modo realista, llegar a acuerdos y fomentar el crecimiento grupal e individual. Predominan la flexibilidad, la contención y la capacidad reflexiva y se combinan con lo afectivo de un modo armónico.

Meltzer y Harris (1983) proponen una compleja y elaborada tipología familiar a partir de la predominancia de las funciones emocionales de tipo «introyectivo» o bien «proyectivo». Las funciones «introyectivas» suponen hacer frente a las ansiedades de un modo adaptativo (sin negarlas, nombrándolas, pensándolas, asumiéndolas y aceptando las propias responsabilidades), mientras que las funciones «proyectivas» representarían justo lo contrario (las ansiedades son vividas y enfrentadas con negación, confusión, mentiras, desesperación, sentimientos paranoides, odio, etc.). Es en esta clase de familia en la que aparece la patología de uno o varios de sus miembros. Los autores creen que existen cinco tipos de familia, en un *continuum* que va de lo más sano a lo más patológico.

5.4.1. Familia de pareja básica

Hay una pareja, con apoyo mutuo y necesidad de intimidad, que se ocupa de los pequeños. Se generan funciones introyectivas (amor, contención de ansiedades, fomento de la esperanza y del pensamiento). Normalmente, en este tipo de familia, la madre soporta las proyecciones de los hijos y el padre contiene a la madre. Fomenta un buen crecimiento (el cual es atentamente medido y controlado) y aporta seguridad. La familia establece relaciones con la comunidad en la que se halla inserta.

5.4.2. Familia matriarcal

Las funciones emocionales introyectivas positivas recaen en una sola persona que representa la figura maternal, ya sea por ausencia o fracaso del otro miembro de la pareja. En este caso, no todas las funciones introyectivas se pueden verificar y alguna de ellas tiende a esfumarse. Hay tendencia a dar responsabilidad a algún hijo para que ejerza funciones emocionales (por ejemplo, la hija mayor ha de hacer funciones de madre con los hermanos). No será fácil que este tipo de familia funcione tan bien como la anterior y, si hay una descompensación de los hijos, la familia no puede contenerla y ha de pedir ayuda a la familia extensa o a la comunidad.

Ejemplo clínico:

Joana es una mujer de 36 años, la mayor de dos hijas de una familia de emigrantes sudamericanos que vinieron a Europa para ganarse la vida en una pequeña empresa de hostelería. Desde muy pequeña tuvo que hacerse cargo de su hermana, mientras los padres organizaban, con poco tino y escaso beneficio, el negocio. Joana no solo tenía que hacerse cargo de la logística propia del cuidado de un menor, sino también de las ansiedades que su hermana pequeña y ella misma vivieron. Los padres delegaron en ella una excesiva responsabilidad, y lo siguen haciendo, hasta el punto de que, a día de hoy, Joana se ve obligada a ayudar a sus padres económicamente y se queja de que, igual que en el pasado, estos siguen siendo inoperantes en todos los sentidos. Joana ha estado a punto de arruinarse y ellos ni siquiera le han reconocido su ayuda. El sentimiento de culpa se une al resentimiento hacia unos padres que, en realidad, nunca han ejercido de adultos.

5.4.3. Familia patriarcal

Predomina la figura paterna, bien porque la madre está incapacitada física o psicológicamente o porque está ausente. Si el paternalismo es suave (esto ocurre cuando el padre posee rasgos maternales bien integrados), esta familia puede funcionar tan correctamente como la de «pareja básica». Por el contrario, si la dominancia paterna es severa, la familia vive bajo el yugo de un sistema feudal, agresivo, tiránico y primitivo. La ternura, el amor y las demás funciones introyectivas (consideradas *debilidades* por el padre) correrán a cargo de abuelos o personas externas a la familia. Dado este ambiente, los hijos tenderán a huir, si pueden, y no será raro que las hijas se casen prematuramente. El equilibrio de este tipo de familia es frágil, porque la disciplina basada en la autoridad es más vulnerable y difícil de mantener que la que se basa en el afecto.

5.4.4. Familia banda

Uno —o ambos progenitores— es portador de identificaciones muy negativas con respecto a su familia de origen. Las pautas y relaciones se basan entonces en la crítica a lo vivido anteriormente, más que en las vivencias y necesidades de los hijos. Las ganas de mejorar el pasado y de sentirse superior implican que se forma a los hijos de acuerdo con las propias expectativas. Desde fuera parece que todo va bien, pero las funciones por lo general se fingen. En lugar de sentimientos amorosos hay seducciones («si haces esto, te recompensaré con aquello»); la alegría maníaca suple a la esperanza, y la ansiedad o los sentimientos depresivos son negados («aquí no hay problemas, somos los mejores»); hay slogans o dogmas en lugar de pensamientos. Este tipo de «familia banda» puede ser patriarcal o matriarcal («titánica» o «amazónica») y adoptar una actitud desafiante o agresiva hacia la comunidad. Puede darse una especie de *folie à deux*[113] en los progenitores que predisponga a los hijos en contra de la sociedad o la escuela, por ejemplo. Si los hijos pretenden huir de este sistema son excluidos o castigados.

5.4.5. Familia en reversión

Como dicen los autores, «una caricatura hostil de la vida en familia puede surgir cuando una o las dos figuras parentales son psicóticas o están dominadas por una sexualidad perversa o por tendencias criminales» (p. 73). Este tipo de familia, considerada la más patológica, presenta una ausencia casi total de las funciones introyectivas y la tendencia al caos es importante. Las creencias estrambóticas, los delirios, la afiliación a sectas, las perversiones sexuales, el vagabundeo o los parasuicidios pueden estar presentes. La escasa habilidad de sus miembros puede condenarlos a la precariedad económica o a la ilegalidad. Pueden mostrarse antisociales, con actitudes desafiantes o predatorias con respecto a los vecinos, la familia extensa o los sistemas de protección social. Los hijos difícilmente se adaptarán a la escuela o podrán participar en la vida comunitaria.

---

113. *Folie à deux*: literalmente «locura compartida por dos». Infrecuente trastorno mental en el que un síntoma psicótico (como un delirio) es transmitido de un individuo a otro. Por extensión, se mencionan también la *folie à trois, folie à quatre* o la *folie à famille*. En su dimensión no psiquiátrica, el concepto puede entenderse como transmisión de actitudes o ideologías radicales o fanatizadas.

5.5. Las interacciones imaginarias

Para concluir este apartado hemos de mencionar a un amplio grupo de analistas que, si bien no han generado tipologías familiares propiamente dichas, han dedicado sus esfuerzos a delimitar la manera en que la subjetividad y la historia vital de los progenitores influyen en el desarrollo, la conducta y la salud mental de sus hijos. En una tradición teórica que inauguraron autores clásicos como Ferenczi o Winnicott, encontramos numerosos trabajos que describen lo que podríamos denominar, siguiendo a Brazelton y Cramer (1990), *las interacciones imaginarias*.

La idea, muy resumida, es la siguiente: en las relaciones entre un bebé y sus progenitores no solo intervienen los aspectos objetivos y observables. También participan, y de un modo muy relevante, la subjetividad de los padres, es decir, las fantasías, los ideales, los temores y toda su historia relacional previa, todo aquello que Stern (1995) denomina «mundo representacional de los padres». Pongamos un ejemplo: imaginemos un bebé que al nacer pesa casi cinco kilos. Objetivamente se trata de un bebé *grande*. ¿Cómo viven esta cuestión objetiva los padres? Podemos suponer varias respuestas posibles: «es grande y sano porque yo me he alimentado mejor que mi propia madre cuando estaba embarazada de mí y por eso de pequeña fui enfermiza y esmirriada», o bien «podrá ser jugador de baloncesto, como me hubiese gustado ser a mí». Sin darse cuenta, todos los progenitores incluyen a sus hijos recién nacidos en un guión imaginario retomado de su vida anterior. Estas aportaciones subjetivas de los padres a la vida y condiciones del bebé son un fenómeno normal y universal. Suelen ser saludables y naturales, pero en algunos casos son excesivas y demasiado poderosas, y alcanzan niveles patológicos que desdibujan la realidad propia del bebé al atribuirle significados a su comportamiento que no son más que traslaciones de figuras, relaciones o vivencias del pasado.

Retornemos de nuevo a nuestro ficticio *bebé grande*. Figurémonos que se muestra como un niño muy llorón. Si las proyecciones de los padres no son desmesuradas, estos podrán captar cuál es el verdadero motivo de sus llantos. Pero si su historia anterior se impone de manera abusiva, atribuirán un significado a la actitud del niño, que puede estar muy alejado de sus vivencias reales. Por ejemplo: aquella madre que pensaba «es grande y sano porque yo me he alimentado mejor que mi propia madre cuando estaba embarazada» podría decirse a sí misma: «llora mucho porque tiene mucha hambre, he de darle más alimento para que no repita las pautas inadecuadas de mi madre que tanto me perjudicaron». Estas proyecciones podrían acabar generando un patrón relacional alterado con respecto a la alimentación, y la madre podría no percibir otros motivos por los cuales su hijo se muestra llorón. La realidad del niño habría quedado «distorsionada» por las vivencias anteriores de la madre.

El asunto no es menor, ya que la fuerza y la índole de las proyecciones de los progenitores determinan en qué medida son capaces de reconocer la individualidad propia del bebé (Brazelton y Cramer, 1990). En la asistencia clínica a los más pequeños todo esto cobra una importancia capital. No siempre es fácil establecer una relación entre los problemas del bebé y la historia de los padres pero, cuando se *descubre* y elabora el argumento o el guión subyacente, los supuestos problemas del bebé suelen mejorar con celeridad.

No han sido pocos los analistas que se han dedicado a describir y tratar estas interacciones imaginarias. Es imposible resumirlas todas en este texto, por lo que nos conformaremos con mencionarlas sucintamente.

A Selma Fraiberg se la recuerda por la introducción de la idea de «fantasmas en la habitación». En su fascinante trabajo (Fraiberg, Adelson y Shapiro, 1975) se decía:

> En cada habitación infantil hay fantasmas. Ellos son los visitantes del pasado olvidado de los padres, los invitados no convidados en el bautizo. Bajo circunstancias favorables los espíritus poco amistosos y espontáneos son desterrados del cuarto de los niños y retornan al lugar subterráneo en el que moran. [...] Pero en otras familias pueden darse problemas más molestos a causa de los intrusos del pasado. Hay, al parecer, ciertos fantasmas transitorios que se instalan en el cuarto de

los niños [...] y ejercen sus travesuras según un orden del día histórico o tópico, que se especializa en áreas tales como la alimentación, el sueño, la educación esfinteriana, o la disciplina, dependiendo de las vulnerabilidades del pasado paternal (pp. 387-388).

Para estos autores, la variable fundamental para que los fantasmas del pasado, siempre presentes, se conviertan en perniciosos no depende tanto de la patología de los padres, sino de que estos se hayan «identificado con el agresor»[114] —o agresores— de su propia infancia. En estos casos, el fantasma (las vivencias del pasado) se interpone entre los padres y los hijos, y la identidad de estos queda desdibujada.

La teoría de la «transmisión intergeneracional» (Levobici, 1993) se ancla en estas ideas. Dicha transmisión puede darse con respecto a traumas y duelos no resueltos experimentados por los padres en su propia infancia (Daurella, 2012; De Paul y Gómez, 2003) u otras circunstancias y vivencias (Crastnopol, 2011; Faimberg, 1988). Por ejemplo, Brazelton y Cramer (1990) describen diversas interacciones imaginarias: el hijo como «reencarnación», «progenitor», «hermano» o «juez».

No obstante, como resulta obvio, no todos los progenitores repiten sus vivencias conflictivas en la relación con sus hijos. De ahí que a los «fantasmas de la habitación» se les puedan oponer los «ángeles de la habitación» (Lieberman, *et al.*, 2005), es decir, una serie de factores de protección que impiden la reactuación directa de un pasado doliente. Estos factores relacionales pueden provenir de los propios padres en forma de afecto o empatía —cuando estos ponen en marcha experiencias buenas vividas en su propia infancia— o de la resultante de duelos bien elaborados, o de un proceso terapéutico, o de la «identificación con el protector», o bien de otros familiares, del entorno, de una ayuda profesional, etc.

Consideración especial merece el trabajo de Manzano, Palacio y Zilkha (1999). Los autores plantean lo que ellos denominan «escenarios narcisistas de la parentalidad».

---

114. Concepto erróneamente atribuido a Anna Freud. Una adecuada revisión histórica demuestra que fue Sándor Ferenczi su creador (Talarn, 2003).

Como ya hemos comentado anteriormente, todos los padres depositan en sus hijos ciertas partes de sí mismos: proyecciones, fantasías, deseos insatisfechos, ansias, etc. Este es un fenómeno corriente que parte del narcisismo saludable que nos acompaña a todos. En estos casos, la realidad del hijo no queda negada por la subjetividad de los progenitores, y estas proyecciones pueden ser superadas e integrarse en un desarrollo armonioso del vínculo entre padres e hijos. Pero hay padres que se relacionan con sus hijos según una «relación de objeto narcisista», es decir, sobre el modelo de su propia persona, de una representación de sí mismos. Así, buscarían y amarían en el hijo *lo que se es, lo que se ha sido, lo que se querría ser*. Estos escenarios narcisistas de la parentalidad son patológicos en la medida en que la realidad no se corresponde con las proyecciones depositadas en el hijo.

A partir de este punto de arranque, Manzano y su equipo van desgranando toda una serie de situaciones relacionales en las que las peculiaridades internas de los padres subyugan la vida de los niños. Por ejemplo, cuando los padres proyectan sobre el niño un objeto parental dañado o idealizado.

Ejemplo clínico:

Una madre trae a la consulta en un servicio de salud mental a su hija Petra, que tiene 13 años. Según explica, «es muy rebelde, no hace caso y, sobre todo, me ataca muchísimo. Apenas me habla, no dice nada, todo lo hace para hacerme daño a mí, todo lo que tiene es contra mí». Petra escucha cabizbaja, con el pelo por encima de la cara, ni siquiera se le ven los ojos. En un momento de la entrevista, la madre explica que ella, a la edad de su hija, era una niña «muy obediente». En ese momento, el clínico considera que es crucial que la madre hable de sí misma. Explica que fue alejada de sus padres para ir a un internado; «lo hicieron por mí bien», asegura. Casi nunca iban a visitarla porque tenían otros hijos de los que ocuparse. De hecho, solo la visitaban cada tres meses. Se le comenta que tal vez se sintió sola, incluso triste o enfadada con sus padres, a lo que responde que ella nunca se pudo enfadar con su madre. Muy alterada, añade: «no tengo derecho a estar dolida, ni enfadada con mi madre». A todo esto, Petra ha levantado la cabeza y, dirigiéndose a su madre, le dice que no sabía nada de su historia. Petra parece conmovida con la narración de su madre. La madre llora en ese momento y su hija le pasa el brazo por encima de los hombros para consolarla. El clínico puede recoger el dolor y el enfado que ella tenía con su propia madre y también su soledad en el internado.

Comentario: la madre de Petra, sin darse cuenta, potenciaba en su hija una mala relación con ella, incluso que se enfrentara a ella, como no había podido permitirse enfrentarse a su propia madre. Era muy necesario recoger el malestar que la madre pudo tener con su propia madre cuando tenía la misma edad que en ese momento tenía Petra. El odio que esta mujer albergó hacia su propia madre fue traspasado a su hija por medio de lo que en psicoanálisis llamados la *identificación proyectiva*. Identificada con su hija cuando la siente mala y rebelde, coloca una parte de sí misma vivida como inaceptable. La hija la representa a ella atacando a su propia madre. Ayudar a que esta mujer tomara contacto con su sufrimiento permitió que la hija pudiera desplegar ternura hacia ella y romper la dinámica destructiva que había entre ambas. La madre vivía los silencios de la chica como ataques cuando en realidad eran su forma de protegerse de la presión que se ejercía sobre ella misma. Después de unas pocas sesiones, la paciente identificada fue la madre, a la que se le indicó psicoterapia individual.

No podemos reseñar al completo la complejidad del planteamiento de evaluación y tratamiento de las dificultades relacionales entre padres e hijos que presentan estos autores. Nos conformaremos con dejar constancia de su presencia y animar al lector interesado a que estudie por su cuenta su obra, un tanto abigarrada en términos teóricos, pero muy clarividente desde el punto de vista práctico.[115]

---

115. Lo mismo nos sucede con muchas otras aportaciones que se han efectuado desde la teoría psicoanalítica, cuya mera recensión abarcaría un texto por separado. Por ejemplo, las «constelaciones maternales» descritas por Stern (1995), las repercusiones de las dinámicas de pareja (Testor, 2006) sobre los hijos, los diferentes tipos de conflictos de la parentalidad en relación con el duelo, descritos por Palacio (2002), y la evolución del «sentido del sí mismo» a partir de los vínculos (Stern, 1985).

Referencias bibliográficas

AJURIAGUERRA, J. (1959) *Manuel de psychiatrie de l'enfant*, París, Masson. (Trad. cast.: *Manual de psiquiatría infantil*, Barcelona, Masson, 1970.)
American Psychiatric Association. (2013) *Diagnostic and statistical manual of mental disorders V*, Washington, APA. (Trad. cast.: *Manual diagnóstico y estadístico de los trastornos mentales*, Barcelona, Masson, 2013.)
ARRANZ, E.; OLIVA, A.; OLABARRIETA, F. y ANTOLÍN, L. (2010) «Análisis comparativo de las nuevas estructuras familiares como contextos potenciadores del desarrollo psicológico infantil», en *Infancia y Aprendizaje, 33*, 503-513.
BALBUENA, F. (2011) «F. Fromm-Reichmann: una vida consagrada al tratamiento de la persona con esquizofrenia», en *Clínica e Investigación Relacional, 5*, 493-505.
BARRÓN, S. (2002) «Familias monoparentales: un ejercicio de clarificación conceptual y sociológica», en *Revista del Ministerio de Trabajo y Asuntos Sociales, 40*, 13-30.
BARUDY, J. y DANTAGNAN, M. (2005) *Los buenos tratos a la infancia. Parentalidad, apego y resilencia*, Barcelona, Gedisa.
BAUMRIND, D. (1966) «Effects of authoritative parental control on child behavior», en *Child Development, 37*, 887-907.
— (1967) «Child care practices anteceding three patterns of preschool behavior», en *Genetic Psychology Monographs, 75*, 43-88.
BIBLARZ, T. J. y STACEY, J. (2010) «How does the gender of parents matter?», en *Journal of Marriage and Family, 72*, 3-22.
BLEGER, J. (1966) *Psicohigiene y psicología institucional*, Buenos Aires, Paidós.
BRAZELTON, T.B. y CRAMER, B.G. (1990) *The earliest relationship. Parents, infants and the drama of early attachment*, Reading, Addison-Wesley. (Trad. cast.: *La relación más temprana. Padres, bebés y el drama del apego inicial*, Barcelona, Paidós, 1993.)
BUSCHGENS, C.J.; VAN AKEN, M.A.; SWINKELS, S.H.; ORMEL, J.; VERHULST, F.C. y BUITELAAR, J.K. (2010) «Externalizing behaviors in preadolescents: familial risk to externalizing behaviors and perceived parenting styles», en *European Child & Adolescent Psychiatry, 19*, 567-575.
CANCRINI, L.; DE GREGORIO, F. y NOCERINO, S. (1997) «Las familias mul-

tiproblemáticas», en M. COLETTI y J. LINARES (comps.) *La intervención sistémica en los servicios sociales ante la familia multiproblemática: La experiencia de Ciutat Vella*, Barcelona, Paidós, pp. 45-82.

CATHCART, T. y KLEIN, D. (2006) *Plato and a platypus walk into a bar. Understandig philosophy through jokes*, Nueva York, Abrams Image. (Trad. cast.: *Platón y un ornitorrinco entran en un bar. La filosofía explicada con humor*, Barcelona, Planeta, 2009.)

CRASTNOPOL, M. (2011) «Oculto a plena vista: El micro-trauma en la dinámica relacional inter-generacional», en *Clínica e Investigación Relacional. Revista Electrónica de Psicoterapia*, 5, 237-260. Disponible en: www.psicoterapiarelacional.es.

DAURELLA, N. (2012) «Trauma y retraumatización. De Ferenczi a Fonagy pasando por la teoría del apego y de la neurociencia», en *Temas de Psicoanálisis, 3*. Disponible en: http://www.temasdepsicoanalisis.org.

DE PAUL, J. y GÓMEZ, E. (2003) «La transmisión intergeneracional del maltrato físico infantil: Estudio de dos generaciones», en *Psicothema*, 15, 452-457.

EGGER, H.L. y ANGOLD, A. (2009) «Classifications of psychopathology in early childhood», en C.H. ZEANA (ed.), *Handbook of infant mental health*, Nueva York, Guilford, pp. 285-300.

FAIMBERG, H. (1988) «The telescoping of generations: Genealogy of certain identifications», en *Contemporary Psychoanalysis*, 24, 99-117.

FERNANDEZ, O. (1973) «Familia y adolescencia», en *Revista de Psicoanálisis*, 30, 1052-1076.

FRAIBERG, S.; ADELSON, E. y SHAPIRO, V. (1975) «Ghosts in the nursery. A psychoanalytic approach to the problems of impaired infant-mother relationships», en *Journal of the American Academy of Child & Adolescent Psychiatry*, 14, 387-421.

FROMM-REICHMANN, F. (1948) «Notes on the development of treatment of schizophrenics by psychoanalytic psychotherapy», en *Psychiatry*, 11, 263-273.

GIDDENS, A. (1999) *Runaway world*, Londres, Profile. (Trad. cast.: *Un mundo desbocado*, Madrid, Taurus, 2000.)

GOLOMBOK, S. (2000) *Parenting. What really counts?* Londres, Routledge. (Trad. cast.: *Modelos de familia: ¿Qué es lo que de verdad cuenta?* Barcelona, Grao, 2006.)

Haycraft, E. y Blissett, J. (2010) «Eating disorder symptoms and parenting styles», en *Appetite, 54*, 221-224.

Hornstein, G.A. (2000) *To redeem one person is to redeem the world: The life of Frieda Fromm-Reichmann*, Nueva York, Other Press. (Trad. cast.: *Salvar a una persona es salvar al mundo. La historia de Frieda Fromm-Reichmann, una mujer que desafió a su época*, Barcelona, Andrés Bello, 2001.)

Janssens, K.A.; Oldehinkel, A.J. y Rosmalen, J.G. (2009) «Parental overprotection predicts the development of functional somatic symptoms in young adolescents», en *The Journal of Pediatrics, 154*, 918-923.

Jarne, A. y Arch, M. (2009) «DSM, salud mental y síndrome de alienación mental», en *Papeles del Psicólogo, 30,* 86-91.

Kesner, J. y Mckenny P. (2001) «Single parenthood and social competence in children of color», en *Families in Society: the Journal of Contemporary Human Services, 82,* 136-144.

Lebovici, S. (1993) «On intergenerational transmission: From filiation to affiliation», en *Infant Mental Health Journal, 14,* 260-272.

Lieberman, A.; Padron, E.; Van Horn, P. y Harris, W.W. (2005) «Angels in the nursery: the intergenerational transmission of benevolent parental influences», en *Infant Mental Health Journal, 26,* 504-520.

Linares, J.L. (2006) *Las formas del abuso. La violencia física y psíquica en la familia y fuera de ella*, Barcelona, Paidós.

— (2007) «Terapia familiar en la psicosis. Un proceso de reconfirmación», en *Redes, 18,* 149-154.

Linares, J.L.; Castelló, N. y Colliles, M. (2001) «La terapia familiar de las psicosis como un proceso de reconfirmación», en *Redes, 8,* 9-29.

Maccoby, E.E. y Martin, J.A. (1983) «Socialization in the context of the family: Parent–child interaction», en P.H. Mussen y E.M. Hetherington (eds.), *Handbook of child psychology: vol. 4. Socialization, personality, and social development*, Nueva York, Wiley, pp. 1-101.

Manzano, J.; Palacio, F. y Zilkha, N. (1999) *Les scénarios narcissiques de la parentalité. Clinique de la consultation thérapeutique*, París, Presses Universitaires de France. (Trad. cast.: *Los escenarios narcisistas de la parentalidad*, Bilbao, Asociación Altxa, 2002.)

Meltzer, D. y Harris, M (1983*) Child, family and the community: A psycho-analytical model of the learning process*, París, OECD. (Trad. cat.:

El paper educatiu de la família. Un model psicoanalític del procés d'aprenentatge, Barcelona, Espaxs, 1989.)

NARDONE, G., GIANNOTTI, E. y ROCCHI, R. (2001) *Modelli di familia*, Milán, Ponte alle Grazzie. (Trad. cast.: *Modelos de familia*. Barcelona, Herder, 2003.)

OBERST, U. y STEWART, A. (2002) *Adlerian psychotherapy: an advanced approach to Individual Psychology*, Londres, Brunner & Routledge.

OBERST, U. (2009) *El trastorn del nen consentit*, Lleida, Pagès.

OLIVA, A. y ARRANZ, E. (2011) *Nuevas familias y bienestar infantil*, Sevilla, Universidad de Sevilla.

ONNIS, L. (2004) *Il tempo sospeso. Anoressia e bulimia tra individuo, famiglia e società*, Milán, Franco Angeli.

PALACIO, F. (2002) *Los niveles del conflicto depresivo. Articulación entre la parte neurótica y psicótica de la personalidad*, Madrid, Infancia y Desarrollo.

PÉREZ TESTOR, C. (2006) *Parejas en conflicto*, Barcelona, Paidós.

— (2008) «Definición de familia: Una visión del Institut Universitari de Salut Mental Vidal i Barraquer», en *La Revu du REDIF, 1*, 9-13.

RAYA, A.F. (2009) *Estudio sobre los estilos educativos parentales y su relación con los trastornos de conducta en la infancia*, Córdoba, Servicio de Publicaciones de la Universidad de Córdoba. Disponible en: http://helvia.uco.es/xmlui/bitstream/handle/10396/2351/abre_fichero.pdf?sequence=1.

READ, J. y GUMLEY, A. (2008) «Can attachment theory help explain the relationship between childhood adversity and psychosis?», en *Attachment: New Directions in Psychotherapy and Relational Psychoanalysis, 2*, 1-35.

REICHARD, S. y TILLMAN, C. (1950) «Patterns of parent-child relationships in schizophrenia», en *Psychiatry, 13*, 247-257.

SÁINZ, F. (2007) «Narcisismo y sociedad. Entre la arrogancia y la carencia», en A. TALARN (comp.), *Globalización y salud mental*, Barcelona, Herder, pp. 417-452.

SERRA, R.; CLAUSTRE, M. y BONILLO, A. (2012) «Síntomas somáticos funcionales en una muestra española: psicopatología y estilos educativos», en *Anales de Pediatría*. Publicación online. Disponible en: http://www.elsevier.es/sites/default/files/elsevier/eop/S1695-4033(12)00423-7.pdf.

STEIN, H.T (2009) *Educating children for cooperation & contribution*, Nueva York, Alfred Adler Institute.

STERN, D.N. (1985) *The interpersonal world of the infant. A view from psychoanalysis and development psychology*, Nueva York, Basic Books. (Trad. cast.: *El mundo interpersonal del infante. Una perspectiva desde el psicoanálisis y la psicología evolutiva*, Barcelona, Paidós, 1991.)
— (1995) *Motherhood constellation: A unified view of parent-infant psychotherapy*, Nueva York, Basic Books. (Trad. cast.: *La constelación maternal*, Barcelona, Paidós, 1997.)
TALARN, A. (2003) *Sándor Ferenczi. El mejor discípulo de Freud*, Madrid, Biblioteca Nueva.
TASKER, F. (2005) «Lesbian mothers, gay fathers, and their children: a review», en *Developmental and Behavioural Pediatrics, 26*, 224-240.
VALDIVIA, C. (2008) «La familia, concepto, cambios y nuevos modelos», en *La Revue du REDIF, 1*, 15-22.
VAN WEL, F. (1992) «A century of families under supervision in the Netherlands», en *British Journal of Social Work, 22*, 147-166.
VISSER, L.; DE WINTER, A.F.; VOLLEBERGH, W.A.; VERHULST, F.C. y REIJNEVELD, S.A. (2012) «The impact of parenting styles on adolescent alcohol use: The TRAILS study», en *European Addiction Research, 19*, 165-172.
WATZLAWICK, P.; BEAVIN. J.H.; HELMICK, A.B. y JACKSON, D.D. (1967) *Pragmatics of human communication: A study of interactional pattern pathologies and paradoxes*, Nueva York, W. W. Norton. (Trad. cast.: *Teoría de la comunicación humana: interacciones, patologías y paradojas*, Barcelona, Herder, 1981.)
World Health Organization (1990) *The ICD-10 Classification of Mental and Behavioural Disorders. Clinical descriptions and diagnostic guidelines*, Ginebra, WHO. (Trad. cast.: *CIE 10. Trastornos mentales y del comportamiento*, Madrid, Meditor, 1992.)
Zero To Three (2005) *Diagnostic classification of mental health and developmental disorders of infancy and early childhood: Revised edition (dc:0-3r)*, Washington, Zero To Three Press.
ZORN, F. (1977) *Mars*, Múnich, Kindler. (Trad. cast.: *Bajo el signo de Marte*, Barcelona, Anagrama, 1992.)

Capítulo 6
Apego inseguro y psicopatología

Como señalamos anteriormente, la teoría del apego comprende: a) una teoría del desarrollo infantil, tanto normal como patológico, b) una teoría de los procesos de internalización y representación mental, y c) una teoría de la psicopatología.

Al entrar en el campo de la psicopatología no hay que olvidar que esta es la resultante de una miríada de variables biopsicosociales que interactúan entre sí de un modo extremadamente fluido, lo que hace imposible aislar una sola como responsable única de las afecciones mentales de cada individuo.

En el presente apartado nos ocuparemos de las consecuencias psicopatológicas del apego inseguro. O, dicho de otro modo, de las secuelas, en lo referente al sufrimiento mental excesivo, de haber experimentado alguno de los diferentes tipos de apego inseguro. Será necesario tener presente que consideraremos, tal como hacía el propio Bowlby, el apego inseguro como un factor en el seno de una *cadena causal*. Es decir, una variable más, que debe ser contemplada teniendo en cuenta los criterios de «equifinalidad», «multifinalidad» y «contextualismo», así como los «factores de protección» que pueden observarse en cada caso.[116] Toda precaución es poca para no caer en el error de efectuar una lectura simplista de las causas del sufrimiento mental excesivo. No puede esperarse, por ejemplo, que a cada tipo de apego inseguro le corresponda una manifestación psicopatológica específica.

La teoría del apego no puede explicar todo el comportamiento humano. Como señala Galán (2010), los senderos de la infancia y

---

116. Véase el capítulo 4.

de la transición hacia la madurez casi nunca son planos y simples. En la infancia y durante el resto del desarrollo humano intervienen multitud de factores. Algunos tienen que ver con la familia de origen y otros no. Según Marrone (2001), Bowlby jamás afirmó que la inseguridad del vínculo fuera siempre y necesariamente causa de psicopatología a lo largo de la vida, si bien señaló que el apego inseguro era un «factor de riesgo». Ya en una fecha tan temprana como 1951, el propio Bowlby (1951) redactó un estudio, encargado por la OMS, en el que demostraba que según cómo fueran los vínculos afectivos, se producían efectos nocivos que tendrían una repercusión psicopatológica. Varias décadas de continua investigación empírica le siguen dando la razón.

Bowlby (1973) también empleó el término «vías evolutivas»[117] para ilustrar la idea de que la salud mental —o su ausencia más o menos prolongada— y la personalidad se conciben como funciones y estructuras que se desarrollan constantemente, en una u otra vía, de entre muchas posibles, a lo largo de toda la vida del sujeto. Desde el punto de partida (nacimiento) en el que todas las vías están más o menos juntas, se dispone de un abanico de opciones potenciales[118] por las cuales se puede transitar. La elección del camino estará determinada por la interacción entre el sujeto y su entorno (Marrone, 2001). El concepto de «elección», no obstante, implica cierta voluntariedad o responsabilidad que, como ya hemos comentado, no nos parece que pueda aplicarse al ámbito de la vida infantil, en la medida en que los menores tienen pocas posibilidades, por no decir ninguna, de decidir sobre su forma de vida y las relaciones que las configuran.

Bowlby concibió su teoría del apego para describir un *proceso* y no un *resultado* (Sroufe, Carlson, Levy y Egeland, 1999). De ahí que de ella se desprendan algunas ideas muy importantes: a) dentro de la normalidad existe mucha variedad; b) los fracasos relacionales en el desarrollo —como los apegos inseguros— representan un aumento de

---

117. *Developmental pathways*, en inglés.
118. Modelo de las «vías férreas que se bifurcan» (*branching railway lines*, en inglés).

probabilidades de sufrir psicopatología; y c) las vías de tránsito del sujeto en crecimiento pueden ser modificadas en función del contexto que lo rodea.

Como señala Ara (2012), las consecuencias del apego inseguro dependen de variables entre las que se deben incluir: a) la edad del niño en el momento en el que se produce la alteración del vínculo; b) la existencia, o no, de figuras reparadoras o compensadoras del vínculo y si estas son, o no, conocidas por el menor, así como su estabilidad; c) la resiliencia de cada niño; d) el motivo de la alteración; y e) la duración de la situación anómala —o de ruptura o desorganización, si la hubiere.

Una vez se han tenido en cuenta estas advertencias, la hipótesis de trabajo para los estudiosos del apego fue, y sigue siendo, la propuesta por Bowlby: el apego inseguro es un «factor de riesgo» que aumenta las posibilidades de sufrir psicopatología[119] (DeKlyen y Greenberg, 2008). Aunque hay dudas sobre si el apego inseguro puede ser fuente de psicopatología por sí mismo (Sroufe, 1990), lo cierto es que, al menos en términos teóricos, es posible que así sea (especialmente en el caso del apego inseguro derivado del maltrato). La mayoría de autores, no obstante, tiende a considerar que sus consecuencias se combinan con otros factores de riesgo concomitantes, como la pobreza, la deficiente escolarización o la psicopatología de los padres.

Sea como sea, los datos empíricos parecen avalar la hipótesis de la toxicidad del apego inseguro. Puesto que revisar todos los trabajos que se han publicado es una tarea prácticamente imposible dada la ingente cantidad de estudios de los que se dispone en la actualidad, nos limitaremos a presentar las ideas más concluyentes que de ellos se desprenden.[120] Nos concentraremos, en especial, en las consecuencias derivadas del estilo «desorganizado/desorientado» (ADD en adelante), a todas luces el más tóxico para el equilibrio

---

119. Lo contrario cae por su propio peso: el apego seguro es un «factor de protección» (Bowlby, 1951; Greenber, 1999).
120. El lector que precise mayor exhaustividad puede consultar Kobak, Cassidy, Lyons-Ruth y Ziv (2006).

psicológico tanto del menor (Van Ijzendoorn *et al.*, 1999) como del futuro adulto (Holmes, 2004).

6.1. Consecuencias del apego inseguro evitativo

Como se recordará del capítulo 2, este tipo de apego genera en el niño unos MOI en los que lo fundamental es *ocultar* la necesidad de contacto con los otros, las ansiedades e incluso los intereses personales. El apego evitativo se configura en la mente del niño de la siguiente forma: «cuando te necesito nunca estás, entonces ya no espero nada de ti, y, por tanto, haré ver que ya no te necesito». El contacto íntimo y afectivo con el otro es fuente de malestar y sufrimiento. La evitación, por tanto, se produce para proteger el propio *self* de los peligros de la interacción afectiva.

La negación de los afectos, o su falsificación, la aparente autonomía de la que se hace gala y la pseudoseguridad en la que se parece vivir conllevarán consecuencias negativas para la salud mental del menor.

Fairbairn (1952) sugiere que si el niño da su amor a su cuidador y este no lo recoge, solo le queda la opción de retirarlo y guardarlo. El niño puede llegar a sentir que no tiene nada bueno que dar, e incluso que el amor puede causar daño. Si esta experiencia es continuada, actúa como un «organizador interno» y a la criatura solo le queda la opción de evitar el contacto de forma «esquizoide» (tipo *miedoso*) o armar un «self narcisista» que la proteja de la dependencia (tipo *rechazante*) (Sáinz, 1999, 2007).

Ejemplo clínico:

Una familia acomodada decide intercambiar, durante un año, a su hijo de 7 años con otro niño de otra familia desconocida —aunque eso sí, con buenas «referencias»— que se encuentra a unos 10 000 km de distancia. La idea es que ambos niños aprendan cuanto antes a espabilarse, además de que dominen un nuevo idioma y conozcan otras culturas. Para ello, deciden que no visitarán a los niños en todo el año, si bien estarán en contacto con ellos vía *skype*. Los padres insisten en que en este mundo competitivo «hace falta triunfar» y, cuando se les menciona las necesidades afectivas que los niños puedan tener, responden que «hay que aprender a superarlas» porque estas se interponen en el rendimiento y en los logros.

Comentario: resulta, cuanto menos, sorprendente que, tratándose de niños de 7 años, los padres de ambas familias organicen una estancia tan prolongada en el extranjero y se conformen con mantener contactos solo a través de medios electrónicos durante todo un año. Este tipo de situaciones solo se pueden dar cuando se produce una sobrevaloración de lo material por encima de lo emocional. Esto nos lleva a la idea de que el «vínculo evitativo» puede tomar la forma de una «hipersociabilidad hipervalorada», una gran capacidad para establecer muchas relaciones con sorprendente habilidad social, pero a la vez evitar la intimidad, el compromiso emocional y, por tanto, el vínculo afectivo. Las personas que tienen este funcionamiento podríamos denominarlas *filobáticas* en el sentido que le da Balint (1968). Para este autor, el ser humano tiene una tendencia natural a la relación íntima con otra persona (ocnofilia) y otra tendencia a buscar experiencias sin ataduras y sin condicionamientos (filobatismo). Uno de nosotros (Sáinz, 2007) considera que una parte de nuestra sociedad actual fomenta el filobatismo, entendido como una forma de relacionarse ampliamente con los demás, pero sin establecer vínculos y, por tanto, sin hacer duelos.

Puesto que se calcula que aproximadamente este tipo de apego está presente en un 20 por ciento de los niños (Oliva, 2004), vale la pena tener muy presentes estas posibles consecuencias, ya que en el plano social pueden representar una carga de sufrimiento muy significativa.

Aunque en el ámbito académico pueden ser niños brillantes y de buen rendimiento, su socialización está dificultada tanto con los mayores como con sus pares. Sencillamente no confían en los demás y se alejan de los otros, en un proceso de evitación social.

Relaciones, vivencias y psicopatología

No suelen mostrar conductas de hostilidad francas y abiertas pero, a pesar de que pueden relacionarse con todos, la intimidad brillará por su ausencia. Greenberg (1999) señala que pueden darse «actitudes psicopáticas» como mentiras, *bullying* o falta de empatía hacia los otros, especialmente en los varones.

Por otra parte, su autoestima está minada, ya que su experiencia emocional —falta de apoyo, sentirse rechazado, escaso contacto físico, poca sintonía, etc.— les hace sentir como seres poco valiosos a sus propios ojos.

En la adolescencia, cuando el individuo ha de hacer frente a nuevas emociones, no resultará extraño que llegue a alejarse de las mismas a través de procesos «disociativos», que pueden convertirse en crónicos. En algunos casos, pueden observarse «rasgos obsesivos» como otra forma de control de las emociones, o conductas un tanto antisociales —falta de higiene, vestimenta muy atípica— como forma de mantenerse apartado de los demás (Barudy y Dantagnan, 2005). Se han descrito también reacciones hipocondríacas —como una forma de obtener apoyo— o incluso tendencias suicidas —en un desesperado deseo de reencuentro con una figura perdida (Sroufe, Carlson, Levy y Egeland, 1999). El estudio de González y su equipo (González *et al.*, 2010) halló rasgos de depresión, ansiedad, fobia, ideación paranoide y otras características problemáticas en un grupo, no clínico, de adolescentes.

El estilo de apego adulto[121] de los individuos que han experimentado el apego evitativo difícilmente será un apego del tipo *seguro, autónomo, libre*. Más bien sus relaciones estarán marcadas por los estilos de apego llamados «preocupado» (con ansiedad, rabia, celos, dificultades para mantener relaciones estables) o «distante» (con frialdad, desactivación emocional y evitación de la intimidad). De hecho, se han descrito dos actitudes hacia las relaciones interpersonales que serían consecuencia de la crianza en este estilo de apego. Por una parte, el estilo «miedoso», caracterizado por un modelo negativo de uno mismo y de los demás, y, por la otra, el llamado estilo *rechazante*

---

121. Véase capítulo 2.

que implicaría una visión positiva de uno mismo, pero negativa de los demás (Griffin y Bartholomew, 1994), algo que, sin duda, nos recuerda a ciertas actitudes narcisistas.

A nivel psicosomático, algunos trabajos vinculan este estilo de apego con condiciones alteradas de salud, como dolores de cabeza, de espalda, artritis y úlcera (McWilliams y Jeffrey, 2010), así como una mayor reactividad ante el estrés con ciertas modificaciones de la respuesta cardíaca (Kotler, *et al.*, 1994). También se han descrito alteraciones de la regulación autonómica (Maunder *et al.*, 2006) y la respuesta inmunitaria (Picardi *et al.*, 2007).

Maunder y Hunter (2001) trazan, en un sugestivo modelo, tres mecanismos a través de los cuales el apego inseguro, en general, podría relacionarse con la mala salud. En primer lugar, la inseguridad del apego implicaría una mayor susceptibilidad al estrés (mayor tendencia a sentir estrés y a responder al mismo de modo extremo). En segundo lugar, el apego inseguro fomentaría respuestas reguladoras de los afectos de tipo «externalizante», como el consumo de drogas, con sus consecuencias sanitarias añadidas. Por último, aquellos que han vivido bajo la égida de este tipo de apego serían menos proclives y menos eficaces a la hora de buscar ayuda médica o psicosocial, puesto que su confianza en los otros estaría socavada.

Algunos trabajos vinculan este estilo de apego con alteraciones de personalidad adulta. En concreto, con los trastornos evitativo, paranoide y esquizotípico de la personalidad (Fossati *et al.*, 2003; Nakash-Eisikovits, Dutra y Westen, 2002).

6.2. Consecuencias del apego inseguro ansioso-ambivalente (o resistente)

Teniendo en cuenta que en el niño[122] sometido a un apego de este tipo prima la ansiedad sobre la consistencia, predictibilidad y segu-

---

122. La mayoría de estudios señalan la presencia de este tipo de apego entre un 10 y 15 por ciento de los niños (Oliva, 2004).

ridad del vínculo, no será de extrañar que puedan observarse conductas —aparentemente disruptivas pero, en realidad, cargadas de sentido— destinadas a llamar la atención de aquellos que necesita. Ya se trate de actitudes agresivas y provocativas, o bien de conductas muy dependientes, o incluso seductoras, la cuestión es obtener intimidad y apaciguar la sensación de abandono.

En la escuela les costará concentrarse y serán muy dependientes del profesorado, y obtendrán, por lo regular, bajos rendimientos académicos (Egeland y Carlson, 2004). Si la ansiedad es muy elevada, pueden observarse impulsividad, hiperactividad y/o falta de atención.

A nivel social, o bien buscarán la aprobación de los otros, o mostrarán conductas de celos y rivalidad. Suelen darse trastornos de ansiedad social: la «fobia social» o el «trastorno de la personalidad por evitación» se han vinculado con este estilo de apego en adolescentes (Brown y Wright, 2003; Eng *et al.*, 2001). Algunos estudios destacan la «ideación paranoide» en este tipo de apego (González, *et al.*, 2010), pero probablemente esta deba interpretarse más como efecto de la ansiedad social que como sentimientos propiamente persecutorios, más propios de lo auténticamente paranoide.

En particular, resulta relevante la asociación entre el apego ansioso y los trastornos de ansiedad. Un potente estudio, muy cuidadoso en cuanto a las variables asociadas, mostró con claridad esta relación (Warren *et al.*, 1997).

También se ha vinculado el apego ansioso con la *depresión*, en especial en las mujeres (Cole-Detke y Kobak, 1996; Reis y Grenyer, 2004; West *et al.*, 1998).

Tampoco este estilo de apego infantil conducirá con facilidad a un apego adulto saludable y fluido. Lo más natural resultará desembocar en un estilo «preocupado/temeroso», formas de relación en las cuales la ansiedad, el temor al rechazo, la dependencia y los deseos de aprobación marcan los vínculos afectivos más importantes del adulto.

Todas estas circunstancias pueden conllevar, como es lógico, repercusiones somáticas y generar un mayor número de *quejas* por mala salud o sensaciones de malestar (McWilliams y Jeffrey, 2010;

Lewis *et al.*, 1994). Las alteraciones a nivel de la «activación del eje HHA» tampoco les son ajenas (Spangler y Schieche, 1998). Por ejemplo, algunos adolescentes que han mostrado este patrón de apego experimentan un aumento de la presión arterial ante las interacciones sociales (Gallo y Matthews, 2006).

6.3. Consecuencias del apego inseguro desorganizado/desorientado

Como el lector recordará, este tipo de apego se produce en situaciones muy difíciles, con padres incompetentes o muy patológicos, que asustan a sus hijos con conductas violentas, impredecibles y desconcertantes. Malos tratos, abusos, amenazas, violencia física y/o verbal y demás atropellos (Carlson *et al.*, 1989) convierten a los niños en seres angustiados frente aquellos de los que dependen. No será de extrañar, entonces, que las defensas del niño se colapsen y este sienta que no puede hacer nada para lograr cierta calma. Aparecen, entonces, formas de conducta de apego muy llamativas, ya que el pequeño vive en una situación de imprevisibilidad casi absoluta. Aunque el niño lo intenta, poco puede hacer para reducir su angustia, a diferencia de los dos tipos de apego que acabamos de estudiar.

Los niños que viven con este ADD entran, en repetidas ocasiones, en una especie de círculo vicioso del que les resulta muy difícil escapar: emplean estrategias para reclamar atención que son vistas por los demás como inadecuadas o perturbadoras, con la triste consecuencia de obtener nuevos rechazos. La posibilidad de encontrar figuras compensatorias y vínculos más positivos se desvanece una y otra vez, lo que mina su autoestima y aumenta las posibilidades de presentar una posterior psicopatología.

Por fortuna, es el menos prevalente de los estilos de apego, ya que se da entre un 5 y un 10 por ciento de los casos (Oliva, 2004). Aun así, nos parece muy relevante su estudio con cierto detalle, dada la gravedad de sus consecuencias.

6.3.1. Variantes del apego inseguro desorganizado/desorientado

Dentro del este tipo de apego se han descrito numerosas variantes conductuales, tanto de los padres (Lecannelier *et al.*, 2011), como de los niños (Teti, 1999; Zeanah, 1996). En lo que respecta a los niños, estas tipologías de respuesta son, en realidad, reacciones a la inseguridad y, aunque puedan considerarse trastornos psicopatológicos, cabe recordar e insistir que se trata de una reacción[123] a una situación anómala y altamente estresante y no de una particularidad exclusiva del menor. Abundando en esta idea, diríamos que es el sistema familiar el que está *enfermo* y no el niño. O, dicho de otro modo, que *es el sistema familiar el que enferma al niño*.

Cassidy y Marvel (1992), que desarrollaron su propio método de evaluación del apego basándose en las ideas de Ainsworth y en sus propios trabajos anteriores (Main y Cassidy, 1988), concluyeron que dentro del ADD pueden observarse dos estilos de respuesta diferentes:[124]

6.3.1.1. Apego punitivo agresivo

Se trata de niños que responden a su sensación de abandono emocional e impotencia con rabia y cólera. Para controlar la situación se muestran violentos y, a su vez, abusadores. Barudy y Dantagnan (2005) relatan otras conductas de «estilo psicopático», como mentiras, robo, falta de empatía, crueldad, coacción, etc. Asimismo, se describen sentimientos de grandiosidad, oposicionismo,[125] escaso contacto visual, pocas relaciones con los pares, autolesiones y trastornos de la sexualidad y la alimentación. El siguiente caso ilustra este tipo de apego:

---

123. Al menos al principio, si bien más adelante se puede convertir en algo más *estructural* del sujeto.
124. Llamados también «apego controlador».
125. Se ha vinculado el «trastorno negativista desafiante» con este estilo de apego (Main y Cassidy, 1988).

José, de 4 años, ha vivido siempre en un hogar muy poco adecuado. Es hijo único de un matrimonio desavenido, en el que ambos progenitores son alcohólicos. El padre ha maltratado de forma continua a la madre, tanto física como verbalmente. La madre, a su vez, proyecta su dolor hacia el hijo, descargando su rabia contra él, ya sea porque el niño protesta, o tan solo la reclama, y ella no se siente en condiciones de atenderlo. El pequeño José tiene miedo, mucho miedo, tanto si le pide a su madre que juegue con él como si no se lo pide, ya que todas las situaciones pueden desembocar en enfado. Por norma habitual, ella lo regaña, le pega y lo ignora. En algunos momentos puntuales, después de la agresión injustificada, se puede aproximar a él y recordarle que lo quiere, lo que desconcierta todavía más, si cabe, a su hijo.

El niño en la escuela no tiene amigos. Está solo en el patio, juega y colecciona piedras en sus bolsillos y prácticamente no se relaciona ni con los adultos ni con sus iguales. Dentro del aula se muestra ausente y por lo general pasivo. Pero de vez en cuando, y de manera imprevisible, según relata su maestra, muestra una extrema agresividad hacia otros niños: ha intentado clavarles un lápiz en la cara, les tira del pelo o los empuja con todas sus fuerzas. Cuando la maestra lo reprende o sanciona, José se ríe de manera descontrolada y desconectada, pero después se araña la piel de la cara y los brazos.

6.3.1.2. *Apego cuidador compulsivo (o con inversión de roles)*

Se trata de niños «parentalizados», que se pueden hacer cargo de las tareas domésticas, del cuidado de los hermanos o de los propios padres. Suelen darse en familias trianguladoras (Byng-Hall, 2002), y conlleva graves consecuencias para la vida de los futuros adultos como, por ejemplo, severos problemas depresivos.

Por su parte, Crittenden y DiLalla (1988) describieron el «estilo complaciente compulsivo». Se trata de niños muy sacrificados en todo lo personal —amistades, ocio, autocuidados, escolaridad, etc.— que tratan de complacer, más que de cuidar o proteger, como en el caso anterior, a los padres. Muestran un elevado grado de ansiedad, inhibición de sus verdaderos sentimientos y miedo, acompañado de la lógica hipervigilancia hacia los progenitores, especialmente en el caso de las niñas, hijas de varones abusadores y violentos.

Como puede observarse, estamos describiendo niños que no solamente viven situaciones de riesgo a causa de sufrir un ADD sino que, en realidad, ya están trastornados por él. Esta constatación llevó a que el DSM-III (APA, 1980) describiera, por primera vez, el «trastorno reactivo de la vinculación de la infancia o la niñez»,[126] equivalente al «trastorno de vinculación de la infancia reactivo», incluido por la OMS, en su Clasificación Internacional de Enfermedades (OMS, 1990).[127]

Con todo esto en mente, sigue siendo muy importante volver a insistir en las variables de la psicopatología descritas en el capítulo 4 («equifinalidad», «multifactorialidad», «contextualismo», etc.) y, por tanto, subrayar que no todos los niños que han vivido en estas condiciones desarrollan los trastornos que aquí comentamos. De hecho, hay trabajos que afirman que tan solo una minoría de los niños que han sido tratados con negligencia, víctimas de abusos o institucionalizados desarrollan este tipo de conductas (Boris *et al.*, 2004; Smyke, Dumitrescu y Zeanah, 2002; Zeanah *et al.*, 2004). Es posible que así sea. Sin embargo, tampoco parece muy factible que estas dolorosas vivencias «salgan gratis», por así decirlo. La experiencia clínica y otros estudios que citaremos muestran que estas condiciones son *tóxicas* y que suelen dejar secuelas de un tipo u otro en aquellas personas que las sufren.

Este tipo de apego se observa en niños menores de 5 años cuya interacción social está marcadamente alterada. Tanto el DSM como la CIE señalan que hay dos tipos de presentaciones: el «tipo inhibido» y el «tipo desinhibido». En el primero, el niño muestra una incapacidad persistente para iniciar la mayor parte de las relaciones sociales y responder a las mismas de modo inadecuado a su nivel de desarrollo. En el segundo, lo que se observa es que el niño exhibe una sociabilidad indiscriminada o una ausencia de selectividad en

---

126. *Reactive attachment disorder*, en inglés.
127. Véase Zeanah y Gleason (2010) para lo referido a la revisión y novedades del DSM-V

la elección de figuras de vinculación, en términos populares: *el niño se va con cualquiera.*

El «tipo inhibido» es un niño hipervigilante y muy pasivo, con poco interés por el juego y la exploración. Aunque no se trata de autistas, pueden mostrar balanceo estereotipado *(body rocking)* cuando son muy pequeños, o ante situaciones estresantes. Poco habladores, rara vez sonríen. La relación con los iguales, aunque deseada, es muy pobre y frecuentemente alterada por reacciones negativas o agresivas del niño. Expresan sensaciones de temor y preocupación inconsolables. Son frecuentes las auto y heteroagresiones, la tristeza y, en algunos casos, un retraso del crecimiento, condición de la que hablaremos más adelante.

El «tipo desinhibido» presenta un afecto confuso y poco criterio de elección frente a los extraños. Aunque pueden abrazarse a cualquiera, no parecen angustiados ante la partida de un ser conocido. A los 2 años, aproximadamente, manifiesta una conducta pegajosa y un comportamiento persistente y disperso de vinculación no selectiva. A los 4 años, destaca la búsqueda de atención y un comportamiento cariñoso indiscriminado.

Lieberman y Pawl (1988, 1990) describen el subtipo «de autorriesgo», niños imprudentes, con escasa percepción del peligro o el riesgo y, por tanto, con gran propensión a sufrir accidentes.

6.3.2. Apego inseguro desorganizado/desorientado y su relación con las alteraciones psicológicas

Otra forma de revisar las consecuencias de este tipo de apego es observando su correlación, más o menos etiológica, como *factor de riesgo* en las diferentes alteraciones psicológicas o los cuadros psicopatológicos con los que la bibliografía científica suele asociarlo. Como ya hemos advertido, no se encontrará especificidad, pero en algunos casos, como el del «trastorno límite de la personalidad», esta no queda lejos.

6.3.2.1. *Apego desorganizado y respuesta psicosomática*

Que el ADD se acompaña de unos correlatos psicofisiológicos alterados está fuera de toda duda (Luijk *et al.*, 2010; Spangler y Grossmann, 1999). Ara (2012) señala que en los niños muy pequeños, de 0 a 6 años, la respuesta psicosomática a este tipo de apego es muy notable, dada la escasa capacidad de mentalización propia de estas edades. La autora indica que el malestar y la rabia que se producen ante la carencia afectiva no se pueden elaborar ni expulsar hacia el exterior, por lo que acaban convirtiéndose en una agresión al propio cuerpo. Otra posible explicación a esta elevada reactividad psicosomática, quizás complementaria a la anterior, sugiere que este tipo de carencias implican una activación alterada del eje HHA, con todas las consecuencias somáticas que ello implica (Maunder y Hunter, 2001). De hecho, también los animales de corta edad muestran graves alteraciones en su fisiología (Kraemer, 1992) o, incluso, su anatomía cerebral (Floeter y Greenough, 1979) si se les provocan distorsiones en los vínculos primigenios con sus madres.

En todo caso, se suelen observar en estos niños alteraciones como dermatitis atópica, asma, vulnerabilidad a las infecciones y alteraciones gastrointestinales y rinofaríngeas. La masturbación o la ingesta de alimentos compulsiva, así como el mencionado balanceo, o chuparse el dedo de modo impenitente, podrían ser sustitutos de lo que en realidad debería de hacer la figura de apego, esto es, mecer, acunar, acariciar, en definitiva, el «rebozado libidinal» del cuerpo (Ara, 2012).

Especial mención merecen las «alteraciones del crecimiento»[128] (AC en adelante), de las que no se habla demasiado pero que poseen un prevalencia nada desdeñable. Aunque no existe una única definición para las AC, se entiende que estas se dan cuando el niño está muy por debajo del desarrollo previsto para su edad —según las tablas antropométricas—, posee menos peso del esperado y muestra una desaceleración del crecimiento. En la etiología multifactorial

---

128. *Failure to thrive,* en inglés.

de las AC, se considera que intervienen variables constitucionales, nutricionales, sociales y otras. Pero no son pocos los expertos que también las relacionan con las variables emocionales y el patrón de apego experimentado por el menor (Ward, Kessler y Altman, 1993). Si bien, como es lógico, no es posible establecer una relación *causal* entre el ADD y las AC, algunos autores sí lo han hecho, aunque con los matices pertinentes (Bentoit Coolbear, 2004).

Tampoco sería de extrañar que en ciertas familias, como las «caóticas» o en «reversión», en las que abunda la negligencia y el ADD es su triste resultado, se diesen casos de niños con AC. De hecho, en los trabajos pioneros de Spitz ya se efectuaba una descripción de estas AC, en lo que el autor bautizó como «depresión anaclítica» y otras condiciones carenciales de los niños (Spitz, 1946; 1965).

En los adolescentes pueden observarse temores hipocondríacos, trastornos de la alimentación (Ward, Ramsay y Treasure, 2000; Zachrisson y Skårderud, 2012) y rechazo al cuerpo sexuado y a la sexualidad (Ara, 2012).

6.3.2.2. *Apego desorganizado y alteraciones de la afectividad*

El ADD, sobre todo si es prolongado y no revertido por algún factor de protección, conlleva consecuencias muy graves para la estabilidad afectiva del sujeto. Se debe tener en cuenta que las experiencias tempranas pueden resultar más poderosas que las posteriores, ya que son las primeras las que ofrecen el marco interpretativo y los MOI con respecto a las segundas.

Ara (2012) señala que este tipo de apego puede conllevar un sentimiento de desafectivización que implica desapego hacia las personas y un interés excesivo hacia los objetos. En casos graves, con escasa comunicación y dificultades de adaptación a los cambios, se entraría en el reino de los «trastornos del espectro autista». La bibliografía científica, sin embargo, no confirma del todo este extremo. De hecho, el autismo no es incompatible con el apego seguro y, aunque hay una discusión abierta sobre este tópico, no se puede afirmar en la actualidad que el apego inseguro, incluido el

ADD, se correlacione claramente con el *autismo*. El trabajo más completo sobre este tema muestra que hay apego seguro entre el 40 y el 63 por ciento de los niños con trastornos del espectro autista (Rutgers, *et al.*, 2004), un porcentaje menor que en los niños control, pero aun así muy significativo. Un reciente estudio no halló relaciones evidentes entre el ADD y el autismo (Bohlin *et al.*, 2012), confirmando otros trabajos previos (Rogers, Ozonoff y Maslin-Cole, 1991; Shapiro *et al.*, 1987). Naturalmente, no faltan trabajos que sí vinculan el ADD con el autismo, especialmente si este es grave (Naber *et al.*, 2007; Rutgers, *et al.*, 2004), pero sus resultados no son tan concluyentes como cabría esperar, teniendo en cuenta las condiciones en las que se produce este tipo de apego. Ante esta situación, se debe recordar que estos estudios emplean procedimientos muy heterogéneos tanto en la composición de las muestras, los criterios diagnósticos, la medida del apego y demás variables, y esto dificulta enormemente su validez.

Donde sí parece darse un consenso sólido es en los datos que existen con respecto a la relación entre el ADD y la *depresión*. Como es sabido, la depresión, como tal, no suele diagnosticarse en la infancia, ya que aparece disfrazada bajo síntomas como la fobia escolar, las somatizaciones, la poca vitalidad en el juego, el insomnio, la enuresis, la hiperactividad o la ansiedad de separación. Es en la adolescencia cuando la depresión se presenta más claramente, y por ello hallamos estudios que la correlacionan con los apegos inseguros (Cummings y Cicchetti, 1990). Aunque no hay muchos estudios que vinculen específicamente la depresión y los otros trastornos del estado de ánimo con el ADD, esta relación sí aparece en dos importantes trabajos (Carlson, 1998; Goodman, Stroh y Valdez, 2012).

No resulta extraño que así sea, puesto que la disponibilidad emocional de la madre para con el niño pequeño es un factor de primer orden en su desarrollo emocional, incluido el afectivo, y la depresión es tan solo una de las consecuencias de la falta del mismo (Easterbrooks, Bureau y Lyons-Ruth, 2012).

Por otra parte, ya hay quien se atreve, temerariamente a nuestro juicio, a diagnosticar trastorno bipolar en la infancia y relacionarlo con el ADD (Alston, 2000).

Ara (2012), al hablar de los problemas afectivos de los adolescentes que han vivido un ADD, señala que estos sienten la inminencia de la adultez con pocos elementos de esperanza con los que identificarse. Bajo el temple del sentimiento generalizado de un *no poder*, será fácil que aparezcan emociones depresivas como desánimo, autoacusaciones, ideación y actos suicidas.

6.3.2.3. *Apego desorganizado y distorsiones cognitivas y/o del aprendizaje*

¿Puede un niño que vive en un ADD organizar su actividad intelectual y su aprendizaje del mismo modo que cualquier otro niño? No parece fácil, y la respuesta más obvia es confirmada por los estudios que se la han planteado científicamente: no.

El niño que vive en las condiciones que se asocian a un ADD difícilmente recibirá soporte a sus necesidades cognitivas (véase el capítulo 2), ni hallará la calma y el sosiego necesarios para que sus procesos de desarrollo intelectual y aprendizaje cursen con naturalidad.

El aprendizaje es un proceso que no se basa solo en el intelecto. Gran parte de lo que se aprende proviene del exterior de uno mismo, es decir, de los otros. Aprender es, por tanto, también un «proceso relacional» (Salzberger-Wittenberg, Henry y Osborne, 1983). Por ello, el estilo de apego influye en la adquisición de las habilidades cognitivas y, en la actualidad, tenemos la certeza de que los estilos inseguros, en general, no facilitan dicha adquisición (O'Connor y McCartney, 2007), mientras que el apego seguro sí lo hace (Ruiter y van Ijzendoorn, 1993).

Como ya vimos en el capítulo 3, el cerebro humano y su funcionalidad *dependen del entorno y del uso*. En los niños que padecen un ADD ambos están alterados. Por esta razón, Egeland y Sroufe (1981) encontraron en bebés de madres poco accesibles psicológicamente un bajo nivel de desarrollo cognitivo.

Todos sabemos por propia experiencia que es una tarea imposible aprender, atender, pensar, memorizar, curiosear, hablar y ejecutar otras actividades cognitivas en condiciones de estrés muy elevadas.

Relaciones, vivencias y psicopatología

Y en los vínculos de estos niños el estrés abunda. Este estrés en las vinculaciones primarias interfiere en sus actitudes hacia todos los demás,[129] de modo que cuando estos niños se relacionan con sus maestros, por ejemplo, las cosas no siempre van como sería deseable (Kennedy y Kennedy, 2004) y su rendimiento escolar no es bueno (Geddes, 2006).

Investigaciones preliminares mostraron que los niños con ADD obtenían malos resultados en tareas de «razonamiento deductivo» (Jacobsen, Edelstein y Hofmann, 1994; Jacobsen y Hofmann, 1997). Moss, St. Laurent y Parent (1999) se plantearon un riguroso estudio en el que observaron si el apego inseguro a la edad de 6 años predecía de dificultades escolares al alcanzar los 8. Concretamente, en su muestra de 58 niños había 11 con ADD. Los datos obtenidos no dejan lugar a dudas: el ADD es, de todos los apegos inseguros, el que conlleva mayores dificultades escolares y de aprendizaje. La escasa ayuda que los padres ofrecen a sus hijos, la baja autoestima y motivación que, en consecuencia, poseen estos pequeños y las conductas disruptivas que muestran impiden el adecuado desarrollo de su potencial cognitivo.

En muchos niños con ADD se dan severas rupturas o discontinuidades en sus vínculos. Esto puede conllevar una alteración en el flujo temporal y la continuidad narrativa que distorsione el funcionamiento normal de la memoria. El aprendizaje se convierte, entonces, en una serie de ocurrencias aisladas en lugar de ser un conocimiento integrado en un *continuum* coherente (Geddes, 2006).

A su vez, el ADD se ha vinculado con ciertos casos de trastorno por déficit de atención con o sin hiperactividad (Ara, 2012; Franc, Maury y Purper-Ouakil, 2009; Ladnier y Massanari, 2000).

6.3.2.4. *Apego desorganizado infantil y apego adulto*

Cabe plantearse cómo se vinculará emocionalmente un adulto que de niño ha vivido con un ADD. Sus amistades, amoríos, relaciones

---

129. Recuérdese lo explicado con respecto a los MOI.

estables de pareja y demás ¿se verán alteradas por las vivencias de su pasado? Para nosotros la respuesta es indiscutible: sin duda. El pasado relacional siempre se hace presente en las relaciones importantes de todo ser humano; pero esta presencia será tanto más contundente e impactante cuanto más lo hayan sido las vivencias del pasado. Por explicarlo con palabras más sencillas: de una historia relacional infantil más o menos *anodina* —en el sentido de que no se han vivido grandes catástrofes, ni excepcionales bonanzas— se puede esperar una considerable opcionalidad relacional futura. Digamos que este niño, que ha crecido con un entorno *suficientemente bueno* —que no ideal— tiene a su disposición ciertas posibilidades de elección cuando alcanza la adolescencia y la madurez, en lo que respecta al modo de relacionarse con sus semejantes más queridos o deseados. No está demasiado *marcado*, por emplear una expresión gráfica. Por el contrario, el niño que ha vivido una infancia excepcionalmente negativa —con todo aquello que suele darse en niños con ADD: abusos, malos tratos, abandonos— poseerá unos MOI que difícilmente le harán sentir libre para amar y ser amado cuando sea mayor. Estará más *marcado* por su pasado, por seguir con la analogía anterior: más condicionado.

La idea, entonces, tal como se apuntaba en el capítulo 2, es que los niños que han vivido con un ADD tendrán más posibilidades de ser adultos con apegos inseguros en sus relaciones personales. Es decir, que habrá cierta «continuidad» en el estilo de apego inseguro. No obstante, nada está determinado de modo fijo y la posibilidad de cambio siempre puede estar presente. Caben otras opciones, como la de haber experimentado un apego inseguro en la infancia, incluso un ADD, y mostrar uno seguro en la vida adulta. Estamos hablando de lo que técnicamente se conoce como el problema de la «continuidad/discontinuidad del apego» (Weinfeld, Sroufe y Egeland, 2000).

Hay muchos estudios que analizan la estabilidad del apego en las fases sucesivas de la vida —de la primera infancia a la edad escolar, de la escuela a la adolescencia, de la adolescencia a la adultez y durante la vida adulta (McConnell y Moss, 2011)—, pero no son tantos los que la han estudiado a lo largo de toda la vida.

En uno de los trabajos más importantes, los investigadores (Waters, *et al.*, 2000) evaluaron el estilo de apego de 60 niños mediante la prueba de la «situación extraña» de Ainsworth. Veinte años después, evaluaron su estilo de apego adulto, mediante pruebas estandarizadas. Observaron continuidad en el estilo de apego en el 72 por ciento de los casos. Por desgracia, no pudieron evaluar la continuidad del ADD, ya que cuando efectuaron las evaluaciones de los niños, este aún no estaba descrito.[130] Llegaron a la conclusión de que el apego seguro en la infancia es una buena base para disponer de un apego seguro en la adultez. Sus datos concuerdan con los de Hamilton (2000), que halló un 77 por ciento de estabilidad entre la infancia y la adolescencia.

Pero un estudio más reciente ha desbaratado estas conclusiones (Aikens, Howes y Hamilton, 2009). En esta investigación solo el 25 por ciento de los participantes mostraron idéntico estilo de apego cuando fueron examinados con 1, 4 y 16 años. Es más, el 62 por ciento fue clasificado como apego seguro en la infancia, pero solo el 30 por ciento lo fue en la adolescencia. Los autores se explican estos cambios como consecuencia de los eventos negativos sufridos a lo largo de la vida, como, por ejemplo, el divorcio de los padres, la muerte de un familiar, malas relaciones en la escuela o con los pares adolescentes.

Como se ve, los resultados no son concluyentes y, además, no se dispone de datos sobre la estabilidad del ADD, que es el tema que aquí nos ocupa. No es de extrañar, dada la dificultad de estos estudios longitudinales y las diferentes medidas que se emplean para evaluar el apego en la infancia y en el resto de las edades de la vida.

Una visión de conjunto, no obstante, apunta a cierta estabilidad en los patrones de apego seguro, excepto en aquellas personas que se incluyen en muestras con mayores factores de riesgo o que han sufrido acontecimientos vitales negativos a lo largo de su vida (McConnell y Moss, 2011). Tal como dijo Bowlby, el apego es un proceso y no un resultado y, como todo proceso, puede verse modificado por ciertas circunstancias.

---

130. Fue presentado por Main y Solomon (1986).

Apego inseguro y psicopatología

Las circunstancias en las que vive un niño con ADD son adversas, pero pueden cambiar. Si hay suerte, mejorarán las condiciones de vida del niño, ya sea porque sus padres han recibido ayuda y la vida familiar gana en calidad emocional, o bien por otros condicionantes. Si no la hay, la vida del niño continuará del mismo modo, o empeorará, en la medida en que la cronicidad de las malas condiciones es, de por sí, un agravante. No está escrito que un niño con ADD no pueda ser un adulto con un apego seguro y autónomo pero, sin duda, necesitará ayudas y mejoras en sus circunstancias vitales para poder efectuar este cambio en su patrón relacional. Si estas ayudas no se dan, su vida relacional correrá un notable riesgo de transcurrir con estilos de apego inseguros, esto es, «preocupado», «distante» o no «resuelto», en la terminología propia del apego adulto.

6.3.2.5. *Apego desorganizado y trastornos de la personalidad*

La inmensa mayoría de los clínicos estaría de acuerdo con la idea de que, aunque los trastornos de la personalidad suelen iniciarse en la infancia, no es lo más adecuado efectuar un diagnóstico semejante hasta, como mínimo, los 16 años. Tanto el DSM como la CIE incluyen recomendaciones en este sentido. La personalidad de un menor está en permanente formación y no se estabiliza hasta bien entrada la adolescencia. En el adulto no es posible un cambio radical de la estructura de la personalidad, si bien se pueden producir ciertas modificaciones, fruto de las experiencias vividas, la edad o, incluso, de algunos condicionantes biológicos.

Aunque, como ya dijimos, la teoría del apego no puede constituirse como una teoría total de la personalidad, es lógico plantearse las relaciones entre el apego y la personalidad. Y puesto que las raíces de la personalidad[131] se encuentran, no cabe duda, en la infancia, son

---

131. Entendiendo por «personalidad» una serie de patrones de actitudes, pensamientos, sentimientos y conductas que caracterizan a un individuo y que poseen cierta persistencia y estabilidad a lo largo de su vida.

muchos los autores que se han preguntado por las posibles conexiones entre el estilo de apego vivido y la personalidad adulta.

Aquí, la hipótesis de trabajo parece obvia: si un niño está viviendo de modo continuado en un entorno que propicia un ADD, su personalidad en formación sufrirá un nivel de estrés excesivo que en nada lo beneficiará. Por tanto, será fácil que la personalidad que vaya fraguando a partir de la adolescencia presente ciertas alteraciones.

Una de las más graves, sin duda, es el denominado «trastorno límite de la personalidad».[132] Prácticamente toda la bibliografía científica lo relaciona con los traumas, los abusos y el ADD (Fonagy, Target y Gergely, 2000). Peter Fonagy, uno de los mayores expertos mundiales en la teoría del apego, explica los rasgos de este trastorno en función de los «procesos de mentalización» alterados que se dan en el ADD. De este modo, la inestabilidad —emocional y del *self*—, la impulsividad, la irritabilidad, las conductas auto o heteroagresivas —suicidio incluido— o la sensación de vacío que suelen darse en este tipo de personalidad tendrían una íntima relación no solo con los posibles abusos y negligencias sufridos, como veremos en el próximo capítulo, sino también con el ADD.

Se entiende por «mentalización» la capacidad de imaginar y entender los estados mentales en uno mismo y en los otros: la habilidad de dar una interpretación convincente a la conducta propia y la de los demás, a partir de los estados mentales subyacentes. Cuando esta habilidad está en marcha se puede ejecutar la «función reflexiva». Esta proporciona al individuo la capacidad de distinguir la realidad interna de la externa, así como la comprensión de los procesos interpersonales que se viven (Fonagy *et al.*, 2002).

La génesis de todos estos procesos se halla en las primeras relaciones interpersonales vividas en la infancia, y tiene mucha relación con el apego (Fonagy, 1997). Y si las relaciones y el apego no son

---

132. No es este el lugar para explicar con detalle en qué consiste la «personalidad límite». El lector interesado puede consultar cualquier manual de psicopatología para obtener tal descripción.

adecuados, como no lo son en los casos de niños que viven con un ADD, estas funciones no se desarrollan correctamente. La realidad que vive el sujeto, entonces, no es comprendida del todo. Por ejemplo, para un sujeto con personalidad límite, la ausencia inesperada de un ser querido puede significar un abandono real y absoluto. O un desengaño, o una situación difícil o novedosa son vividas como una traición y un ataque. Una breve viñeta clínica ilustrará lo que queremos aclarar:

> Juan, de 28 años, diagnosticado de trastorno límite de personalidad desde los 20, es un hombre angustiado y torturado. No puede definirse sobre si es hetero, homo o bisexual. No ha concluido ningún tipo de formación ni se ha consolidado en ningún ámbito laboral. Vive en casa de unos conocidos, ya que, según cuenta, en casa de sus padres «no se puede vivir». Describe un contexto con un padre ausente de modo fluctuante, que solo hacía acto de presencia para gritar, pegar e insultar al resto de la familia. La madre, por su parte, afectada de trastorno bipolar y alcoholismo, dejaba a los hijos con los abuelos, con los vecinos o bien solos durante largos periodos de tiempo. Poco tiempo después de nacer, a Juan lo llevaron a casa de unos parientes lejanos y allí permaneció hasta los 6 años de edad. Su recuerdo es que allí «molestaba» y nadie le hacía el menor caso. Su escolaridad fue desastrosa, su rendimiento mínimo y sus amistades escasas, debido a los continuos altercados que se producían. Juan recuerda que era un niño solitario, que resolvía a golpes cualquier contingencia que surgía. En la actualidad, su sentimiento de soledad es tremendo, se sabe necesitado de afecto y no lo encuentra. Algo tan simple como ser objeto de la mirada atenta de otra persona puede ser vivido (interpretado) por Juan como una provocación, un desafío, una seducción o una declaración de amor. De hecho, creyó que la dependienta de una tienda de su barrio se había enamorado de él porque lo atendía con simpatía. En una ocasión, se enfrentó a un desconocido porque «me miró mucho cuando estaba cruzando un paso de peatones y eso era una invitación a la pelea». Juan elabora estas interpretaciones en función de su propia subjetividad y no del contexto o de la subjetividad percibida del otro. No dispone, en su mente, de otras posibilidades de interpretar

la conducta de los otros (como, por ejemplo, «la dependienta me atiende porque es su trabajo y es una persona amable» o «el caminante me mira para no tropezar, o porque va distraído y, en realidad, está pensando en sus cosas»).

Lyons-Ruth (2010) aborda también la relación entre ADD y trastorno límite de la personalidad. Para esta investigadora, ni el ADD ni ningún otro tipo de apego inseguro predicen, por sí solos, la alteración de la personalidad. Sin embargo, halló que el 75 por ciento de los pacientes limítrofes hacían alguna referencia a que de pequeños habían mostrado un estilo de «apego controlador» (punitivo agresivo o cuidador), mientras que en los pacientes depresivos esta correlación solo se daba en el 27 por ciento de los casos. Para esta autora, que trabaja con su propio método de evaluación, uno de los factores determinantes del ADD con aspectos controladores —que se puede asociar a un trastorno límite de la personalidad— es que los padres, y en especial la madre, muestren una conducta y una actitud de «retirada» cuando el menor se halla bajo estrés. Es decir, que fracasen en regular la ansiedad del infante tomando distancia y desconectándose.

Otro trastorno de la personalidad que, de un modo u otro, se ha asociado con el ADD es el «trastorno antisocial de la personalidad». Aunque hay algunos datos contradictorios, un riguroso metaanálisis apunta en este sentido (Daneshvar, 2010).

Como ya hemos visto, una forma de controlar los objetos de apego cuando se vive en un ADD es el estilo «punitivo agresivo», un estilo en el que la agresividad y la violencia juegan un papel muy relevante. Los niños de guardería que experimentan un ADD se muestran seis veces más agresivos con sus pares que los niños con un apego seguro (Lyons-Ruth, Alpern y Repacholi, 1993). Este control basado en la agresividad puede ayudar a fomentar rasgos de un trastorno antisocial de la personalidad, ya que desde muy pequeños estos niños tienden a mostrar conductas abusivas, desafiantes, violentas, crueles, impulsivas, autogratificantes, deshonestas y poco empáticas.

Levy y Orlans (2000) describen conductas infantiles en niños con ADD que pueden ser antecedentes de los rasgos psicopáticos de los adultos: abuso de las mentiras para obtener algún tipo de ganancia o beneficio, crueldad con los animales, provocación de incendios, actitudes vengativas y manipulativas, fantasías muy violentas, etc.[133] Fonagy (2004) pone en relación la violencia con la falta de una adecuada mentalización y función reflexiva. Por su parte, Khetrapal (2009) apunta a los mecanismos fisiológicos cerebrales que pueden estar implicados en las raíces de la psicopatía cuando esta se relaciona con el ADD y sugiere que puede darse una deficiente integración interhemisférica que impide el adecuado procesamiento y regulación de las emociones experimentadas.

De nuevo, no hay mucho de lo que sorprenderse. Los valores prosociales y la moralidad se interiorizan en el núcleo familiar y el apego seguro, ya que este promueve: a) un modelo de conducta acorde a unos valores; b) la internalización de dichos valores; c) reciprocidad y sincronicidad en los vínculos y, por tanto, la capacidad de empatizar con los demás; y d) un sentido positivo de sí mismo. Dicho de un modo más llano: padres empáticos crían hijos empáticos, y la empatía es incompatible con el trastorno antisocial de la personalidad o la psicopatía. Nada de esto sucede en el ADD y, por ello, no se asume la moralidad prosocial o se integran directamente valores antisociales.

6.3.2.6. *Apego desorganizado y trastornos disociativos*

La disociación puede entenderse, de manera sucinta, como la alteración de las funciones integradoras de la conciencia, la identidad, la memoria y la percepción del entorno y de uno mismo. La palabra «disociación» se puede emplear para describir un mecanismo

---

133. Nakash-Eisikovits, Dutra y Westen (2002) no hallan correlación alguna entre el ADD y el trastorno antisocial de la personalidad. A nuestro juicio, su estudio, al estar basado en los informes de los clínicos y no en la observación directa de los casos, es más que discutible.

de defensa cuando su aparición es esporádica o bien para designar un grupo de trastornos mentales (como la «amnesia disociativa» o la «despersonalización») cuando se presenta de modo más continuado.

Es sabido, desde hace tiempo, que los trastornos disociativos están vinculados con las experiencias traumáticas. Hoy en día existen estudios que también los vinculan con el ADD (Carlson, 1998; Liotti, 1992). En este sentido, el ADD es contemplado como un «factor de riesgo» para el desarrollo de trastornos disociativos. Se considera que el ADD impide que el infante tenga una visión coherente e integrada de su experiencia emocional. En respuesta a un trauma, el niño tenderá a desconectarse, y el proceso cognitivo y emocional, así como sus recursos de afrontarse al mismo, quedaran alterados. El ADD fomentaría una disociación potencial que cristalizaría frente al trauma. Estudios empíricos (Dutra *et al.*, 2009; Ogawa *et al.*, 1997; Twaite y Rodriguez-Srednicki, 2004) confirman estas hipótesis y ayudan a entender por qué no siempre se produce disociación frente al trauma. La disociación se daría con más facilidad en sujetos que han vivido en un ADD.

6.2.3.7. Apego desorganizado y psicosis

El planteamiento anterior, es decir, considerar el ADD como un «factor de riesgo», que se puede combinar con traumatismos y acontecimientos vitales adversos, también es aplicable al espectro de los «trastornos psicóticos» (Berry, Barrowclough y Wearden, 2007), especialmente a la esquizofrenia (Liotti y Gumley, 2008).

Read y Gumley (2008) exploran los diferentes condicionantes psicosociales que se asocian con la esquizofrenia, y prestan atención a los estilos de apego en la infancia de los pacientes con este diagnóstico. Aunque los estudios que revisan aportan datos poco concluyentes, sí parece darse cierta relación entre el ADD y la esquizofrenia. Uno de los estudios que citan (Gumley y Schwannauer, 2006) encontró que el 50 por ciento de una muestra de pacientes esquizofrénicos había experimentado ADD.

Todos los autores citados, no obstante, consideran que no existe una única vía para el desarrollo de los trastornos psicóticos. En este sentido, vinculan el ADD con otros condicionantes, como la psicopatología de los progenitores y sus traumas no resueltos, los abusos o el maltrato infantil. Aspectos, todos ellos, que nos invitan a estudiar los dos próximos capítulos de este texto.

Referencias bibliográficas

AIKENS, J.W.; HOWES, C. y HAMILTON, C. (2009) «Attachment stability and the emergence of unresolved representations during adolescence», en *Attachment and Human Development, 11*, 491-512.

ALSTON, J.F. (2000) «Correlation between childhood bipolar I disorder and reactive attachment disorder, disinhibited type», en T.M. LEVY (ed.) *Handbook of attachment interventions,* San Diego, Academic Press, pp. 193-242.

American Psychiatric Association (1980) *Diagnostic and statistical manual of mental disorders III*, Washington, APA. (Trad. cast.: *Manual diagnóstico y estadístico de los trastornos mentales*, Barcelona, Masson, 1984.)

ARA, M. (2012) «El vínculo de apego y sus consecuencias para el psiquismo humano», en *Intercambios. Papeles de Psicoanálisis/Intercanvis. Papers de Psicoanàlisi, 29*, 7-17.

BALINT, M. (1968) *The basic fault: Therapeutic aspects of regression*, Londres, Tavistock. (Trad. cast.: *La falta básica. Aspectos terapéuticos de la regresión*, Barcelona, Paidós, 1982).

BARUDY, J. y DANTAGNAN, M. (2005) *Los buenos tratos a la infancia. Parentalidad, apego y resiliencia*, Barcelona, Gedisa.

BENTOIT, D. y COOLBEAR, J. (2004) «Disorders of attachment and failure to thrive», en L. Atkinson y S. Goldberg (eds.), *Attachment issues in psychopathology and intervention,* New Jersey, Erlbaum, pp. 49-64.

BERRY, K.; BARROWCLOUGH, C. y WEARDEN, A. (2007) «A review of the role of adult attachment style in psychosis: unexplored issues and questions for further research», en *Clinical Psychology Review, 27*, 458-475.

Bohlin, G.; Eninger, L.; Brocki, K.C. y Thorell, L.B. (2012) «Disorganized attachment and inhibitory capacity: predicting externalizing problem behaviors», en *Journal of Abnormal Child Psychology, 40*, 449-458.

Boris, N.W.; Hinshaw-Fuselier, S.S.; Smyke, A.T.; Scheeringa, M.S.; Heller, S.S. y Zeanah, C.H. (2004) «Comparing criteria for attachment disorders: Establishing reliabilityand validity in high-risk samples», en *Journal of the American Academy of Child and Adolescent Psychiatry, 43*, 568-577.

Bowlby, J. (1951) «Maternal care and mental health», en *Bulletin of the World Health Organization, 3*, 355-534. (Trad. cast.: *Cuidados maternos y salud mental*, Barcelona, Humanitas, 1954.)

— (1973) *Attachment and loss: Vol. 2. Separation*, Nueva York, Basic Books. (Trad. cast.: *La separación afectiva*, Buenos Aires, Paidós, 1976.)

Brown, L.S. y Wright, J. (2003) «The relationship between attachment strategies and psychopathology in adolescence», en *Psychology and Psychotherapy: Theory, Research and Practice, 76*, 351-367.

Byng-Hall J. (2002) «Relieving parentified children's burdens in families with insecure attachment patterns», en *Family Processes, 41*, 375-388.

Carlson, E.A. (1998) «A prospective longitudinal study of attachment disorganization/disorientation», en *Child Development, 69*, 1107-1128.

Carlson, E.A.; Cicchetti, D.; Barnett, D y Braunwald, K. (1989) «Disorganized/disoriented attachment relationships in maltreated infants», en *Developmental Psychology, 25*, 525-531.

Cassidy, J.; Marvin, R.S. y The MacArthur Working Group on Attachment. (1992) *A system for classifying individual differences in the attachment behavior of 2 1/2 to 4 1/2 year old children*. Manuscrito no publicado. Universidad de Virginia.

Cole-Detke, H. y Kobak, R. (1996) «Attachment processes in eating disorder and depression», en *Journal of Consulting and Clinical Psychology, 64*, 282-290.

Crittenden, P. M. y DiLalla, D. L. (1988) «Compulsive compliance: The development of an inhibitory coping strategy in infancy», en *Journal of Abnormal Child Psychology, 16*, 585-599.

Cummings, E.M. y Cicchetti, D. (1990) «Toward a transactional model of relations between attachment and depression», en M.T. Greenberg,

D. Cicchetti y E.M. Cummings (eds.), *Attachment in the preschool years*, Chicago, University of Chicago Press. (pp. 339-371)
Daneshvar, E.B. (2010) *Disorganized attachment and externalizing behavior in early childhood: A meta-analysis*, Malibú, Pepperdine University.
DeKlyen, M. y Greenberg, M.T. (2008) «Attachment and psychopathology in childhood», en J. Cassidy y P. Shaver (eds.) *Handbook of Attachment* (2.ª edición), Nueva York, Guilford Press, pp. 637-665.
Dutra, L.; Bureau, J.F.; Holmes, B.; Lyubchik, A. y Lyons-Ruth K. (2009) «Quality of early care and childhood trauma: a prospective study of developmental pathways to dissociation», en *The Journal of Nervous and Mental Diseases, 197*, 383-390.
Easterbrooks, M.A.; Bureau, J.F. y Lyons-Ruth, K. (2012) «Developmental correlates and predictors of emotional availability in mother-child interaction: a longitudinal study from infancy to middle childhood», en *Development and Psychopathology, 24*, 65-78.
Egeland, B. y Carlson, E.A. (2004) «Attchment and psychopathology», en L. Atkinson y S. Goldberg (eds.), *Attachment issues in psychopathology and intervention*, New Jersey, Lawrence Erlbaum, pp. 27-48.
Egeland, B. y Sroufe, L. A. (1981) «Attachment and early maltreatment», en *Child Development,, 52*, 44-52.
Eng, W.; Heimberg, R.; Hart, T.; Schneier, F. y Liebowitz, M. (2001) «Attachment in individuals with social anxiety disorder: The relationship among adult attachment styles, social anxiety, and depression», en *Emotion, 1*, 365-380.
Fairbairn, W.R.D. (1952) *Psychoanalytical studies of the personality*, Londres, Tavistock. (Trad. cast.: *Estudio psicoanalítico de la personalidad*, Buenos Aires, Hormé, 1978.)
Floeter, M.K. y Greenough, W.T. (1979) «Cerebellar plasticity: modification of Purkinje cell structure by differential rearing in monkeys», en *Science, 206*, 227-229.
Fonagy, P. (1997) «Attachment and theory of mind: Overlapping constructs?», en *Association for Child Psychology and Psychiatry Occasional Papers 14*, 31-40.
— (2000) «Apegos patológicos y acción terapéutica», en *Aperturas Psicoanalíticas, 4*. Documento electrónico disponible en: http://www.aperturas.org.

— (2004) «The developmental roots of violence in the failure of mentalization», en F. PFÄFFLIN y G. ADSHEAD (eds.), *A matter of security. The application of attachment theory to forensic psychiatry and psychotherapy*, Londres, Kingsley, pp. 13-56.
FONAGY, P.; GERGELY, G.; JURIST, E.L. y TARGET, M. (2002) *Affect regulation, mentalization and the development of the Self*, Nueva York, Other Press.
FONAGY, P.; TARGET, M. y GERGELY, G. (2000) «Attachment and borderline personality disorder», en *The Psychiatric Clinics of North America, 23*, 103-122.
FOSSATI, A., FEENEY, J.A., DONATI, D., DONINI, M., NOVELLA, L., BAGNATO, M., CARRETTA, I., LEONARDI, B., MIRABELLI, S. y MAFFEI, C. (2003) «Personality disorders and adult attachment dimensions in a mixed psychiatric sample: A multivariate study», en *Journal of Nervous and Mental Disease, 191*, 30-37.
FRANC, N., MAURY, M. y PURPER-OUAKIL, D. (2009) «ADHD and attachment processes: are they related?», en *Encephale, 35*, 256-261.
GALÁN, A. (2010) «El apego. Más allá de un concepto inspirador», en *Revista de la Asociación Española de Neuropsiquiatría, 30*, 581-595.
GALLO, L.C. y MATTHEWS, K.A. (2006) «Adolescents' attachment orientation influences ambulatory blood pressure responses to everyday social interactions», en *Psychosomatic Medicine, 68*, 253-161.
GEDDES, H. (2006) *Attachment in the classroom*, Nueva York, Worth. (Trad. cast.: *El apego en el aula*, Barcelona, Graó, 2010.)
GONZÁLEZ, R.; YSERN, L.; MARTORELL, C.; MATÉU, C. y BARRETO, P. (2010) «Relaciones entre psicopatología y apego en la adolescencia», en *Ridep, 29*, 19-26.
GOODMAN, G.; STROH, M. y VALDEZ, A. (2012) «Do attachment representations predict depression and anxiety in psychiatrically hospitalized prepubertal children?», en *Bulletin of the Menninger Clinic, 76*, 260-289.
GREENBER, M.T. (1999) Attachment and psychopathology in childhood, en J. CASSIDY y P. SHAVER (eds.), *Handobook of attachment. Theory, research and clinical implication*, Nueva York, Guilford, pp. 469-496.
GRIFFIN; D.W. y BARTHOLOMEW, K. (1994) «The metaphysics of measurement: the case of adult attachment», en K. Bartholomew y D. Perlman (eds.), *Advances in personal relationships*, Londres, Kingsley, pp. 17-52.
GUMLEY, A. y SCHWANNAUER, M. (2006) *Staying well after psychosis: A*

cognitive interpersonal approach to recovery and relapse prevention, Chichester, Wiley.
HAMILTON, C. E. (2000) «Continuity and discontinuity of attachment from infancy through adolescence», en *Child Development, 71*, 690-694.
HOLMES, J. (2004) «Disorganized attachment and borderline personality disorder: a clinical perspective», en *Attachmenmt & Human Development, 6,* 181-190.
JACOBSEN, T.; EDELSTEIN, W. y HOFMANN, V. (1994) «A longitudinal study of the relation between representations of attachment in childhood and cognitive functioning in childhood and adolescence», en *Developmental Psychology, 30,* 112-124.
JACOBSEN, T. y HOFMANN, V. (1997) «Children's attachment representations: Longitudinal relations to school behavior and academic competency in middle childhood and adolescence», en *Developmental Psychology, 33*, 703-710.
KENNEDY, J.H. y KENNEDY, C.E. (2004) «Attachment theory: implications for school psychology», en *Psychology in the Schools, 41*, 247-259.
KHETRAPAL, N. (2009) «The early attachment experiences are the roots of psychopathy», en *Interpersona: An International Journal on Personal Relationships, 3*, 1-13.
KOBAK, R.; CASSIDY, J.; LYONS-RUTH, K. y ZIV, Y. (2006) «Attachment, stress and psychopathology: A developmental pathway model», en D. CICCHETTI y D.J. COHEN (eds.), *Developmental psychopathology,* Cambridge, Cambridge University Press, pp. 333-369.
KOTLER, T.; BUZWELL, S.; ROMEO, Y. y BOWLAND, J. (1994) «Avoidant attachment as a risk factor for health», en *British Journal of Medical Psychology, 67*, 237-245.
KRAEMER; G.W. (1992) «A psychobiological theory of attachment», en *Behavioral and Brain Sciences, 15, 493-511.*
LADNIER, R.D. y MASSANARI, A.E. (2000) «Treating ADHD as attachment deficit hyperactivity disorder», en T.M. LEVY (ed.), *Handbook of attachment interventions,* San Diego, Academic Press, pp. 27-65.
LECANNELIER, F.; ASCANIO, L.; FLORES, F. y HOFFMANN, M. (2011) «Apego y psicopatología: Una revisión actualizada sobre los modelos etiológicos parentales del apego desorganizado», en *Terapia Psicológica, 29*, 107-116.

Levy, T.M. y Orlans, M. (2000) «Attachment disorder as an antecedent to violence and antisocial patterns in children», en T.M. Levy (Ed), *Handbook of attachment interventions,* San Diego, Academic Press, pp. 1-26.

Lewis, M.; Feiring, C.; McGuffog, C. y Jaskir, J. (1984) «Predicting psychopathology in six-year-olds from early social relations», en *Child Development, 55,* 123-136.

Lieberman, A. F. y Pawl, J. (1988) «Clinical applications of attachment theory», en J. Belsky y T. Nezworski (eds.), *Clinical implications of attachment,* New Jersey, Erlbaum, pp. 327-351.

Lieberman, A.F. y Pawl, J. (1990) «Disorders of attachment and secure base behavior in the second year of life: Conceptual issues and clinical intervention», en M.T. Greenburg, D. Cicchetti y E.M.Cummings (eds.), *Attachment in the preschool years,* Chicago, University of Chicago Press, pp. 121-160.

Liotti, G. (1992) «Disorganized/disoriented attachment in the etiology of the dissociative disorders», en *Dissociation 4,* 196-204.

Liotti, G. y Gumley, A. (2008) «An attachment perspective on schizophrenia: The role of disorganized attachment, dissociation and mentalization», en A. Moskowitz, I. Schäfer y M.J. Dorahy (eds.), *Psychosis, trauma and dissociation,* Chichester, Wiley, pp. 117-133.

Luijk, M.; Saridjan, N.; Tharner, A.; van Ijzendoorn, M.H.; Bakermans-Kranenburg, M.J.; Jaddoe, W.V.; Hofman, A.; Verhulst, F.C. y and Tiemeier, H. (2010) «Attachment, depression, and cortisol: Deviant patterns in insecure-resistant and disorganized infants», en *Developmental Psychobiology, 52,* 441-452.

Lyons-Ruth, K. (2010) «Repercusiones clínicas de los trastornos de las relaciones de apego desde la infancia a la adolescencia», en *Clínica e Investigación Relacional, 4,* 340-356. Revista electrónica. Disponible en: www.psicoterapiarelacional.es.

Lyons-Ruth, K.; Alpern, L. y Repacholi, B. (1993) «Disorganized infant attachment classification and maternal psychosocial problems as predictors of hostile-aggressive behavior in the preschool classroom», en *Child Development, 64,* 572-585.

Main, M. y Cassidy, J. (1988) «Categories of response to reunion with the parent at age 6: predictable from infant attachment classifications and stable over a 1-month period», en *Developmental Psychology, 24,* 415-426.

Main, M. y Solomon, J. (1986) «Discovery of a new, insecuredisorganized/ disoriented attachment pattern», en T. B.Brazelton y M. Yogman (eds.), *Affective development in infancy*, New Jersey, Ablex, pp. 95-124.

Marrone, M. (2001) *La teoría del apego. Un enfoque actual*, Madrid, Psimática.

Maunder, R.G. y Hunter, J.J. (2001) «Attachment and psychosomatic medicine: Developmental contributions to stress and disease», en *Psychosomatic Medicine, 63*, 556-567.

Maunder, R.G.; Lancee, W.J.; Nolan, R P.; Hunter, J.J. y Tannenbaum, D.W. (2006) «The relationship of attachment insecurity to subjective stress and autonomic function during standardized acute stress in healthy adults», en *Journal of Psychosomatic Research, 60*, 283-290.

McConnell, M. y Moss, E. (2011) «Attachment across the life span: Factors that contribute to stability and change», en *Australian Journal of Educational & Developmental Psychology, 11*, 60-77.

McWilliams, L.A. y Jeffrey, S. (2010) «Associations between adult attachment ratings and health conditions: Evidence from the National Comorbidity Survey Replication», en *Health Psychology, 29*, 446-453.

Moss, E.; St. Laurent, D. y Parent, S. (1999) «Disorganized attachment and developmental risk at school age», en J. Solomon y C. George (eds.), *Attachment disorganization*, Nueva York, Guilford, pp. 160-186.

Naber, F.B.; Swinkels, S.H.; Buitelaar, J.K.; Bakermans-Kranenburg, M.J.; van Ijzendoorn, M.H.; Dietz, C.; van Daalen, E. y van Engeland, H. (2007) «Attachment in toddlers with autism and other developmental disorders», en *Journal of Autism and Developmental Disorders, 37*, 1123-1138.

Nakash-Eisikovits, O.; Dutra, L. y Westen, D. (2002) «Relationship between attachment patterns and personality pathology in adolescents», en *Journal of The American Academy of Child and Adolescent Psychiatry, 41*, 111-1123.

O'Connor, E. y McCartney, K. (2007) «Attachment and cognitive skills: An investigation of mediating mechanisms», en *Journal of Applied Developmental Psychology, 28*, 458-476.

Ogawa, J.; Sroufe, L. A.; Weinfield, N.S.; Carlson, E. y Egeland, B. (1997) «Development and the fragmented self: A longitudinal study of

dissociative symptomatology in a nonclinical sample», en *Development and Psychopathology, 9,* 855-1164.
OLIVA, A. (2004) «Estado actual de la teoría del apego», en *Revista de Psiquiatría y Psicología del Niño y del Adolescente, 4,* 65-81.
PICARDI, A.; BATTISTI, F.; TARSITANI, L.; BALDASSARI, M.; COPERTARO, A.; MOCCHEGIANI, E. y BOINDI, M. (2007) «Attachment security and immunity in healthy women», en *Psychosomatic Medicine, 69,* 40-46.
READ, J. y GUMLEY, A. (2008) «Can attachment theory help explain the relationship between childhood adversity and psychosis?», en *Attachment: New Directions in Psychotherapy and Relational Psychoanalysis, 2,* 1-35.
REIS, S. y GRENYER, B. (2004) «Fear of intimacy in women. Relationship between attachment styles and depressive symptoms», en *Psychopathology, 37,* 299-303.
ROGERS, S.J.; OZONOFF, S. y MASLIN-COLE, C. (1991) «A comparative study of attachment behavior in young children with autism or other psychiatric disorders», en *Journal of the American Academy of Child and Adolescent Psychiatry, 30,* 483-488.
RUITER, C. y VAN IJZENDOORN, M.H. (1993) «Attachment and cognition: a review of the literature», en *International Journal of Educational Research, 19,* 525-540.
RUTGERS, A.H.; BAKERMANS-KRANENBURG, M.J.; VAN IJZENDOORN, M.H. y VAN BERCKELAER-ONNES, I.A. (2004) «Autism and attachment: a meta-analytic review», en *Journal of Child Psychology and Psychiatry, and Allied Disciplines, 45,* 1123-1134.
SÁINZ, F. (1999) «Quan l'amor del subjecte fa mal l'objecte», en *Intercanvis. Papers de Psicoanalisis, 4,* 265-272.
— (2007) «Narcisismo y sociedad, entre la carencia y la arrogancia», en A. TALARN (comp.), *Globalización y salud mental,* Barcelona, Herder, pp. 417-452.
SALZBERGER-WITTENBERG, I.; HENRY, G. y OSBORNE, L. (1983) *The emotional experience of learning and teaching,* Londres, Routledge & Kegan Paul. (Trad. cat.: *L'experiència emocional d'ensenyar i aprendre,* Barcelona, Edicions 62, 1989.)
SHAPIRO, T.; SHERMAN, M.; CALAMARI, G. y KOCH, D. (1987) «Attachment in autism and other developmental disorders», en *Journal of the American Academy of Child and Adolescent Psychiatry, 26,* 480-484.

SMYKE, A.T., DUMITRESCU, A. y ZEANAH, C.H. (2002) «Disturbances of attachment in young children: I. The continuum of caretaking casualty», en *Journal of the American Academy of Child and Adolescent Psychiatry*, 41, 972-982.
SPANGLER, G. y GROSSMANN, K. (1999) «Individual and physiological correlates of attachment disorganization in infancy», en J. SOLOMON y C. GEORGE (eds.), *Attachment disorganization*, Nueva York, Guilford, pp. 95-126.
SPANGLER, G. y SCHIECHE, M. (1998) «Emotional and adrenocortical responses of infants to the strange situation: the differential function of emotional expression», en *International Journal of Behavioral Development*, 22, 681-706.
SPITZ, R.A. (1946) «Anaclitic depression», en *Psychoanalityc Study of the Child*, 2, 313-342.
— (1965) *The first year of life: a psychoanalytic study of normal and deviant development of object relations*, Nueva York, International Universities Press. (Trad. cast.: *El primer año de vida del niño*, Madrid, Aguilar, 1966.)
SROUFE, L.A., «Pathways to adaptation and maladapatation: Psychopathology as a developmental deviation», en D. CICCHETTI (ed.), *Rochestrer symposium on developmental psychopathology, vol. I: The emergence of a discipline*, New Jersey, Hillsdale, pp. 13-40.
SROUFE, L.A.; CARLSON, E.A.; LEVY, A.K. y EGELAND, B. (1999) «Implications of attachment theory for developmental psychopathology», en *Development and Psychopathology*, 11, 1-13.
TETI, D.M. (1999) «Conceptualizations of disorganization in the preschool years», en J. SOLOMON y C. GEORGE (eds.), *Attachment disorganization*, Nueva York, Guilford, pp. 213-242.
TWAITE, J.A. y RODRIGUEZ-SREDNICKI, O. (2004) «Childhood sexual and physical abuse and adult vulnerability to PTSD: the mediating effects of attachment and dissociation», en *Journal of Child Sexual Abuse*, 13, 17-38.
VAN IJZENDOORN, M.H.; SCHUENGEL, C. y BAKERMANS-KRANENBURG, M.J. (1999) «Disorganized attachment in early childhood: Meta-analysis of precursors, concomitants, and sequelae», en *Development and Psychopathology*, 11, 225-249.
WARD, M.J.; KESSLER, D.B. y ALTMAN, S.C. (1993) «Infant-mother attach-

ment in children with failure to thrive», en *Infant Mental Health Journal, 14*, 208-220.

WARD, A.; RAMSAY, R. y TREASURE, J. (2000) «Attachment research in eating disorders», en *The British Journal of Medical Psychology, 73*, 35-51.

WARREN, S. L.; HUSTON, L.; SROUFE, L. A. y EGELAND, B. (1997) «Child and adolescent anxiety disorders and early attachment», en *Journal of the American Academy of Child and Adolescent Psychiatry, 36*, 637-644.

WATERS, E.; MERRICK, S.; TREBOUX, D.; CROWELL, J. y ALBERSHEIM, L. (2000) «Attachment security in infancy and adulthood: A twenty-year longitudinal study», en *Child Development, 71*, 684-689.

WEINFELD, N.; SROUFE, L. A. y EGELAND, B. (2000) «Attachment from infancy to early adulthood in a high-risk sample: Continuity, discontinuity, and their correlates», en *Child Development, 71*, 695-702.

WEST, M.; ROSE, M.S.; VERHOEF, M.J.; SPRENG, S. y BOBEY, M. (1998) «Anxious attachment and self-reported depressive symptomatology in women», en *Canadian Journal of Psychiatry, 43*, 294-297.

World Health Organization (1990) *The ICD-10 Classification of Mental and Behavioural Disorders. Clinical descriptions and diagnostic guidelines*, Ginebra, WHO. (Trad. cast.: *CIE 10. Trastornos mentales y del comportamiento, Madrid*, Meditor, 1992.)

ZACHRISSON, H.D y SKÅRDERUD, F. (2012) «Feelings of insecurity: review of attachment and eating disorders», en *European Eating Disorders Review: The Journal of the Eating Disorders, 18*, 97-106.

ZEANAH, C.H. (1996) «Beyond insecurity: A reconceptualization of attachment disorders in infancy», en *Journal of Consulting and Clinical Psychology, 64*, 42-52.

ZEANAH, C.H. y GLEASON, M.M. (2010) «Reactive attachment disorder: a review for DSM-V». Documento electrónico. Disponible en: http://www.dsm5.org/Proposed%20Revision%20Attachments/APA%20DSM-5%20Reactive%20Attachment%20Disorder%20Review.pdf .

ZEANAH, C.H.; SCHEERINGA, M.S.; BORIS, N.W.; HELLER, S.S.; SMYKE, A.T. y TRAPANI, J. (2004) «Reactive attachment disorder in maltreated toddlers», en *Child Abuse and Neglect: The International Journal, 28*, 877-888.

Capítulo 7
El sufrimiento mental derivado del maltrato

Una de las realidades más dolorosas de la sociedad en la que vivimos es la que hace referencia a los malos tratos que, en ocasiones, sufren los más débiles: niños, ancianos, enfermos, pobres, discapacitados, inmigrantes y otros.

Por fortuna, en nuestro entorno, los malos tratos no son los más frecuentes. Tanto a nivel individual, como familiar y colectivo, la mayoría de las personas nos tratamos con corrección los unos a los otros. Y aunque existan relaciones que, por su naturaleza, sean asimétricas en cuanto al ejercicio del poder como, por ejemplo, las que se dan entre padres e hijos, en la mayoría de los hogares los niños reciben una cobertura adecuada a sus necesidades emocionales y de todo tipo.

Pero no siempre es así y, en ciertas ocasiones, aquellos en cuyas manos está la capacidad de procurar a los demás el bienestar o la incomodidad, la tranquilidad o el dolor, no siempre optan por el bien del prójimo. Del mismo modo que a un nivel *macro*: político, económico, judicial o sanitario, asistimos, en no pocas ocasiones, a un auténtico atropello hacia los ciudadanos de a pie, a nivel *micro* también se puede observar maltrato hacia los niños en el seno de algunas familias.

No es fácil comprender cómo es posible que alguien maltrate a los niños, sobre todo si estos son sus propios hijos. Como decíamos al inicio de este texto, la capacidad de cuidar bien a nuestras crías es inherente al ser humano, y estamos de acuerdo con Linares (2006) cuando afirma que somos seres «primariamente amorosos y secundariamente maltratantes».

¿Qué sucede, entonces, para que un progenitor maltrate a su hijo? La respuesta a tal pregunta nunca será sencilla, ni única. Sin duda, influyen en este drama multitud de variables y no todas ellas atañen en exclusiva al maltratador como individuo. Por una parte, su biografía, su historia vivencial, el trato que recibió de los suyos, su personalidad y psicopatología, sus relaciones de pareja y demás factores personales tendrán un papel determinante en su conducta. Por otra parte, no cabe olvidar los factores contextuales: el entorno, la cultura, el nivel socioeconómico, la protección social disponible y otras circunstancias también tienen su peso en las acciones y omisiones del maltratador.

Garbarino (1977) y Belsky (1980) propusieron un «modelo ecológico» para reflejar el entramado de factores que se encuentra en el origen y el mantenimiento del problema del maltrato. La idea de Belsky (1980) es que se dan interacciones a diferentes niveles, a saber: «ontogenéticos», «del microsistema familiar», «del exosistema» y «del macrosistema». La tabla siguiente servirá para entender en qué consisten los diferentes factores sugeridos por el autor.

Recordemos lo dicho en las primeras páginas de este texto: cuando unos padres experimentan dificultades de relación con sus hijos y, de algún modo los perturban en su desarrollo, como sucede en el maltrato, están mostrando sus fragilidades personales, herencia casi siempre de sus propias infancias mal transitadas. O, dicho de otro modo, cuando hay maltrato hacia los niños es que hay unos padres que no están bien consigo mismos y, por consiguiente, ejecutan sus relaciones de poder con sus hijos de un modo anómalo y destructivo. El maltrato solo puede entenderse como *síntoma*, como señal de un equilibrio ausente o roto. Tener en cuenta las variables presentes en este modelo ecológico del maltrato es de vital importancia de cara a su posible prevención primaria, secundaria o terciaria (Fernández, *et al.*, 2005).

Aunque en el capítulo 4 ya hemos comentado algunas de las dinámicas familiares que pueden facilitar el maltrato, en el presente nos detendremos un poco más a analizar sus diferentes tipos y sus consecuencias para la salud mental de aquellos que lo sufren.

Tabla 7.1. Factores presentes en el modelo ecológico del maltrato (Belsky, 1980).

Factores ontogenéticos (de los padres)	Factores del microsistema (de la familia)	Factores del exosistema (sociales)	Factores del macrosistema (culturales)
Factores de riesgo			
• Historia de malos tratos • Historia de desatención severa • Rechazo emocional • Falta de experiencia en el cuidado infantil • Historia de disarmonía y ruptura familiar • Pobre autoestima • CI bajo • Pocas habilidades interpersonales • Poca empatía • Baja tolerancia al estrés • Psicopatología	Interacción paterno/filial: • Desadaptada • Con ciclos ascendentes de tensión y agresión • Con disciplina coercitiva Relaciones conyugales: • Conflictos, estrés, violencia Características del niño: • Prematuridad • Bajo peso al nacer • Poco responsivo • Problemas de conducta • Temperamento difícil • Hiperactivo • *Handicaps* físicos/psíquicos • No deseado	• Desempleo • Pobreza • Insatisfacción laboral • Tensión laboral • Aislamiento social • Falta de apoyo social • Clase social desfavorecida	• Crisis económica • Alta movilidad social • Aceptación cultural de la agresión • Actitud hacia la infancia (hijos como posesión) • Actitud conservadora hacia los roles masculino y femenino

7.1. El maltrato. Definición, clasificaciones y epidemiología

Definir el maltrato puede parecer sencillo pero no lo es, y no han faltado encendidas polémicas sobre tal definición (Besharov, 1981). Barudy (1998) lo define como «toda acción u omisión cometidos por individuos, instituciones o por la sociedad en general, y toda situación provocada por estos que prive a los niños de cuidados, de sus derechos y libertades, impidiendo su pleno desarrollo» (p. 35).

Tampoco es fácil clasificar los diferentes subtipos de maltrato (Muela, 2008). El sistema más utilizado es el llamado «sistema de clasificación jerárquico», que parte de una concepción del maltrato dicotómica (si/no) y codifica un solo tipo de maltrato, bien sea *pasivo* o *activo*. Barudy (1998) toma esta clasificación y le añade la variable de la «visibilidad» por parte de un observador, de manera que presenta la siguiente tipología:

Tabla 7.2. Tipología del maltrato según Barudy (1998).

Maltrato	Activo	Pasivo
Visible	Maltrato físico Abuso sexual	Negligencia
Invisible	Maltrato piscológico	Abandono

Muchos trabajos (English, Bangdiwala y Runyan, 2005; Lau *et al.*, 2005) han demostrado palmariamente la insuficiencia de este modelo, y hoy en día se considera que el método de clasificación más completo es el «sistema de clasificación de maltrato infantil modificado»[134] (English *et al.*, 1997). El sistema, además de permitir una clasificación más exacta de los diferentes subtipos de maltrato, incluye una codificación según su severidad y numerosos ejemplos que ayudan a su empleo. También permite que se tenga en cuenta más de un tipo de maltrato, lo que es de gran utilidad clínica, ya que,

---

134. Disponible en: www.iprc.unc.edu/longscan.

cuando se da, no suele ser único, sino polimorfo (Barnett, Manly y Cicchetti, 1993). La tabla siguiente resume este sistema.

Tabla 7.3. Resumen del *sistema de clasificación de maltrato infantil modificado*. (Tomado de English, *et al.*, 1997).

Tipo de maltrato	Subtipos
Maltrato físico	En: cabeza, torso, nalgas, etc. Ahogamiento, quemaduras, sacudidas, etc.
Abuso sexual	Exposición a pornografía o actividades sexuales, tocamientos, penetración, masturbación, inducción a la prostitución…
Negligencia	En áreas como: alimentación, higiene, vestimenta, atención médica, etc. Falta de supervisión
Maltrato emocional	Incluye 28 subtipos en 3 categorías: seguridad física y psicológica, aceptación y autoestima, autonomía propia de la edad
Maltrato moral/legal y educativo	Exposición a actividades ilegales o antisociales Empleo o venta de drogas Fomento del absentismo escolar

Como es lógico, ninguna clasificación puede abarcar un fenómeno de tanta complejidad. Otros autores han insistido en la existencia de otros tipos de maltrato que vale la pena reseñar: la explotación laboral, el maltrato prenatal, el síndrome de Munchaüssen por poderes,[135] el maltrato biotecnológico, el maltrato por obesidad y demás (Rosenbereg, 1997).

En cuanto a la epidemiología del maltrato hemos de efectuar algunas consideraciones. En primer lugar, es necesario recordar que el

---

135. Se trata de la producción o simulación de forma deliberada de signos o síntomas físicos (o psicológicos) en una persona que se halla a cargo de otra. La víctima suele ser un niño pequeño y el perpetrador un progenitor. El perpetrador induce o simula en la víctima un proceso patológico y luego acompaña a esta al médico, solicitando un diagnóstico y una cura. Se niega y esconde toda responsabilidad en la etiología del proceso. Tal simulación no se hace por motivos o incentivos claros.

maltrato infantil está muy extendido en el mundo. Como decíamos al inicio de este libro, la Convención sobre los Derechos del Niño[136] no siempre se cumple y son muchos los lugares del planeta, en especial en los países más pobres, o con un estado menos organizado, donde se cometen diariamente tropelías contra los menores. En segundo lugar, cabe señalar que las cifras de las que disponemos son muy aproximadas y, por tanto, insuficientes para valorar el fenómeno en toda su extensión. En tercer lugar, quisiéramos insistir en que, aunque al inicio de este capítulo decíamos que el maltrato no es frecuente en nuestro entorno, tampoco es tan escaso como podría esperarse de una sociedad que se autodenomina «civilizada» o «moderna». En efecto, las cifras disponibles sobre la prevalencia del maltrato en los países desarrollados nos muestran que quizás no seamos tan civilizados como creemos. La presencia, siempre excesiva, del maltrato debe verse, también, como un *síntoma social*, como un emergente de una sociedad que lucha día a día por su mejora pero que tropieza, demasiado a menudo, en sus propias contradicciones.

El estudio titulado *Maltrato infantil en la familia. España (1997/1998)* verificó la existencia de 11 148 menores víctimas de maltrato en el ámbito familiar. El 86,37 por ciento de estos menores sufría negligencia, el 35,38 por ciento maltrato psicológico, el 19,91 por ciento maltrato físico y el 3,55 por ciento abuso sexual. Los niños menores de un año eran quienes presentaban un mayor riesgo de sufrir maltrato. En cuanto al sexo de las víctimas, el 53 por ciento eran chicos y el 47 por ciento chicas (Centro Reina Sofía para el Estudio de la Violencia, 2002).

El estudio más completo que puede encontrarse sobre el maltrato en España es el *Informe del Centro Reina Sofía sobre el Maltrato infantil en la familia en España* (Ministerio de Sanidad, Política Social e Igualdad, 2011). Aunque fue publicado en 2011, el trabajo se centra en el año 2006. Resumimos algunos de los datos más sugerentes.

---

136. Disponible en: www.enclase.defensordelpueblo.es/MaterialDocumental/Convencddninio.pdf

Al parecer, el 4,25 por ciento de los menores en edades comprendidas entre los 8 y los 17 años recibió maltrato en el ámbito familiar durante ese año. Se observó que el maltrato disminuye a medida que aumenta la edad del menor. Así, la prevalencia en el tramo de 8 a 11 años fue del 5,05 por ciento, de 12 a 14 años del 4,65 por ciento y de 15 a 17 años del 2,90 por ciento.

El tipo de maltrato más frecuente fue el físico (59,68 por ciento de las víctimas), seguido de la negligencia (37,10 por ciento), el psicológico (17,74 por ciento) y el abuso sexual (4,84 por ciento).

Para la mayoría, el maltrato ocurrió pocas veces al año. El tipo de maltrato que más se reiteró (no el más frecuente, pero sí el que más se repitió) fue el abuso sexual (16,67 por ciento), seguido del maltrato psicológico (14,29 por ciento).

El padre biológico fue el responsable de los porcentajes más altos de maltrato físico (43,75 por ciento) y psicológico (63,64 por ciento), mientras que la madre biológica lo fue de la negligencia (72,73 por ciento). El abuso sexual fue perpetrado en un 50 por ciento tanto por el padre biológico como por los hermanos de las víctimas, y afectó al cuádruple de niñas que de niños.

El 45,83 por ciento de los familiares que tenían una historia de maltrato (esto es, que habían sido ellos mismos víctimas en su infancia) maltrató a los menores durante ese año. Este porcentaje duplicó el de los familiares que no tenían antecedentes personales de maltrato (20,35 por ciento).

Aunque los datos, como decíamos, plasman lo sucedido en España durante el año 2006, nos parece que, en cierta medida, pueden ser extrapolables a otros años. Diversos estudios sugieren que entre el 5 y el 15 por mil de los menores de 16 años sufren maltrato (Fernández *et al.*, 2005).

Terminaremos este apartado con algunas cifras más generales que nos parecen significativas —y vergonzantes—, aportadas por UNICEF.[137]

---

137. http://www.unicef.es/infancia/proteccion-infantil

- Aproximadamente 150 millones de menores de 14 años están sometidos al trabajo infantil. Unos 115 millones de niños trabajan en el mundo en condiciones peligrosas.
- Se estima que 1,2 millones de niños y niñas son víctimas de la trata de menores cada año.
- Aproximadamente 250 000 menores luchan en conflictos armados en diversos países de todo el mundo.
- Se calcula que 3 millones de niñas sufren cada año algún tipo de ablación o mutilación genital.
- Unos 1,8 millones de niños son explotados en la industria del sexo comercial.
- Se estima que entre 500 y 1 500 millones de niños están sometidos a algún tipo de violencia o maltrato.

7.2. Las consecuencias del maltrato

Que del maltrato infantil no se puede derivar nada bueno es una obviedad. No en vano Ferenczi (1932) hablaba del «terrorismo del sufrimiento», y nosotros del «terrorismo parental» (Talarn y Rigat, 2008). Como enseguida veremos con más detalle, las consecuencias del maltrato se dejan sentir en la inmensa mayoría de las víctimas, en diferentes aspectos de su equilibrio mental y físico (Maniglio, 2009).

Sin embargo, estimar las posibles consecuencias del maltrato no es tarea fácil. Desde la perspectiva de la «psicopatología del desarrollo», en la que nos situamos, cabe considerar no solo el tipo —o tipos— de maltrato que recibe el niño sino también sus variables fundamentales, como la severidad, la duración, la frecuencia, la edad del menor y el perpetrador y el emplazamiento del niño (familia de origen, familia extensa, familia adoptiva, institución residencial, etc.). Además, hay que considerar las diferencias de orden genético y epigenético. No en el sentido de la presencia de unos genes que determinen los trastornos mentales causados por el maltrato, sino en cuanto a una mayor o menor vulnerabilidad de cada individuo al estrés que genera el mismo (McGowan *et al.*, 2009; Weder *et al.*, 2009).

Queda claro, pues, que revisar las consecuencias de cada uno de los diferentes tipos de maltrato excede las posibilidades de este texto. Por este motivo, presentaremos una síntesis comprehensiva, pero generalista, del sufrimiento que experimentan las víctimas.

7.2.1. Las consecuencias psicológicas en los niños y adolescentes

Barudy (1998) presenta una propuesta interesante para estudiar estas consecuencias.[138] Sugiere distinguir entre los «efectos de carácter traumático» del maltrato —es decir, aquellos de presentación más inmediata y derivados directamente del mismo— de los efectos tipo «mecanismos adaptativos» frente al maltrato —que consisten en estrategias de adaptación que el niño se ve obligado a desarrollar para su supervivencia psicológica y evitar, en la medida de lo posible, males mayores—. Estas estrategias funcionan con una dinámica semejante a la del síntoma, es decir, procuran cierto equilibrio a costa de un sufrimiento importante, pero menor del que se derivaría directamente de la situación que se vive. Por ejemplo, un niño tratado con negligencia que abusa de las drogas o delinque sufrirá, y hará sufrir por ello, pero evitará, en cierto modo, la tremenda angustia derivada de ser maltratado por sus propios padres. Cuando falla la asistencia a las necesidades infantiles por parte de un entorno difícil, la mente del pequeño busca caminos para sobrevivir al dolor, mostrando diversas formas de fragmentación (Sáinz y Cabre, 2012).

Partiendo de la idea de este autor, e introduciendo alguna variación, se presenta la tabla siguiente a modo de resumen de las consecuencias del maltrato:[139]

---

138. Si bien no aplica su propuesta a los diferentes tipos de maltrato, ya que obvia, en su texto, el maltrato psicológico, al que el autor llama, induciendo a la confusión, «negligencia psicoafetiva».

139. Sin hacer referencia a las de tipo físico: heridas, suciedad, desnutrición, enfermedades, etc.

Tabla 7.4. Diferentes consecuencias de la negligencia, el maltrato físico y el abuso sexual.

Tipo de consecuencia	Negligencia	Maltrato físico	Abuso sexual
Traumáticas	Baja autoestima • Depresión enmascarada (trast. comportamiento y/o psicosomáticos) • Fracaso escolar	• Pánico • Impotencia • Autoimagen negativa • Baja autoestima • Ansiedad • Depresión • Hipervigilancia • Trast. por estrés postraumático • Fracaso escolar • Autoagresiones	• Alienación sacrificial* • Disociación • Labilidad emocional • Trast. del sueño • Terrores nocturnos • Hipervigilancia • Hiperactividad • Irritabilidad • Fracaso escolar • Fobias • Aislamiento social
Adaptativas	• MOI tipo desconfianza/dependencia • Delincuencia • Abuso drogas • Comp. depredador • Trast. conducta alimentaria (obesidad) • Depresión • Trast. límite de la pers.	• Obediencia y sumisión • Rabia, violencia, cólera, crueldad • Depresión • Trast. límite de la pers.	• Erotización excesiva • Parentalización • Promiscuidad • Trast. identidad sexual • Prostitución • Pareja colusiva (con abusador)

* Proceso de adaptación del menor a la situación teniendo en cuenta su dependencia del abusador y el proceso de sumisión y manipulación que este le impone (Barudy, 1998).

El sufrimiento mental derivado del maltrato

Además de las consecuencias generales descritas en la tabla anterior, podemos contemplar las relatadas, con un poco más de detalle estadístico, en el mencionado *Informe del Centro Reina Sofía sobre el Maltrato infantil* (Ministerio de Sanidad, Política Social e Igualdad, 2011). Del mismo se desprende que las consecuencias más comunes en las víctimas de maltrato fueron los sentimientos de tristeza y depresión (57,58 por ciento), el nerviosismo (27,27 por ciento) y los comportamientos violentos (27,27 por ciento). Solo el 7,84 por ciento de los damnificados no sufrió, aparentemente, ninguna consecuencia por el maltrato.

Las consecuencias del maltrato infantil mostraron diferencias según el sexo de la víctima. Las chicas tuvieron mayor tendencia a sufrir trastornos de la «serie internalizante» (depresión, ansiedad o aislamiento), mientras que los chicos solían presentar problemas de «externalización» (problemas de conducta). En concreto, el 73,68 por ciento de las chicas víctimas de maltrato presentó sentimientos de tristeza y depresión, frente al 35,71 por ciento de los chicos. Además, la segunda consecuencia más común en las chicas fue el nerviosismo (36,84 por ciento), mientras que en los chicos el segundo lugar lo ocuparon los comportamientos violentos (28,57 por ciento). En el tramo de 0 a 7 años, los porcentajes de víctimas que presentaron sentimientos de tristeza y depresión fueron muy altos en ambos sexos, incluso más en los chicos (43,90 por ciento) que en las chicas (31,58 por ciento). Las niñas presentaron más comúnmente aislamiento (26,32 por ciento de las chicas frente al 19,51 por ciento de los chicos), y fue al revés para los *comportamientos violentos* (14,63 por ciento de los chicos frente al 10,53 por ciento de las chicas).

El Grupo de Trabajo de Prevención de los Trastornos de Salud Mental del PAPPS[140] (Fernández *et al.*, 2005) presenta una clasificación de señales de alerta sobre el maltrato que pueden contemplarse,

---

140. El Programa de Actividades Preventivas y de Promoción de la Salud-PAPPS es un proyecto de la Sociedad Española de Medicina de Familia y Comunitaria (SEMFYC). Véase: http://www.papps.org

también, como consecuencias del mismo. La tabla siguiente resume algunas de sus aportaciones:

Tabla 7.5. Signos y señales de alerta de maltrato infantil (Fernández *et al.*, 2005).

Menores de 5 años	Preadolescentes	Adolescentes
Retraso psicomotor Apatía Aislamiento Miedo e inseguridad Hospitalizaciones frecuentes Enuresis y encopresis Conductas de dependencia Trastornos del sueño Terrores nocturnos Cambios del apetito	Fracaso escolar Problemas de conducta Agresividad/Sumisión Hiperactividad/Inhibición Pobre autoestima Tras. del lenguaje Tras. del aprendizaje Ansiedad/depresión Insomnio Absentismo escolar Fugas del domicilio Pérdida/ganancia de peso repentinas Conocimientos sexuales inapropiados para su edad	Trastornos psicosomáticos Cambios de apetito Depresión Ideación suicida Aislamiento social Fugas del domicilio Parentalización Promiscuidad sexual Ansiedad Abuso de drogas

7.2.2. Las consecuencias psicosociales en los adultos

En términos generales, puede afirmarse que los trastornos mentales de los adultos poseen unos determinantes infantiles que, estadísticamente, suelen mostrar bastante solidez. La psicopatología adulta no suele aparecer por arte de magia y, si bien hay numerosas excepciones, nos parece factible afirmar que en la mayoría de los casos pueden rastrearse antecedentes biográficos de diversos tipos, que de algún modo promueven los trastornos mentales posteriores. Las revisiones epidemiológicas más exhaustivas apoyan estos asertos (Fryers y Brugha, 2013). Y en el caso que nos ocupa, no caben muchas dudas sobre la influencia perniciosa del maltrato en la vida mental de los adultos que lo han sufrido (Norman, *et al.*, 2012).

Como no podría ser de otro modo, la depresión y los trastornos de ansiedad, incluido el trastorno por estrés postraumático, aparecen como los principales trastornos mentales derivados del maltrato (Weich, *et al.*, 2009). Asimismo, el trastorno de pánico se ha vinculado con la historia de maltrato físico (Goodwin, Fergusson y Horwood, 2005).

En lo que respecta a la psicosis, parece relacionarse especialmente con el abuso sexual (Cutajar *et al.*, 2010a; Fisher *et al.*, 2010). Abundaremos en este punto un poco más adelante.

Por otra parte, el consumo excesivo de alcohol y las conductas sexuales de alto riesgo se han vinculado con el maltrato físico y la negligencia (Jewkes *et al.*, 2010). Dentro de este tipo de conductas autodestructivas cabe mencionar el «riesgo incrementado de suicidio» (Afifi *et al.*, 2008; Brezo *et al.*, 2008) como otra de las consecuencias que se pueden esperar de estas vivencias infantiles.

El maltrato físico y psicológico, así como la negligencia, se han asociado con la presencia de trastornos de la alimentación, en especial la bulimia y la obesidad (Johnson *et al.*, 2002).

Naturalmente, los trastornos de personalidad, sobre todo el límite en mujeres y el antisocial en varones (Cutajar *et al.*, 2010b), así como el obsesivo (Caspi *et al.*, 2008), también pueden ser resultado del maltrato. No es de extrañar, puesto que el maltrato suele ser una condición crónica que deforma la personalidad en evolución de los menores que lo padecen, los cuales expresan sus rasgos caracteriales ya más definidos y alterados al llegar a la adolescencia y primera juventud.

Además de consecuencias estrictamente psicológicas también las hay de orden social. El bienestar socioeconómico de los maltratados también puede verse muy comprometido. Aunque no hay muchos estudios sobre este tema, se ha encontrado que los adultos con historia de maltrato, y en especial en el caso de las mujeres, poseen un menor nivel educativo, una menor categoría laboral, menores ingresos económicos y menos logros que los sujetos control (Curry y Spatz, 2010).

7.2.3. Las consecuencias psicosomáticas

El lector recordará que en el capítulo 3 abogamos por la unidad psicosomática del comportamiento y la mente humana y comentamos en profundidad la cuestión de la plasticidad cerebral. Justamente debido a la plasticidad de un cerebro en crecimiento se entiende que las repercusiones del estrés infantil impacten en todo su desarrollo, incluido el fisiológico. Aquí abundaremos un poco más en esta cuestión. Debe advertirse, no obstante, que los datos que siguen han de ser considerados con prudencia, debido a las enormes dificultades metodológicas que presentan estos trabajos. La diferente composición de las muestras estudiadas, el rango de edad de los sujetos (con su consiguiente variabilidad en cuanto a los «periodos críticos»), el tipo y severidad del maltrato recibido, los diferentes instrumentos de medida y la complejidad de las zonas y funciones cerebrales observadas son obstáculos a la consistencia y validez de las conclusiones de estos estudios. Sin embargo, la tendencia general a la que apuntan parece clara, como se podrá advertir en el sucinto resumen que presentamos.

Hay consenso, por ejemplo, sobre las consecuencias del maltrato sobre el eje HHA, con notables alteraciones del nivel de cortisol.[141] Estas alteraciones se han vinculado con la depresión, la conducta antisocial y la predisposición al trastorno por estrés postraumático, entre otras formas de sufrimiento mental, tanto en niños como en adultos (McCrory, De Brito y Viding, 2011).

El hipocampo es una región que se localiza en el interior de la parte medial o interna del lóbulo temporal, bajo la superficie cortical. Se ocupa de las funciones de aprendizaje y memoria. Se ha encontrado una reducción de su tamaño en adultos que sufrieron abusos cuando eran niños (Woon y Hedges, 2008). Al parecer, no solo la anatomía sino también la función del hipocampo se halla alterada, mostrando una hipoactivación que facilitaría, a través de un déficit de la memoria explícita, la aparición del trastorno por estrés postraumático (Carrion *et al.*, 2010).

---

141. Recuérdese lo explicado en el capítulo 3 a propósito de esta hormona.

La amígdala, estructura encargada del procesamiento de las señales que tienen que ver con el estrés, las amenazas y el miedo, así como de la memoria de los eventos emocionales, presenta un volumen incrementado en los niños y adolescentes que han sido precozmente institucionalizados en condiciones adversas (Mehta *et al.*, 2009). Si se estudia el volumen de la amígdala en relación con la edad del sujeto en el momento de la adopción, se encuentra que cuanto más tiempo pasa el niño en el orfanato, mayor es su incremento (Tottenham *et al.*, 2011). Al igual que en el caso del hipocampo, la amígdala de estos niños no solo presenta alteraciones en su estructura sino también en su funcionamiento. Estudios muy sofisticados que utilizan la IRMF[142] comparan niños maltratados con niños control y encuentran que los primeros muestran una excesiva activación de la amígdala frente a determinados estímulos (rostros desconocidos, rostros con expresión de enfado). Esta activación es prolongada e induce estados de ansiedad (Parker y Nelson, 2005; Shackman, Shackman y Pollak, 2007). Lo mismo ocurre en los adultos con historia de maltrato (Grant *et al.*, 2011).

El cuerpo calloso es un gran haz de fibras que conecta los dos hemisferios cerebrales y cuyas funciones son fundamentales para la activación, la emoción y las habilidades cognitivas. Si se compara esta estructura entre niños maltratados y no maltratados, se observa una disminución de su volumen —en sus zonas media y posterior— (Jackowski, *et al.*, 2008). Lo mismo ocurre con adultos que fueron sometidos a maltrato psicológico (Choi, *et al.*, 2009).

El córtex prefrontal, una de las más importantes regiones cerebrales, está involucrado en todo lo cognitivo, en la expresión de la personalidad y en la adecuación del comportamiento social, entre otras importantes funciones. Al parecer, los niños que han sufrido abusos presentan un volumen disminuido del córtex órbito-frontal, lo que implica un peor funcionamiento social (Hanson *et al.*, 2010).

---

142. IRMF: Imagen por resonancia magnética funcional. Se trata de una técnica de investigación no invasiva que permite mostrar, en imágenes muy precisas, las regiones cerebrales que se activan ante un estímulo.

Respecto a los adultos, aquellos que de niños fueron maltratados físicamente o que padecen depresión con historia de maltrato infantil presentan claras alteraciones en diferentes zonas de esta área (Tomoda *et al.*, 2009; van Harmelen, *et al.*, 2010).

Hemos revisado hasta aquí los daños derivados del maltrato a nivel de la estructura y funcionamiento del sistema nervioso central. Pero estos no son los únicos que pueden experimentarse como consecuencia del mismo. También se han descrito diversas enfermedades[143] que afectan a quienes son o han sido maltratados. De hecho, la propia OMS considera que el maltrato es un factor generador de problemas de salud en una parte de la población (Krug *et al.*, 2002). Parece que no le falta razón, ya que un reciente estudio señala que los niños que son víctimas de maltrato tienen un marcado desgaste en los telómeros, unas secuencias especiales del ADN que se hallan en las puntas de los cromosomas. Este desgaste se ha asociado a una menor esperanza de vida y a diversas enfermedades crónicas (Shalev, *et al.*, 2013).

El listado completo de tales afecciones sería interminable y solo podemos reseñar una síntesis mínima. El minucioso trabajo de Norman y su equipo (Norman *et al.*, 2012) muestra que las diversas formas de maltrato se asocian claramente con problemas de salud en la adolescencia y la vida adulta, como la obesidad, el tabaquismo, la artritis, la úlcera duodenal, las enfermedades de transmisión sexual y el dolor de cabeza. Con una correlación más débil aparecen enfermedades como la diabetes tipo 2, la hipertensión arterial esencial, los trastornos cardiovasculares o el cáncer.

7.3. Trauma: definición y consecuencias

Hay cierto consenso en considerar que un «trauma» aparece cuando un individuo se ve envuelto en hechos que representan un peligro real para su vida o cualquier otra amenaza para su integridad física,

---

143. No consideramos aquí los daños físicos producidos *directamente* por el maltrato físico, la negligencia o el abuso sexual.

o bien cuando se es testigo de un acontecimiento en el que se producen muertes, heridos, o existe una amenaza para la vida de otras personas. La respuesta del sujeto a este acontecimiento es de temor, desesperanza y horror intensos. A esta definición se suele añadir la idea de que el evento en cuestión supera la capacidad de respuesta del sujeto y sus mecanismos habituales de afrontamiento y defensa (Davidson y Foa, 1993).

Echeburúa (2004) distingue entre «suceso traumático» y «trauma». Por «suceso traumático» entiende un acontecimiento negativo e intenso que surge de forma brusca, que resulta inesperado e incontrolable y que, al poner en peligro la integridad física o psicológica de una persona que se muestra incapaz de afrontarlo, tiene consecuencias dramáticas para la víctima, especialmente de terror e indefensión. Considera «trauma» la reacción psicológica derivada de un suceso traumático.

Sobre la base de esta definición algunos autores han tratado de precisar diferentes tipos de trauma. Así, Terr (1991) propuso diferenciar entre trauma «tipo I» y «tipo II». En el primero se da un evento puntual (como una violación o la visión de un asesinato). En el segundo se sufre una exposición repetida a eventos extremos. Solomon y Heide (1999) añaden un tercer tipo, más extremo aún: aquí la situación de sufrimiento es también repetida y crónica, pero se produce desde temprana edad y con especial sadismo. Citan los autores como ejemplos a niños sometidos a constantes abusos físicos y sexuales, con empleo de fuerza, tortura, amenazas a sus seres queridos, ritos sectarios y demás barbaridades.

Para estos autores, la utilidad de la clasificación radica en que cada tipo de trauma requiere un abordaje diferente, puesto que presenta una clínica postraumática distinta. Así, en el caso del tipo I, el paciente se presenta, por lo general, con un recuerdo claro de lo sucedido y las terapias breves, del tipo que sean, pueden ser de utilidad. Los pacientes del tipo II acuden a la consulta con una patología muy variada, fundamentalmente de orden depresivo, y su tratamiento es más complejo, largo y delicado. Por último, los pacientes del tipo III pueden recibir diagnósticos como esquizofrenia, trastorno límite de la personalidad, trastorno bipolar o trastorno de identidad disociativo (Roses, Anderson y Clark, 1994) y, como es comprensible, su tratamiento será largo y de pronóstico incierto.

Con respecto a lo dicho anteriormente, los estudiosos del trauma nos advierten que no todas las personas sometidas a traumatismos desarrollan una condición psicopatológica posterior como consecuencia de los mismos (Kessler, Sonnega y Bromet, 1995; Yehuda y McFarlane, 1995). En esta afirmación, no obstante, no se matiza la respuesta de las personas en función del tipo de trauma sufrido. Nos parece viable que algunos sujetos no desarrollen clínica en respuesta a un trauma tipo I, sobre todo si este no ha sido infligido por otro ser humano. Más difícil se nos hace imaginar que esto suceda con respecto a las víctimas de traumas tipo II y III.

En cualquier caso, el factor traumático nunca debe desdeñarse en el historial de una persona que presenta psicopatología. Tucker (2002), por ejemplo, señala que hay muchos pacientes en los que no se efectúa un diagnóstico correcto debido a que se obvian los factores traumáticos y estresantes en sus historiales e interrogatorios. Read y su equipo (Read *et al.*, 2004) analizan 40 estudios de los que se desprende que el 69 por ciento de las mujeres y el 60 por ciento de los varones que han tenido un ingreso psiquiátrico han sufrido abuso sexual infantil. Muenzenmaier, Meyer y Struening (1993) relatan que el 65 por ciento de los pacientes entrevistados durante un año en un ambulatorio habían sufrido abusos durante la infancia. Mueser, Salyers y Rosenberg (2001) hallaron antecedentes traumáticos en el 90 por ciento de los pacientes de un programa de asistencia a drogadictos con trastornos mentales. En la actualidad, la evidencia sobre el peso de los traumas y el maltrato en la psicosis parece incontestable (Bendall *et al.*, 2008; Morgan y Fisher, 2007; Read y Hammersley, 2006).

Especial atención merece el trabajo de un autor de referencia en el tema de la psicosis como es Richard Bentall. En una de sus últimas publicaciones (Bentall *et al.*, 2012) se examinó una muestra de más de 7 000 personas con el objetivo de delimitar la asociación entre sucesos vitales estresantes en la infancia y el desarrollo de síntomas psicóticos. Sus conclusiones son muy claras:

a) Los niños que han experimentado algún tipo de situación traumática antes de los 16 años son tres veces más propensos a desarrollar trastornos psicóticos en la edad adulta, en comparación con los que no han experimentado este tipo de sucesos.
b) Se observa una relación entre la severidad de la experiencia y la probabilidad de desarrollar la enfermedad, de tal manera que aquellos niños que han sido expuestos en mayor medida a experiencias difíciles en la infancia presentan un riesgo mucho más elevado de padecer síntomas psicóticos en la edad adulta.
c) Hay una correlación entre el tipo de suceso experimentado en la infancia y el tipo de sintomatología psicótica desarrollada en la edad adulta. Los abusos sexuales en la infancia están asociados en mayor medida con alucinaciones en la etapa adulta, mientras que haber estado ingresado en un orfanato o ser víctima de maltrato físico se asocia con pensamiento paranoide.

7.4. El trauma desde la óptica psicoanalítica actual

El trauma, tal como lo hemos definido hasta aquí, fue el elemento fundador de las primeras teorías dinámicas de las neurosis, para posteriormente desaparecer y quedar vinculado casi en exclusividad a las neurosis traumáticas de los soldados. Resurgió después, en la obra del mismo Freud y en la de muchos otros autores.

No es este el lugar para repasar la larga historia del trauma dentro de la teoría psicoanalítica. Algunos de los pioneros, como Freud o Abraham, se centraron en los traumas puntuales de naturaleza sexual, mientras que otros como Ferenczi mostraron una visión más amplia del concepto, apuntando ideas muy semejantes a las que se sostienen desde el psicoanálisis contemporáneo (Daurella, 2012; Talarn, 2003). Balint, Bettelheim, Winnicott y Bowlby siguieron la senda abierta por Ferenczi, una vía de reflexión sobre las relaciones intrafamiliares que, pasando por Kohut, han acabado desembocando en una ampliación del concepto de trauma y de su importancia sobre la configuración de la personalidad.

En la actualidad no solo se consideran traumas los que se adecuan a su definición estricta sino también aquellos otros de naturaleza más sutil, más difíciles de detectar, menos violentos en sus formas, pero no inocuos en sus consecuencias. En este sentido, Crastnopol (2011) define el «microtrauma» como agresiones leves pero insistentes que van dañando la autoestima y deteriorando las relaciones con los demás. Se trata de agresiones de menor intensidad y menos evidentes que los grandes traumas en lo que respecta a su cualidad destructiva, y por ello son más fáciles de negar o más difíciles de detectar. La relación microtraumática perturba, casi sin que el sujeto lo perciba, la propia sensación de bienestar, eficacia o cohesión. Como se trata de algo sutil, nadie —ni víctima ni victimario— adopta medidas reparadoras, ni se defiende adecuadamente.

Esta autora define cinco variantes:

Maquillado. Implica la negación o desatención selectiva de las debilidades o aspectos inadecuados propios o ajenos, lo que conlleva la pérdida de la capacidad de confiar en la propia percepción.

Hiperafecto. El niño es hipervalorado a través una afectuosidad indiscriminada referida a las maravillosas cualidades que posee, aunque esta compulsividad de la expresión afectuosa pueda hacer que el niño internalice una sensación de ser amado por sus virtudes y consiguiente reflejo en el padre o la madre y no por sus cualidades básicas.

Maestría compartida. Un progenitor que se las da de sabio inculca en el hijo la costumbre de realizar constantes valoraciones comparativas de cualquier persona, lugar, aspecto o cosa, estableciendo con él una especie de hermanamiento narcisista. El problema puede radicar en que el discípulo —hijo— no se sienta a la altura del sabio y acabe experimentado sentimientos de insuficiencia o vergüenza.

Pequeños asesinatos. Son desaires, críticas, insultos y menosprecios que las personas se infligen las unas a las otras. Puyas que erosionan la confianza y la seguridad en uno mismo. La individualidad, dignidad y privacidad del niño pueden verse vulneradas, y este carece de toda soberanía sobre lo que se supone que es de su propiedad.

Aislamiento caprichoso. La evitación de participar en la relación, de manera temporal o duradera, por motivos arbitrarios deja al hijo sumido en un estado de privación e impotencia.

Por su parte, Stolorow y Atwood (1992) señalan que el trauma no es solo un afecto intolerable, sino que debe entenderse en el seno de un contexto relacional donde falta la «sintonía afectiva entre el niño y los adultos». Estos últimos fallan en la ayuda que le deben prestar al niño para que regule sus afectos y lo dejan caer en un estado insoportable, aplastante y desorganizado. El afecto doloroso se vuelve traumático cuando no se da en el ambiente aquella respuesta empática que el niño necesita para ser capaz de tolerar, contener, modular y aliviar el impacto de sus emociones. Esta falta de contexto afectuoso y contenedor obliga al niño a disociar sus sentimientos dolorosos: trata de salvar sus relaciones como puede, porque las necesita desesperadamente, pero es fácil que experimente un sufrimiento mental excesivo, una fragilidad ante situaciones adversas o una falta de confianza en el mundo.

Pero no solo son los sentimientos dolorosos del niño, como la rabia o la envidia, los que pueden ser rechazados por el entorno. También puede darse la falta de respuesta empática validadora ante los sentimientos positivos, los logros, las pequeñas o grandes victorias y alegrías infantiles.

Ejemplo clínico:

Alberto, hijo de un padre violento, es huraño y solitario. Explicó que de todas las penurias emocionales que le hizo pasar su padre durante años y años (insultos, falta de apoyo, amenazas, gritos, etc.) una de las que más le dolió sucedió tras ganar un concurso de dibujo técnico. El muchacho fue ilusionado a recoger el premio («lo único que he ganado en mi vida») y su padre, que lo acompañó al estrado donde se lo entregaban, le dijo al miembro del jurado, delante de él: «¡Bah! esto no vale para nada, si es que no sabe ni dibujar un conejo». Hoy en día, Alberto es aparejador, tiene trabajo y sus compañeros lo valoran, pero él se dice a sí mismo: «No sé para qué me esfuerzo, total, esto no sirve de nada, los demás lo hacen mejor, tengo que volver a estudiar, hice mal la carrera, miro los proyectos mil veces y nunca me acaban de gustar, a los demás no les pasa esto».

Comentario: la «autoestima» surge cuando uno es querido por lo que *es*. Todos los padres proyectan en los hijos algún ideal de sí mismos, pero si son suficientemente sanos y no predomina en ellos ni la frustración excesiva ni el narcisismo, el niño se desarrollará con tranquilidad. Pero si los progenitores inyectan un excesivo narcisismo en el niño, considerando que ha de ser *el mejor de todos*, este puede identificarse con ese rol e ir aumentando su propio narcisismo, ya exacerbado. El menor crece con la idea de que lo quieren, no por lo que *es*, sino solo si es *perfecto*. Por tanto, el amor puede ser retirado cuando fracase la perfección, como sugiere Millon (2000). Estas personas mantienen la idea de perfección personal a toda costa y no se permiten ni la debilidad, ni el derrumbe. El narcisismo ocupa el lugar de la autoestima y ambos se vuelven inversamente proporcionales (Sáinz, 2007). Sin embargo, cuando ocurre lo que a Alberto, la desvalorización y degradación que el padre ejerce sobre él se instala en el *self* a modo de principio organizador de la experiencia relacional. Alberto queda herido en su narcisismo y, a la vez, no puede desarrollar la autoestima. El sentimiento de fracaso es, entonces, una constante en su vida, muy difícil de modificar. Es como una especie de profecía autocumplida que rezaría más o menos así: «sé que fracasaré, haga lo que haga» o «nunca llegaré a conseguir nada realmente importante ni satisfactorio».

Con estas ideas, los analistas actuales consideran que trauma no es solo, como hemos visto, uno o más acontecimientos que ponen en peligro nuestra vida, nuestra integridad física y mental o la de otros y al que respondemos con horror y miedo. Trauma es también el fallo del ambiente en el que nos criamos, la alteración del vínculo de apego, la falta de validación empática de nuestros afectos, la falta de contención, de comprensión, de la posibilidad de compartir. Al primer tipo lo podríamos llamar «trauma violento» y al segundo «trauma relacional».

Lo que señalamos nos remite, en parte, al concepto de «trauma acumulativo» presentado por Khan (1963), y queda bien reflejado en esta cita de Shabad (1993):

> Un patrón crónico de vivencias infantiles frustrantes padecidas de un modo pasivo a manos de otros significativos, y que cuando se repiten día tras día durante un determinado número de años, pueden adoptar un significado emocional traumático. El persistente mal humor de un padre, sus desagradables silencios, sus constante incumplimiento de pequeñas promesas […] pueden constituirse, de modo individual, en temáticas traumáticas de variable intensidad (p. 482-483).[144]

Winnicott (1974)[145] nos enseñó que el trauma es también de aquello que «no ha sucedido». Afirmaba el autor que es más fácil recordar un trauma que aquello que «no pasó y que tendría que haber pasado». Nos recordó que hay familias muy correctas en su funcionamiento concreto, pero incapaces de vivir las relaciones con la conexión emocional necesaria. Entonces, el niño no puede referirse, ni siquiera enfadarse, con «aquello que no tuvo lugar». Sin embargo, puede vivirlo en sus relaciones con los demás, sin ser consciente de ello.

Para esta clase de relaciones patógenas que acabamos de describir se suele usar el nombre de «maltrato psicológico». Nuestra idea es que el maltrato psicológico incluye el trauma relacional, pero que este puede darse en ausencia de la coyuntura, más crónica, del maltrato psicológico. El maltrato psicológico se constituiría como una situación más amplia, como todo un estilo de relaciones que impregna completamente la vida de sus protagonistas. El trauma relacional, en cambio, podría verse como algo más puntual, menos sutil, algo que no tiene por qué convertirse en un hábito, aunque podría hacerlo.

---

144. Citado y traducido por Crastnopol (2012).
145. El trabajo aquí citado fue escrito en 1963 pero no apareció publicado hasta 1974.

La siguiente tabla justificaría la aportación conceptual que proponemos:

Tabla. 7.6. Propuesta de trauma relacional en comparación con el maltrato psicológico.

Concepto / Variables	Maltrato psicológico	Trauma relacional
Edad del sujeto	A cualquier edad	En edades de desarrollo
Direccionalidad (de objeto a sujeto)	De padres a hijos. Entre iguales	De padres a hijos
Localización	Intra o extrafamiliar	Intrafamiliar
Situación del perpetrador	Psicopatología franca y crónica (por ej. trast. de la personalidad)	Ídem o psicopatología reactiva o moderada, o poca empatía
Visibilidad	Directamente observable o no	Difícilmente observable
Duración	Prolongado (crónico) o esporádico	Prolongado
Consecuencias sobre la personalidad	Forma y deforma la personalidad	Corroe la personalidad
Escapatoria del sujeto	Imposible (por juego de lealtades o identificación con el agresor)	Puede darse alguna posibilidad de escape
Ejemplos	Familias trianguladoras, caóticas o deprivadoras, estilos parentales nocivos, imposibilidad de apego seguro, padres con trastornos mentales.	Gritos, descalificaciones, amenazas ocasionales al vínculo, respuestas «no democráticas», rechazo, incomprensión, etc.

Consideramos que esta idea del trauma relacional puede resultar de utilidad en el momento de valorar aquellas situaciones no tan evidentes como las que se dan en el maltrato emocional continuado. Al mismo tiempo, complementa los conceptos de «microtrauma» y de «falta de sintonía afectiva» ya citados, y creemos que podría ser de utilidad en la valoración etiológica de muchos casos de sufrimiento mental derivados de la dinámica relacional intrafamiliar. Terminamos este capítulo con un ejemplo de lo que estamos señalando.

> Teresa tiene 4 años. Es fruto de un embarazo deseado por el padre pero no por la madre, que ya tenía dos hijas de dos matrimonios anteriores, de 11 y 15 años, respectivamente. A pesar de la aparente ilusión paterna inicial, esta no logra sostenerse en la realidad cotidiana. El padre, que está en el paro, no juega con la niña cuando esta se lo pide. Tampoco la lleva nunca al parque y le pide a la hermana mayor que la saque de casa para que se distraiga. La regaña por no ir a dormir sola, aunque ha comprobado que si la acompaña y le lee un cuento durante diez minutos la pequeña se duerme tranquila. Se queja de que la niña, a la hora de comer, se levanta y se distrae, pero no se da cuenta de detalles como que nadie le corta la carne o se sienta a su lado, o que cuando el resto de la familia acaba de comer, todos se levantan de la mesa y se van, dejando a Teresa sola ante su plato. En casa, la niña necesita verlos o se angustia, aunque los padres manifiestan que en las fiestas de su pueblo la han perdido más de una vez y no tiene ningún miedo de ir con cualquier desconocido. La madre, con lágrimas en los ojos pero frialdad en sus palabras, reconoce que no se siente con energía para encargarse de la niña, que nunca quiso tenerla. Teresa se muestra triste, con un temblor en la voz y en el cuerpo que delatan su miedo, su inseguridad, su falta de amor correspondido.

Referencias bibliográficas

AFIFI, T.O.; ENNS, M.V.; COX, B.J.; ASMUNDSON, G.J.G.; STEIN, M.B. y SAREEN, J. (2008) «Population attributable fractions of psychiatric disorders and suicide ideation and attempts associated with adverse childhood experiences», en *American Journal of Public Health*, 98, 946-952.

BARNETT, D.; MANLY, J.T. y CICCHETTI, D. (1993) «Defining child maltreatment: The interface between policy and research», en D. CICCHETTI y S.L. TOTH (eds.), *Child abuse, child development, and social policy*, New Jersey, Ablex, pp. 7-74.

Barudy, J. (1998) *El dolor invisible de la infancia. Una lectura ecosistémica del maltrato infantil,* Barcelona, Paidós.

Belsky, J. (1980) «Child maltreatment. An ecological integration», en *American Psychologist, 35,* 320-335.

Bendall, S.; Jackson, H.J.; Hulbert, C.A. y McGorry, P.D. (2008) «Childhood trauma and psychotic disorders: A systematic, critical review of the evidence», en *Schizophrenia Bulletin, 34,* 568-579.

Bentall, R.P.; Wickham, S.; Shevlin, M. y Varese, F. (2012) «Do specific early-life adversities lead to specific symptoms of psychosis? A study from the 2007 The Adult Psychiatric Morbidity Survey», en *Schizophrenia Bulletin, 38,* 734-740.

Besharov, D.J. (1981) «Toward better research on child abuse and neglect: making definitional issues and explicit methodological concern», en *Child Abuse & Neglect, 5,* 383-390.

Brezo, J.; Paris, J.; Vitaro, F.; Hebert, M.; Tremblay, R.E. y Turecki, G. (2008) «Predicting suicide attempts in young adults with histories of childhood abuse», en *British Journal of Psychiatry, 193,* 134-139.

Carrion, V.G.; Haas, B.W.; Garrett, A.; Song, S. y Reiss, A.L. (2010) «Reduced hippocampal activity in youth with posttraumatic stress symptoms: an fMRI study», en *Journal of Pediatric Psychology, 35,* 559-569.

Caspi, A.; Vishne, T.; Sasson, Y.; Gross, R.; Livne, A. y Zohar, J. (2008) «Relationship between childhood sexual abuse and obsessive-compulsive disorder: case control study», en *Israel Journal of Psychiatry & Related Sciences, 45,* 177-782.

Centro Reina Sofía para el Estudio de la Violencia (2002) *Maltrato Infantil en la Familia. España 1997/1998.* Valencia, Centro Reina Sofía.

Choi, J.; Jeong, B.; Rohan, M.L.; Polcari, A.M. y Teicher, M.H. (2009) «Preliminary evidence for white matter tract abnormalities in young adults exposed to parental verbal abuse», en *Biological Psychiatry, 65,* 227-234.

Crastnopol, M. (2011) «Oculto a plena vista: El Micro-trauma en la dinámica relacional intergeneracional», en *Clínica e Investigación Relacional, 5,* 237-260.

— (2012) «La indigación incontrolada. Origen y consecuencias», en *Clínica e Investigación Relacional, 6,* 43-51.

Currie J. y Spatz, C. (2010) «Long-term consequences of child abuse

and neglect on adult economic well-being», en *Child Maltreatment, 15*, 111-120.
CUTAJAR, M.C.; MULLEN, P.E.; OGLOFF, J,R.; THOMAS, S,D.; WELLS, D,L. y SPATARO, J. (2010a) «Schizophrenia and other psychotic disorders in a cohort of sexually abused children», en *Archives of General Psychiatry, 67*, 1114-1119.
— (2010b) «Psychopathology in a large cohort of sexually abused children followed up to 43 years», en *Child Abuse & Neglect, 34*, 813-822.
DAURELLA, N. (2012) «Trauma y retraumatización. De Ferenczi a Fonagy, pasando por la teoría del apego y la neurociencia», en *Temas de Psicoanálisis, 3*. Documento electrónico. Disponible en: http://www.temasdepsicoanalisis.org (Recuperado en junio, 2013).
DAVIDSON, J.R.T. y FOA, E.B. (1993) *Posttraumatic stress disorder: DSM-IV and beyond*, Washington, American Psychiatric Press.
ECHEBURÚA, E. (2004) *Superar un trauma. El tratamiento de las víctimas de sucesos violentos*, Madrid, Pirámide.
ENGLISH, D.J.; BANGDIWALA, S.I. y RUNYAN, D. (2005) «The dimensions of maltreatment: Introduction», en *Child Abuse & Neglect, 29*, 441-460.
ENGLISH, D. J. y the LONGSCAN Investigators (1997) *Modified Maltreatment Classification System (MMCS)*. Documento electrónico. Disponible en: www.iprc.unc.edu/longscan. (Recuperado en junio, 2013.)
FERENCZI, S. (1932) «Confusion of tongues between adults and the child», en *Final contributions to the problems and methods of psychoanalysis*, Londres, Karnac Books. (Trad. cast.: «Confusión de lengua entre los adultos y el niño», en *Obras Completas*, tomo IV, Madrid, Espasa Calpe.)
FERNÁNDEZ, M.C., BUITRAGO, F., CIURANA, R., CHOCRÓN, L., GARCÍA, J., MONTÓN, C. y TIZÓN, J. (2005) «Prevención de los trastornos de salud mental desde atención primaria», en *Atención Primaria, 36*, 85-96.
FISHER, H.L.; JONES, P.B.; FEARON, P.; CRAIG, T.K.; DAZZAN, P., MORGAN, K.; HUTCHINSON, G.; DOODY, G.A.; McGUFFIN, P.; LEFF, J.; MURRAY, R.M. y MORGAN, C. (2010) «The varying impact of type, timing and frequency of exposure to childhood adversity on its association with adult psychotic disorder», en *Psychological Medicine, 40*, 1967-1978.
FRYERS, T. y BRUGHA, T. (2013) «Childhood determinants of adult psychiatric disorder», en *Clinical Practice & Epidemiology in Mental Health, 9*, 1-50.

GARBARINO, J. (1977) «The human ecology of child maltreatment. A conceptual model for research», en *Journal of Marriage and Family, 39*, 721-736.

GOODWIN, R.D.; FERGUSSON, D.M. y HORWOOD, L.J. (2005) «Childhood abuse and familial violence and the risk of panic attacks and panic disorder in young adulthood», en *Psychological Medicine, 35*, 881-890.

GRANT, M.M.; CANNISTRACI, C.; HOLLON, S.D.; GORE, J. y SHELTON, R. (2011) «Childhood trauma history differentiates amygdala response to sad faces within MDD», en *Journal of Psychiatry Research, 45*, 886-895.

HANSON, J. L.; CHUNG, M.K.; AVANTS, B.B.; SHIRTCLIFF, E.A.; GEE, J.C.; DAVIDSON, R.J. y POLLAK, S.D. (2010) «Early stress is associated with alterations in the orbitofrontal cortex: a tensor-based morphometry investigation of brain structure and behavioral risk», en *The Journal of Neuroscience, 30*, 7466-7472.

JACKOWSKI, A.P.; DOUGLAS-PALUMBERI, H.; JACKOWSKI, M.; WIN, L.; SCHULTZ, R.T.; STAIB, L.W.; KRYSTAL, J.H. y KAUFMAN, J. (2008) «Corpus callosum in maltreated children with posttraumatic stress disorder: a diffusion tensor imaging study», en *Psychiatry Research, 162*, 256-261.

JEWKES, R.K.; DUNKLE, K.; NDUNA, M.; JAMA, P.N. y PUREN, A. (2010) «Associations between childhood adversity and depression, substance abuse and HIV and HSV2 incident infections in rural South African youth», en *Child Abuse & Neglect, 34*, 833-841.

JOHNSON, J.G.; COHEN, P.; KASEN, S. y BROOK, J.S. (2002) «Childhood adversities associated with risk for eating disorders or weight problems during adolescence or early adulthood», en *American Journal of Psychiatry, 159*, 394-400.

KESSLER, R.C.; SONNEGA, A. y BROMET E. (1995) «Posttraumatic stress disorder in the National Comorbidity Survey», en *Archives of General Psychiatry, 52*, 1048-1060.

KHAN, M. R. (1963) «The concept of cumulative trauma», en *Psychoanalytic Study of the Child, 18*, 286-306.

KRUG, E.E.; DAHLBERG, L.L.; MERCY, J.A.; ZWI, A.B. y LOZANO, R. (2002) *World report on violence and health*, Ginebra, WHO.

LAU, A.S.; LEEB, R.T., ENGLISH, D.J.; GRAHAM, J.C.; BRIGGS, E.C.; BRODY, K.E. y MARSHALL, J.M. (2005) «What's in a name? A comparison of methods for classifying predominant type of maltreatment», en *Child Abuse & Neglect, 29*, 533-551.

Linares, J.L. (2006) *Las formas del abuso. La violencia física y psíquica en la familia y fuera de ella*, Barcelona, Paidós.

Maniglio R. (2009) «The impact of child sexual abuse on health: a systematic review of reviews», en *Clinical Psychology Review, 29*, 647-657.

McCrory, E.; De Brito, S.A. y Viding, E. (2011) «The impact of childhood maltreatment: a review of neurobiological and genetic factors», en *Frontiers in Psychiatry, 2*, 1-14. Documento electrónico. Disponible en: www.frontiersin.org (Recuperado en junio de 2013).

McGowan, P.O.; Sasaki, A.; D'alessio, A.C.; Dymov, S.; Labonté, B.; Szyf, M.; Turecki, G. y Meaney, M.J. (2009) «Epigenetic regulation of the glucocorticoid receptor in human brain associates with childhood abuse», en *Nature Neuroscience, 12*, 342-348.

Mehta, M.A.; Golembo, N.I.; Nosarti, C.; Colvert, E.; Mota, A.; Williams, S.C.R.; Rutter, M. y Sonuga-Barke, E.J.S. (2009) «Amygdala, hippocampal and corpus callosum size following severe early institutional deprivation: the English and Romanian Adoptees Study Pilot», en *Journal of Child Psychology and Psychiatry, and Allied Disciplines, 50*, 943-951.

Millon, T. (2000) *Personality disorders in modern life*, Nueva York, John Wiley & Sons. (Trad. cast.: *Trastornos de la personalidad en de la vida moderna*, Barcelona, Masson & Elsevier, 2001.)

Ministerio de Sanidad, Política Social e Igualdad (2011) *Informe del Centro Reina Sofía sobre el Maltrato infantil en la familia en España*, Madrid, Ministerio de Sanidad, Política Social e Igualdad. Disponible en: www.observatoriodelainfancia.msssi.gob.es (Recuperado en junio, 2013).

Morgan, C. y Fisher, L. (2007) «Environmental factors in schizophrenia: Childhood trauma. A critical review», en *Schizophrenia Bulletin, 33*, 3-10.

Muela, A. (2008) «Hacia un sistema de clasificación nosológico de maltrato infantil», en *Anales de Psicología, 24*, 77-87.

Muenzenmaier, K.; Meyer, I. y Struening, E. (1993) «Childhood abuse and neglect among women outpatients with chronic mental illness», en *Hospital and Community Psychiatry, 44*, 666-670.

Mueser, K., Salyers, M. y Rosenberg, S. (2001) «Psychometric evalua-

tion of trauma and posttraumatic stress disorder assessments in persons with severe mental illness», en *Psychological Assessment, 13,* 1111-1117.
NORMAN, R.E.; BYAMBAA, M.; DE, R.; BUTCHART, A.; SCOTT, J. y VOS, T. (2012) «The long-term health consequences of child physical abuse, emotional abuse, and neglect: A systematic review and meta-analysis», en *PLoS Medicine, 9.* Documento electrónico. Disponible en: www.ncbi.nlm.nih.gov
PARKER, S.W. y NELSON, C.A. (2005) «The impact of early institutional rearing on the ability to discriminate facial expressions of emotion: an event-related potential study», en *Child Development, 76,* 54-72.
READ, J.; GOODMAN, L.; MORRISON, A.P.; ROSS, C. y ADERHOLD, V. (2004) «Childhood trauma, loss and stress», en J. READ, L. MOSHER y R.P. BENTALL (eds.) *Models of madness: Psychological, social and biological approaches to schizophrenia,* Nueva York, Brunner-Routledge, pp. 223-252. (Trad. cast.: *Modelos de locura,* Barcelona, Herder, 2006.)
READ, J. y HAMMERSLEY, P. (2006) «Can very bad childhoods drive us crazy? Science, ideology and taboo», en J. JOHANNESSEN, B. MARTINDALE y J. CULLBERG (eds.) *In Evolving Psychosis: Different stages, different treatments,* Nueva York, Brunner-Routledge. pp. 270-292. (Trad. cast.: *Evolución de las psicosis,* Barcelona, Herder, 2008.)
ROSENBERG, D. A. (1997) «Unusual forms of child abuse», en M.E. Helfer, R.S. Kempe y R. Krugman (eds.) *The battered child,* Chicago, The University of Chicago Press, pp. 431-449.
ROSS, C.A.; ANDERSON, G. y CLARK, P. (1994) «Childhood abuse and the positive symptoms of schizophrenia», en *Hospital and Community Psychiatry, 45,* 489-491.
SÁINZ, F. (2007) «Narcisismo y sociedad, entre la carencia y la arrogancia, en: A. TALARN (comp.) *Globalización y salud mental,* Barcelona, Herder, pp. 417-452.
SÁINZ, F. y CABRE, V. (2012) «La experiencia terapéutica con un analista suficiente e insuficientemente bueno: una contribución de Winnicott al psicoanálisis relacional», en *Clínica e Investigación Relacional, 6,* 570-586.
SHABAD, P. (1993) «Resentment, indignation, entitlement: The transformation of unconscious wish into need», en *Psychoanalytic Dialogues: The International Journal of Relational Perspectives, 3,* 481-494.
SHACKMAN, J.E.; SHACKMAN, A.J. y POLLAK, S.D. (2007) «Physical abuse

amplifies attention to threat and increases anxiety in children», en *Emotion, 7,* 838-852.

Shalev, I.; Moffitt, T.E.; Sugden, K.; Williams, B.; Houts, R.M.; Danese, A.; Mill, J.; Arseneault, L. y Caspi, A. (2013) «Exposure to violence during childhood is associated with telomere erosion from 5 to 10 years of age: a longitudinal study», en *Molecular Psychiatry, 18,* 576-581.

Solomon, E.P. y Heide, K.M. (1999) «Type III trauma: toward a more effective conceptualization of psychological trauma», en *International Journal of Offender Therapy and Comparative Criminology, 43,* 202-210.

Stolorow, R.D. y Atwood, G.E (1992) *Contexts of Being. The intersubjective foundations of psychological life,* Hillsdale, The Analytic Press. (Trad. cast.: *Los contextos del ser. Las bases intersubjetivas de la vida psíquica,* Barcelona, Herder, 2004.)

Talarn, A. (2003) *Sándor Ferenczi. El mejor discípulo de Freud,* Madrid, Biblioteca Nueva.

Talarn, A. y Rigat, A. (2008) «Terrorismo parental: cuando los padres atentan contra sus hijos», en *Aloma. Revista de Psicologia, Ciències de l'Educació i de l'Esport, 22,* 169-182.

Terr, L.C. (1991) «Childhood traumas: An outline and overview», en *American Journal of Psychiatry, 148,* 10-20.

Tomoda, A.; Suzuki, H.; Rabi, K.; Sheu, Y.S.; Polcari, A. y Teicher, M.H. (2009) «Reduced prefrontal cortical gray matter volume in young adults exposed to harsh corporal punishment», en *Neuroimage, 47,* 66-71.

Tottenham, N.; Hare, T.A.; Millner, A.; Gilhooly, T.; Zevin, J.D. y Casey, B.J. (2011) «Elevated amygdala response to faces following early deprivation», en *Developmental Science. 14,* 190-204.

Tucker, W.M. (2002) «How to include the trauma history in the diagnosis and treatment of psychiatric inpatients», en *Psychiatric Quaterly, 73,* 135-144.

Van Harmelen, A.L.; Van Tol, M.J.; Van Der Wee, N.J.A.; Veltman, D.J.; Aleman, A.; Spinhoven, P.; Van Buchem, M.A.; Zitman, F.G.; Penninx, B. y Elzinga, B.M. (2010) «Reduced medial prefrontal cortex volume in adults reporting childhood emotional maltreatment», en *Biological Psychiatry, 68,* 832-838.

Weder, N.; Yang, B.Z.; Douglas-Palumberi, H.; Massey, J.; Krystal,

J.H.; GELERNTER, J. y KAUFMAN, J. (2009) «MAOA genotype, maltreatment, and aggressive behavior: the changing impact of genotype at varying levels of trauma», en *Biological Psychiatry, 65,* 417-424.

WEICH, S.; PATTERSON, J.; SHAW, R. y STEWART-BROWN, S. (2009) «Family relationships in childhood and common psychiatric disorders in later life: systematic review of prospective studies», en *British Journal of Psychiatry, 194,* 392-398.

WINNICOTT, D.W. (1974) «Fear of breakdown», en *International Review of Psychoanalysis, 1,* 103-107.

WOON, F.L. y HEDGES, D.W. (2008) «Hippocampal and amygdala volumes in children and adults with childhood maltreatment-related posttraumatic stress disorder: a meta-analysis», en *Hippocampus, 18,* 729-736.

YEHUDA, R. y McFARLANE, A.C. (1995) «Conflict between current knowledge about posttraumatic stress disorder and its original conceptual basis», en *American Journal of Psychiatry, 152,* 1705-1713.

Capítulo 8
Los hijos de padres con trastornos mentales graves

A nadie se le escapa que tener un progenitor —ya no digamos ambos (Gottesman, *et al.*, 2010)— afectado por un trastorno mental grave[146] es un «factor de riesgo» para la salud mental de los hijos (Rutter, 1966).

Cuando se inicia el estudio de las repercusiones de tener uno o dos progenitores con un TMG se hace necesario tener en cuenta que estas no se pueden contemplar como correlaciones directas. Presuponer que si existe un trastorno mental en los padres es esperable uno en los descendientes es un error. Pensar de este modo sería una ingenuidad y se alejaría de la perspectiva que hemos mantenido hasta ahora, basada en la psicopatología de desarrollo. Por tanto, contemplaremos el TMG de los padres como un «factor de riesgo» más, al que deben añadirse todas las consideraciones ya mostradas en el capítulo 4.[147]

El esquema de la página siguiente resume las variables que intervienen en esta situación y cómo todas ellas pueden repercutir en el sufrimiento mental excesivo del menor.

Hay otra idea que es preciso descartar de inmediato: de las evidencias empíricas sobre las consecuencias negativas de tener progenitores con TMG no se puede concluir que haya transmisión genética. Los datos invitan a pensar en sentido contrario, dada la inespecificidad de estas consecuencias (Dean, *et al.*, 2010; Bijl, Cuijpers y Smit, 2002). No es necesario, además, insistir en el papel de la epigenética,

---

146. TMG en adelante.
147. Equifinalidad, multifinalidad, contextualismo, etc.

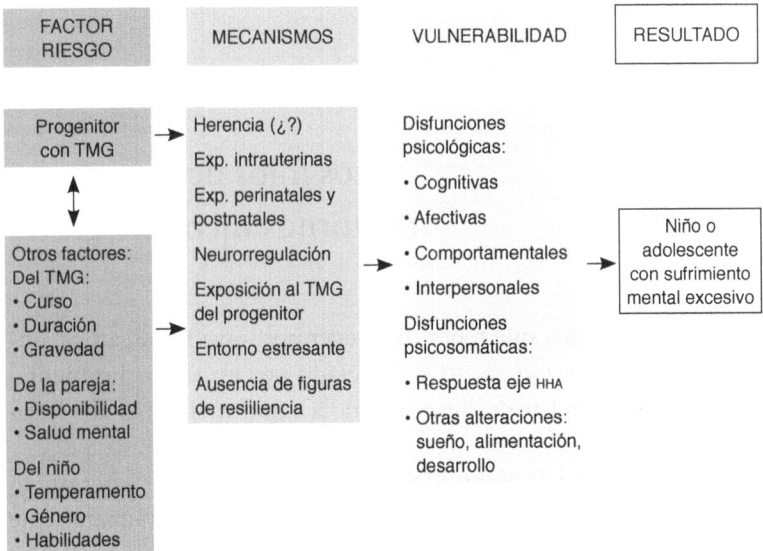

Figura 8.1. Modelo integrador de la transmisión del riesgo para el sufrimiento mental excesivo del menor cuando hay TMG en los padres.[148]

los factores intrauterinos y la plasticidad cerebral para descartar la idea de una herencia simple de la psicopatología. Si los hijos de estos padres presentan problemas de salud mental es debido, fundamentalmente, a que los TMG de los progenitores influyen y repercuten sobre la dinámica relacional que estos establecen con sus vástagos. Cuando los padres presentan niveles elevados de psicopatología, sus necesidades son demasiado altas y perentorias. En esas condiciones es más difícil hacerse cargo de las necesidades emocionales de sus hijos. Esto no implica que no puedan tratarlos con cariño o que en ciertos momentos se den vivencias relacionales óptimas. El principal problema reside en que estos progenitores no pueden garantizar la regularidad de los cuidados y se interrumpe lo que Winnicott (1960) llamó la «continuidad existencial».

148. Inspirado en el modelo de Goodman y Gotlib (2002) y modificado por nosotros.

Ahora bien, ¿qué se considera un TMG? Según Tizon (2005), cuando se plantea el análisis de las repercusiones sobre los hijos de los TMG de los padres, se deben tener en cuenta los siguientes: trastornos delirantes, esquizofrenia, depresión mayor, trastorno bipolar, intento de suicidio, trastornos graves de la personalidad, alcoholismo y otras toxicomanías. Al mismo tiempo, cabe estar atento a otros signos observables en la familia o en el niño que pueden apuntar a una patología de los progenitores, aunque no haya sido adecuadamente diagnosticada o detectada: negligencia en los cuidados básicos, malos tratos, ingreso psiquiátrico, depresión o abuso de drogas del menor, agresividad intrafamiliar y aislamiento social.

Por otra parte, la mayoría de estudios se enfocan en los TMG de la madre, y son pocos los destinados a la patología paterna (Ramchandani y Psychogiou, 2009).

Detectar todas estas situaciones no es fácil porque, a menudo, los padres ocultan la realidad de su salud mental. Hay muchos sujetos que sufren TMG que no están diagnosticados y los servicios de atención primaria suelen disponer de escaso tiempo asistencial. Para acabar de complicarlo, otros trastornos mentales, quizás no tan graves pero sí más comunes, como los trastornos de la conducta alimentaria, el trastorno por estrés postraumático, las agorafobias o los trastornos somatomorfos, entre otros, deberían tenerse también en cuenta a la hora de abordar el tema que nos ocupa (Ramchandani y Stein, 2003).

A pesar de las dificultades, y dada la importancia capital de esta cuestión, en diferentes países del mundo ya se han establecido protocolos para la adecuada detección de las condiciones de salud mental de los padres. En España destaca el trabajo del ya citado Grupo de Salud mental del PAPPS,[149] que en su *Guía de Salud Mental en Atención Primaria* (SEMFYC, 2008)[150] presenta unas pautas y recomendaciones clínicas para el manejo, detección y abordaje de estas situaciones.

---

149. Véase capítulo anterior, nota al pie núm. 140.
150. Disponible en: http://www.papps.org/upload/file/publicaciones/guiaRevisada2008-salud-mental.pdf

Relaciones, vivencias y psicopatología

No hay muchos trabajos epidemiológicos que cuantifiquen esta problemática. Pero sí conocemos una muy notable evidencia: muchos de los adultos que son tratados por TMG son padres. Así, por ejemplo, en un estudio estadounidense se encontró que un tercio de los pacientes ingresados por primera vez por un TMG tenían descendientes (Craig y Bromet, 2004). En Australia, entre el 29 y el 35 por ciento de las mujeres usuarias de los servicios de salud mental tienen hijos menores de 18 años (AICAFMHA, 2001), y entre el 21 y el 23 por ciento de las familias tiene un adulto con TMG (Reupert y Maybery, 2010). Se ha afirmado que entre el 50 y el 59 por ciento de las mujeres con un TMG son madres (Joseph *et al.*, 1999). Un potente estudio canadiense reveló que uno de cada 10 niños vive con un progenitor que padece un trastorno mental, y que uno de cada seis vive en un hogar donde reside un pariente (no necesariamente un progenitor) con trastorno mental. Esto significa que el 12 por ciento de los menores de 12 años viven en un domicilio donde hay una persona con alteraciones psiquiátricas (Bassani *et al.*, 2009).

Puesto que la evidencia indica, con toda rotundidad, que los niños con progenitores —u otros familiares que conviven con ellos— afectados de TMG experimentan un alto riesgo para el desarrollo de alteraciones psicológicas, se debería efectuar una rigurosa tarea preventiva con estos menores. Si así se hiciera, se reducirían, sin duda, sus elevadas probabilidades de padecer las repercusiones de esta situación (Cuijpers, Van Straten y Smit, 2005). Estas repercusiones, hay que tenerlo presente, no se dan solo a nivel psicopatológico, sino también a nivel *socioeconómico*: problemas laborales, económicos, de pareja, de ajuste social, de aislamiento (Mowbray, *et al.*, 2006), a nivel del *desarrollo general* (Henriksson y McNeil, 2004) y a nivel de la *salud física* (Blewett, Noble y Tunstill, 2011).[151]

Incluso hay trabajos que vinculan el TMG de los progenitores con la muerte súbita del bebé —particularmente cuando la madre es o ha sido toxicómana— (Webb *et al.*, 2010) o la muerte prematura

---

151. Problemas de salud física que pueden ser debidos a: negligencia, malos tratos o abusos, deficiente atención sanitaria o, incluso, al propio estrés en el que viven.

del menor —por causas no naturales— (Chen *et al.*, 2010). En este último se estudió una muestra con más de 3 000 menores, con ambos padres afectados de esquizofrenia o trastorno bipolar. Al compararlos con más de 25 000 niños, hijos de padres sin TMG, se encontró que los primeros tenían 8,3 veces más posibilidades de morir que los segundos. La proporción de muerte por accidente u homicidio era 20 y 11 veces mayor, respectivamente, en los hijos de los padres enfermos que en los hijos del grupo control.

En resumen: la presencia de TMG en uno, o ambos progenitores, es un asunto muy serio que merece más atención de la que se le suele prestar.

8.1. Los hijos de padres con psicosis

La ingente cantidad de bibliografía científica a propósito de los descendientes de los pacientes psicóticos[152] tiene una larga historia[153] y se puede dividir en dos grandes tipos: los «estudios de adopción» (aquellos que observan la evolución de los hijos de psicóticos que han sido adoptados) y los estudios de los niños que viven con su familia de origen.

Los «estudios de adopción», de indudable interés, se han empleado a menudo para intentar demostrar la carga genética de las psicosis, más concretamente de la esquizofrenia.[154] La hipótesis de partida es clara: si los hijos de padres psicóticos son portadores de una carga hereditaria, esta se expresará aunque hayan sido adoptados por padres no psicóticos. Si así fuera, se demostraría que el ambiente no influye en la enfermedad y se podría concluir que la esquizofrenia es un trastorno de origen genético.

---

152. El concepto de «psicosis» es muy amplio e incluye diferentes tipos. La esquizofrenia es la más estudiada y sus diferentes subtipos influirán de modo diverso en los hijos de los pacientes afectados (Anthony, 1969).
153. Hay estudios desde la década de 1930 (Preston y Antin, 1932).
154. Los «estudios de gemelos» tienen idéntico propósito.

Relaciones, vivencias y psicopatología

Prácticamente todos los manuales de psiquiatría y psicopatología —y no pocos profesionales— dan por confirmada la hipótesis y aceptan, en gran medida, esta conclusión. Sin embargo, nosotros estamos convencidos de que en este caso opera aquel aforismo[155] que sugiere que «una mentira mil veces repetida se transforma en verdad».

Entiéndase nuestra posición: no estamos acusando de *mentir* a nadie, sino señalando que el consenso mayoritario que se da en el *gremio* de la salud mental está basado en datos poco concluyentes (Fleming y Martin, 2011) que, sin embargo, se presentan, abundante y contundentemente, como si lo fueran.[156] Consideramos que los profesionales de la salud mental no podemos aceptar de modo acrítico unas *verdades* tan endebles. Porque cuando se analizan las pruebas en las que se basa este consenso se observa que están plagadas de enormes fallos metodológicos, errores de interpretación, sesgos estadísticos y conclusiones arbitrarias (Joseph, 2004, 2012). No es este el lugar para realizar tal análisis, remitimos al lector interesado a los textos de Joseph (2004, 2012); Peteiro (2010); Read, Mosher y Bentall (2004) o Bentall (2009), entre otros.

Por su parte, los estudios de los niños que viven con progenitores psicóticos apuntan todos en el mismo sentido: sus probabilidades de padecer algún tipo de alteración psicológica son muy elevadas. Y, tal como decíamos antes, no porque la psicosis de los padres ocasione psicosis en los niños, ni porque se dé una herencia genética, sino porque hay una miríada de factores ambientales que pueden influir en el desarrollo de estos niños: los problemas de pareja, la tensión intrafamiliar, la marginación social, la falta de recursos económicos, los ingresos psiquiátricos del progenitor enfermo, la posible negligencia, el posible caos comunicativo y relacional, etc. (Sánchez y Sanz,

---

155. Atribuido a Joseph Goebbels (1897-1945), ministro de propaganda en la Alemania nazi.
156. De modo muy semejante a lo que sucede en otros campos de la medicina, cuyos medios de comunicación principales están mediatizados por una visión economicista y biologicista (Ortiz y Mata, 2003; Talarn, 2007).

2004). En palabras de Winnicott (1959): «Los padres que poseen estas características fracasan en múltiples y sutiles maneras en el manejo de sus hijos» (p. 99). Algunos estudios señalan que hasta el 50 por ciento de estas madres pierde la custodia de algunos de sus hijos (Gearing, Alonzo y Marinelli, 2012).[157]

En ocasiones, el resultado de este fracaso adopta formas sorprendentes, como la «hipermaduración» (Bourdier, 1972): niños precoces, muy autónomos —en apariencia— sobreadaptados, corteses, tranquilos, hipercontrolados y algunos con buenos resultados académicos. Esta maduración defensiva le sirve al menor para tomar distancia con la enfermedad de los padres, darse explicaciones, cuidarlos y controlar su angustia. Su evolución, según este autor, dependerá de la posibilidad que le ofrezca o le niegue la estructura familiar de tomar distancia con los trastornos del progenitor enfermo e identificarse con imágenes sustitutivas. Si no cabe esta posibilidad se puede caer en una especie de *folie à deux* entre padres e hijos,[158] por lo que se hace imperativa una separación temporal entre el niño y el progenitor «inductor» (Arnone, Patel y Ming-Yee, 2006).

En este sentido, Dunn (1993) presentó un interesante estudio basado en los recuerdos de la infancia de personas que crecieron con una madre psicótica. Encontró que los sujetos recordaban:

1. Experiencias de abuso, negligencia, atención poco consistente y maltrato físico (33 por ciento). A menudo fueron cuidadores de sus madres y hermanos pequeños. El padre no estaba disponible ni física ni emocionalmente.
2. Experiencias de aislamiento respecto a sus iguales, vecinos y familia extensa. Nadie les hablaba de la enfermedad de sus madres. Los episodios psicóticos, los trastornos de conducta y los ingresos psiquiátricos suscitaban miedo y confusión. Además, no se les daban explicaciones.

---

157. Sin embargo, sabemos por la clínica que no siempre es así y que hay progenitores con psicosis que pueden ser atentos y cuidadosos con sus hijos la mayor parte del tiempo (Silverman, 1989).

158. Véase nota a pie de página núm. 113 del capítulo 5.

3. Sentimientos de culpa y la creencia de que ellos causaron o contribuyeron a la enfermedad de sus madres.
4. Todos recuerdan una o más personas que consideraron como soporte y ayuda cuando eran niños. En algunos casos se trataba de los abuelos, en otros casos de vecinos, amigos de la familia, profesores o entrenadores.

En lo que respecta a los estudios de tipo más cuantitativo, resulta imposible resumir aquí todos los datos que se han obtenido, por lo que presentaremos solo algunos de los más relevantes.

Varios estudios muestran cómo los hijos de mujeres esquizofrénicas padecen ciertas alteraciones o retardos en su desarrollo evolutivo (Niemi *et al.*, 2003), ya sea retraso psicomotor y sensorial (Marcus *et al.*, 1981), del lenguaje (Henriksson y McNeil, 2004), cognitivo (Yoshida *et al.*, 1999) o de interacción y comprensión social (Eack *et al.*, 2010). Se trata de retrasos que se deben, sin duda, a que estas madres suelen ser más silenciosas, menos estimulantes, más intrusivas y ofrecen a sus hijos un entorno más caótico, al tiempo que empobrecido, que otros tipos de madres. Esto sucede, especialmente, a aquellas que han padecido «psicosis postparto» (Bosanac, Buist y Burrows, 2003).

El trabajo de Ross y Compagnon (2001) señala que el 74 por ciento de los niños que tienen un padre esquizofrénico presenta un diagnóstico del eje I del DSM-IV. Los más frecuentes fueron: TDAH (40 por ciento); trastorno de ansiedad (23 por ciento); trastorno depresivo (12 por ciento) y psicosis (9 por ciento).

En nuestro entorno, Tizón y su equipo consideran que el 18,93 por ciento de los hijos de esquizofrénicos y el 15,35 por ciento de los hijos de pacientes con otras psicosis padecen un TMG por el cual consultan. De entre los que lo hacen, de todas las edades, el 29 por ciento son diagnosticados de trastornos de la relación, la ingesta o la eliminación, el 23,87 por ciento de trastorno psicótico, el 15 por ciento de varias alteraciones de la adultez —como trastorno del sueño, trastorno del control de los impulsos, alcoholismo o trastorno adaptativo—, el 14 por ciento de trastorno depresivo y el 9 por ciento de trastornos de ansiedad (Tizón *et al.*, 2006).

Consideramos innecesario desgranar más y más datos de este estilo, obtenidos por los numerosos estudios realizados al respecto. El lector interesado puede hallar un buen resumen en la revisión de Wan, Abel y Green (2008).

8.2. Los hijos de padres con trastornos del estado de ánimo

Entre los diferentes «trastornos del estado de ánimo» que unos padres pueden padecer, los que poseen mayor impacto sobre la vida de los niños son, sin duda, la depresión postparto, la depresión mayor y el trastorno bipolar.

8.2.1. Depresión postparto

El lector recordará lo que se dijo en el capítulo 2 sobre la preocupación maternal primaria, la capacidad de *reverie* o la respuesta sensible de la madre con respecto al bebé, condiciones fundamentales para el correcto desarrollo del mismo. Lógica y tristemente, estas condiciones que la madre ha de poner a disposición del recién nacido pueden verse alteradas en la depresión postparto grave. De ahí que se pueda colegir que este cuadro (DPP en adelante), en especial si es severo, puede conllevar consecuencias muy serias para la vida del bebé.[159]

Es obvio que para valorarlas hay que tener presentes variables como la duración, la presencia o ausencia de otro progenitor y sus condiciones, el temperamento del bebé, el soporte social y demás. Matices aparte, la bibliografía científica certifica lo evidente: que es una condición adversa para el niño (Bagner *et al.*, 2010).

De entrada, la «interacción diádica» entre la madre y el bebé se ve afectada, perdiendo en calidad y cantidad (Poobalan, *et al.*, 2007). Lo mismo sucede con la alimentación, que suele verse alterada en

---

[159]. Hasta tal punto que se han hallado correlaciones entre la DPP y la muerte súbita del bebé (Howard, Kirkwood y Latinovic, 2007).

ritmo y resultados, entre otras cosas porque las madres deprimidas suelen ser menos proclives a dar el pecho (Dennis y McQueen, 2009).

Numerosos estudios atribuyen la DPP de las madres al hecho de tener bebés de llanto inconsolable, debido a cólicos u otras causas (Radesky *et al.*, 2013; Vik *et al.*, 2009). Hay que advertir, no obstante, que lo contrario también podría ser cierto, es decir, que una de las causas del llanto inconsolable sea tener una madre con DPP.

Los hijos de madres con DPP muestran mayor porcentaje de apego inseguro —evitativo o ansioso— que aquellos cuya madre no la ha padecido (Goecke *et al.*, 2012), si bien hay estudios que contradicen esta idea (Tharner *et al.*, 2012).

Las investigaciones más precisas sobre los efectos de la DPP en el rendimiento cognitivo de los niños de 18 meses muestran que este disminuye, especialmente en el caso de los varones. Una afectación que en algunos casos se mantiene hasta la adolescencia (Murray *et al.*, 2010).

La DPP, sin embargo, no un asunto exclusivo de la mujer. Aunque no hayan dado a luz, los varones también pueden experimentar DPP. De hecho, se calcula que entre el 5 y el 10 por ciento de los padres experimentan depresión tras el nacimiento de su hijo (Paulson y Bazemore, 2010). Y esta DPP varonil afecta a la relación de pareja y, por tanto, a todo aquello que tiene que ver con el bebé y su cuidado (Ramchandani *et al.*, 2011).

8.2.2. Depresión mayor

La «depresión mayor» (DM en adelante) suele dañar numerosas áreas de la vida de aquel que la padece. Si el que la sufre es un progenitor con menores a su cargo no le resultará fácil atender a las necesidades de estos. Por eso, se considera que tener uno o ambos padres con DM es un factor de riesgo importante de cara a la salud de los niños en desarrollo.

Weisman y su equipo (Weisman *et al.*, 1997) hicieron el seguimiento, durante 10 años, de 182 niños con un progenitor aquejado de DM. Comparados con los hijos de no depresivos, estos tenían:

a) tres veces más posibilidades de sufrir DM y fobias antes de la pubertad; b) cinco veces más posibilidades de sufrir ataques de ansiedad y adicción al alcohol al llegar a la adolescencia; c) más aislamiento social.

Unos años más tarde, el mismo equipo efectuó el seguimiento, durante 15 años, de hijos de padres con DM, alcanzando conclusiones similares a las anteriores (Weisman *et al.*, 2006): a) el riesgo de trastornos de ansiedad, DM y adicción es tres veces superior en los hijos de los deprimidos que en los de los no deprimidos; b) lo mismo sucede con respecto al aislamiento social; c) el mayor periodo de incidencia de la DM entre los hijos se da entre los 15 y los 20 años de edad; y d) los hijos de los padres con DM presentan un mayor porcentaje de problemas médicos y de mortalidad.

Cuando es la madre la que padece DM, esta se asocia con numerosos problemas en los pequeños a su cargo (Goodman, 2007). Así, estos niños pueden mostrar alteraciones afectivas, de ansiedad (fobias, ansiedad de separación), cognitivas (menor rendimiento escolar, incluso un QI[160] más bajo), de relación interpersonal (inseguridad, exclusión, agresión), neuroendocrinas y de funcionamiento neurológico (alteraciones de la respuesta del eje HHA, del funcionamiento del córtex prefrontal) [Goodman y Tully, 2006].

Y hay constancia de que los efectos sobre los hijos de la DM de la madre son mayores que los de la DM del padre (Connell y Goodman, 2002). Una evidencia empírica aplastante (Goodman, 2007; Lovejoy *et al.*, 2000) confirma que la madre con DM ejecuta una parentalidad plagada de deficiencias en áreas como la sincronía, la sensibilidad, la disciplina, el castigo, la calidez, la comunicación, la valoración del hijo y demás. El apego se verá afectado, y, en este sentido, más probable el inseguro que el seguro (Teti *et al.*, 1995).

---

160. QI: coeficiente intelectual. Debe advertirse que los test que lo miden no tienen en cuenta la motivación del niño para responderlos. Por ello, un niño triste, poco motivado o desganado, puede obtener un resultado poco fiable. Aunque en general los test de inteligencia son muy usados, lo cierto es que presentan numerosos y graves problemas técnicos (Enzensberger, 2007).

Destacan en este tema los interesantes trabajos de Tronick[161] y su equipo. Tronick desarrolló una metodología de investigación a través de la cual, mediante el análisis de filmaciones, se puede estudiar con gran precisión la interacción entre la madre y su bebé. Estos autores llegaron a la conclusión de que los niños, aun los más pequeños, responden con inquietud y actitudes defensivas a la inexpresividad de una madre deprimida (Cohn y Tronick, 1983). El autor sugiere que la falta de respuesta materna altera el objetivo del niño de relacionarse a nivel afectivo, y ello comporta para el bebé estados emocionales negativos y consecuencias posteriores, como las ya revisadas hasta aquí (Tronick y Field, 1987).

Como es natural, la presencia del padre sin TMG que está disponible emocional y físicamente para el niño y la madre puede reducir estas deficiencias, actuando como un «factor de protección» para el menor (Redshaw y Henderson, 2013).

Desde el paradigma psicoanalítico se ha abordado este tema con profusión. Todos los analistas, como no podía ser de otro modo, han enfatizado el papel de la madre en el desarrollo infantil. Winnicott (1958) y muchos otros analistas han escrito sobre las relaciones entre progenitores con DM y sus hijos. Green (1983), por ejemplo, señaló que cuando la madre padece DM, el niño experimenta una pérdida: la pérdida del amor de la madre. A su vez, describió el «complejo de la madre muerta»: la madre muerta es una madre que sigue viva pero que, de forma metafórica, está psíquicamente muerta a los ojos del hijo a quien ella cuida. El autor sugiere que algunos de estos niños al llegar a adultos padecen una «depresión blanca», es decir, sentirse a sí mismos como fútiles, vacíos o casi inexistentes.

La idea general que se desprende de estos autores es que ser criado por padres deprimidos parece sensibilizar a los niños con respecto a la culpa y los sentimientos inadecuados de responsabilidad. Esto obedece a diferentes factores: en la familia se da un clima

---

161. Ed Tronick, psicólogo de la Universidad de Harvard, es uno de los más prestigiosos investigadores en desarrollo infantil. Su método recibe el nombre de *still face*. Véase Tronick (2007).

de sufrimiento y conflicto, el niño está sometido a la irritabilidad parental, a técnicas inductoras de ansiedad y culpa o al uso del retiro del amor como manera de disciplinar y, por último, se enfrenta a estilos atribucionales negativos transmitidos por los padres (Blatt, 2004).

8.2.3. Trastorno bipolar

La conceptualización y el diagnóstico de los «trastornos bipolares» (TB en adelante) son de una complejidad inusitada. No solo porque las clasificaciones del DSM-V (APA, 2013) y la CIE 10 (OMS, 1992) difieren, sino también porque muchos autores proponen reemplazar el enfoque categorial por una visión dimensional, en lo que se ha dado en llamar el «espectro de la bipolaridad» (Angst, 2007). Puesto que no está en nuestra mano resolver una polémica que se ha mantenido durante décadas, en el presente texto usaremos el término «trastorno bipolar» en su sentido más común, es decir, aquel que señala que una persona atraviesa, no necesariamente de modo correlativo, periodos de intensa depresión (DM) y otros momentos de una euforia excesiva (manía).

El hijo de un progenitor con TB, por tanto, puede convivir con este viéndolo ora más o menos normalizado en cuanto a su estado de ánimo (eutimia), ora profundamente deprimido, ora bajo los efectos de un episodio maníaco.[162] Es fácil adivinar el desconcierto, la ansiedad y la preocupación del menor ante la precaria estabilidad mental de su progenitor.

No son pocos los estudios que han efectuado un seguimiento de estos niños y todos concluyen, más o menos, lo mismo: se trata de niños de alto riesgo para experimentar un sufrimiento mental excesivo.

---

162. Los síntomas más frecuentes en un episodio maníaco son: autoestima exagerada, verborrea, insomnio, taquipsiquia, aumento exagerado de la actividad intencional, impulsividad, sentimientos de grandiosidad. Pueden darse también síntomas psicóticos, como el pensamiento delirante.

Un metaanálisis de 17 estudios (DelBello y Geller, 2001) mostró que la probabilidad de sufrir un trastorno del estado de ánimo en los hijos de padres con TB oscilaba entre el 5 y el 67 por ciento, mientras que en los niños del grupo control oscilaban entre el 0 y el 38 por ciento. Para los otros tipos de psicopatología, las ratios eran del 5 al 52 por ciento en los hijos de TB y del 0 al 25 por ciento en los niños control.

Como era de esperar, si ambos padres padecen TB, la probabilidad de que el hijo padezca el mismo trastorno aumenta exponencialmente, con respecto a aquellos que solo tienen un progenitor con TB. En estos niños, el primer episodio de TB (ya sea de DM o de manía) se da antes de los 12 años de edad en el 75 por ciento de los casos (Birmaher *et al.*, 2009).

En un trabajo muy reciente (García-Amador *et al.*, 2013) se halló que la mitad de los descendientes de un padre que sufre TB padecía una clara alteración psicopatológica: TDAH (30 por ciento), trastornos de ansiedad (14 por ciento) y afectivos (10 por ciento). Las probabilidades de sufrir un trastorno aumentaban en función de la gravedad del TB del padre. Otras alteraciones conductuales, como los problemas de conducta o la agresividad, también están presentes en estos niños (Diler *et al.*, 2011), así como ciertas disfunciones neuropsicológicas (Klimes-Dougan *et al.*, 2006).

Es un tópico en los manuales de psicopatología la supuesta heredabilidad de los TB, dando por asumida una aparentemente demostrada carga genética de dicho trastorno (Craddock y Sklar, 2013). Sin embargo, lo dicho respecto a la herencia de las psicosis nos parece también aplicable aquí. Entre otras razones porque se han menospreciado los factores ambientales en el estudio de estas patologías, aun cuando su influencia es manifiesta (Bentall, 2009; Etain et al., 2008).

Ejemplo clínico:

Biel es hijo único y tiene 10 años. Su padre los abandonó a él y a su madre justo después de su nacimiento. El historial psiquiátrico de la madre es dilatado: varios ingresos hospitalarios y una ristra de diferentes etiquetas diagnósticas (depresión mayor, trastorno de ansiedad generalizada, agorafobia, trastorno bipolar). Cuando la madre se ausenta, por un ingreso psiquiátrico o porque está descompensada en un episodio maníaco, el niño queda a cargo de la abuela, que vive con ellos. Biel llega a la consulta derivado por la escuela, debido a su elevada impulsividad, ansiedad, imposibilidad de concentración y dificultades relacionales. En terapia, el crío muestra una incapacidad tremenda para poder relajar su cuerpo. Se mueve permanentemente y se levanta para tocar todo lo que ve durante la sesión. Cuando está sentado se balancea y le aparece un tic en el cuello. No para de hablar, mira poco a los ojos, le cuesta escuchar y cambia de tema de forma continua. En la escuela lo castigan a menudo por su incontinencia verbal y física y por molestar a los niños. En casa come de manera compulsiva. Explica que su madre se pasa el día durmiendo o no juega con él porque está ocupada chateando por internet. En la entrevista con la madre se detecta que, a menudo, se olvida de ir a recogerlo y que ella misma es la primera que no respeta los hábitos diarios de aseo, comida y sueño. En lo que respecta a Biel, este se siente «malo» porque cree que su madre no lo quiere debido a sus dificultades conductuales. Ante sus intentos desmesurados para conseguir su atención, la respuesta que recibe —o sea, la *no respuesta*— le incrementa cada vez más su tristeza, su ansiedad, sus tics, sus rivalidades con otros niños, su enfado y su incomprensión.

Comentario: la salud mental de la madre de Biel es muy precaria y el abandono que sufrió tras dar a luz en nada ayudó a su recuperación. Actualmente afectada por un trastorno bipolar, cuando está deprimida no sale de su cuarto, y cuando está maníaca no para en casa. El resultado es que Biel no se siente querido, ya que no hay constancia en el vínculo con ella. Cuando esta ansiedad se transforma en problemas de conducta, claros reclamos de atención y búsqueda de apoyo, el niño se siente rechazado y acaba creyendo que no es querido por su propia culpa o que la madre está mal por su conducta. Algunos profesionales de la salud mental, con buena intención pero poca comprensión global del caso, han diagnosticado a Biel de TDAH y han propuesto medicarlo, juzgando que el niño es muy «movido» por herencia constitucional. La tarea a efectuar es otra: explicarle a Biel la enfermedad de la madre, desculpabilizarlo, afianzar sus vínculos resilientes, apoyarlo en la escuela, etc.

8.3. Los hijos de los suicidas

Aquellas personas que consuman un suicidio, a pesar de su triste resultado común, no configuran un grupo humano homogéneo.[163] La conducta suicida es muy compleja y no existe una única razón por la que las personas decidan quitarse la vida. El suicidio puede producirse como consecuencia de muy variadas situaciones. Hay suicidios en personas con un TMG —como la DM, el TB, la esquizofrenia o las adicciones— y también ocurren suicidios consumados en personas sin TMG, como los que se dan entre aquellos que padecen un «trastorno adaptativo» (Gradus *et al.*, 2010a) o un «trastorno por estrés agudo» (Gradus *et al.*, 2010b). En estos casos, diríamos que el sujeto en cuestión padece un estrés muy severo, al que le resulta difícil adaptarse o reaccionar, pero esto no siempre significa que se sea portador de un TMG.

Lógicamente, estos importantes matices y muchos otros deben tenerse en cuenta a la hora de valorar cuáles son las consecuencias de la pérdida de un progenitor (o ambos, en los casos más desafortunados) para los hijos de las personas que se han quitado la vida mediante el suicidio. No es lo mismo perder a un padre con un grave historial psiquiátrico con episodios de psicosis o TB, pongamos por caso, que perder a un padre, por suicidio también, pero sin historial de TMG alguno.

Perder súbitamente al padre o a la madre resulta un acontecimiento vital de primer orden. Cabe preguntarse si esta perdida es aún más traumática y deja más secuelas en el caso de que se produzca a través del suicidio. Ciertos estudios se han planteado esta cuestión y han comparado las secuelas de la muerte repentina de un progenitor —por accidente o muerte natural— con las secuelas de la muerte por suicidio.

Ante esta cuestión es preciso plantear una reflexión (Rigat, 2013). Los hijos muy pequeños de un suicida probablemente vivan dos perio-

---

163. Otra cosa podríamos decir con respecto a aquellas personas con intentos repetidos de suicidio, pero estas consideraciones escapan el marco de nuestro texto.

dos emocionales diferenciados en función de su edad en el momento del suicidio y del paso del tiempo. En un primer periodo, cuando los niños son de corta edad, reaccionan a la muerte del progenitor como lo harían ante cualquier pérdida, sin captar toda la carga emocional que implica un suicidio. Más adelante, al llegar a la adolescencia o preadolescencia, esta carga se hace presente y el menor vive un segundo periodo de duelo con respecto a la pérdida sufrida. Un periodo más complejo, quizás, lleno de preguntas y cuestiones en torno a cómo y por qué de la muerte por suicidio de su progenitor.

Solo sin tener en cuenta esta importante cuestión se puede afirmar, como hacen algunos (Melhem *et al.*, 2008),[164] que las secuelas de una pérdida así no difieren en función de la razón del fallecimiento. Otros estudios, con un seguimiento más prolongado y que, por tanto, pueden recoger estos dos periodos mencionados, señalan que el suicido es más traumático y conlleva más secuelas que la muerte por otras causas, en especial si el suicidio es el de la madre (Kuramoto *et al.*, 2010; 2013).

Parece claro, entonces, que el suicidio es la causa de muerte que provoca más culpabilidad, hostilidad y estigmatización social. En el caso de los niños pequeños, cuya comprensión de la muerte todavía es precaria, se puede responder con perplejidad, ambivalencia, conductas regresivas, rabia o incluso el miedo al contagio de la propia muerte. Los más mayores pueden reaccionar con negación, idealización del fallecido, culpabilidad, parentalización o agresividad. En todos los casos, está garantizada una sobredosis de sufrimiento mental y, por tanto, se tratará de menores sometidos a un importante factor de riesgo de cara a su propia estabilidad personal.

Los estudios empíricos elaborados con muestras de hijos de fallecidos por suicidio apuntan, sin ningún género de dudas, en este sentido.

---

164. Las secuelas halladas entre la prole son DM, TB, trastorno por estrés postraumático, adicciones y trastornos de la personalidad. Sin embargo, este estudio es de corto alcance, ya que solo observa los nueve primeros meses después del fallecimiento del progenitor.

Tsuchiya, Agerbo y Mortensen (2005) hallaron que los hijos de fallecidos por suicidio tenían mayor riesgo de desarrollar un TB, especialmente en el caso del suicidio materno.

Un estudio danés (Sørensen, *et al.*, 2009) encontró que los descendientes de los suicidas tenían mayor riesgo de cometer suicidio, con independencia de si los padres padecían o no TMG y del estatus social. Este riesgo es mayor si es la madre la suicida y los hijos son pequeños (Geulayov, 2012).

Pocos estudios pueden hacer gala de una muestra tan grande como la exhibida por Kuramoto y su equipo (Kuramoto *et al.*, 2013). Estos autores trabajaron con 26 096 descendientes de suicidas y los compararon, en cuanto a riesgo psiquiátrico, con 32 395 hijos de fallecidos por muerte no intencional. Todos tenían menos de 25 años cuando ocurrió la muerte del progenitor. Sus conclusiones son claras: los descendientes de los suicidas poseen más riesgo de suicidio que aquellos que perdieron a su progenitor por otras causas. Además, este riesgo aumenta en función de la edad: cuanto más temprana es la pérdida mayor es el riesgo. Este hallazgo invita a sugerir a los autores que en los niños más pequeños es precisa una tarea preventiva durante décadas y en los más mayores al menos durante los dos primeros años.

8.4. Los hijos de las personas con graves trastornos de la personalidad

La personalidad determina, en gran medida, las relaciones del individuo consigo mismo, con los demás y con el entorno. Por tanto, la personalidad, sea del tipo que sea, interviene en la crianza, la educación y las relaciones con los hijos (Prinzie *et al.*, 2009; Wilson y Durbin, 2012).

De lo anterior se deduce que todos los progenitores con trastornos de personalidad (TP, en adelante), graves y no tan graves, pueden ejercer algún tipo de influencia negativa de cara al sufrimiento mental de sus descendientes. ¿Cabe alguna duda de que unos progenitores muy narcisistas, o muy esquizoides, o muy histriónicos, o muy paranoides influirán de un modo especial en sus hijos? La experiencia clínica, además de la bibliografía científica, nos dan la respuesta: no.

No podemos abordar con detalle todos los TP en cuanto a su relación con la parentalidad y la crianza. Consideraremos tan solo tres condiciones diferentes: el «trastorno límite» (TLP, en adelante), el «trastorno antisocial» (TAP, en adelante) y el «trastorno narcisista» (TNP, en adelante). Para esta selección nos basamos, como lo hace la investigación moderna sobre este tema (Berg-Nielsen y Wichström, 2012) en el hecho de que en estos tres TP está muy presente el componente de la «hostilidad», amén de que en todos ellos predomina la preocupación por uno mismo por encima de las cuestiones de los demás.[165] Es de gran importancia reseñar que incluso las características «subclínicas» de estos tres TP se relacionan estadísticamente, de modo significativo, con un sufrimiento mental excesivo en los hijos, como muestra el trabajo, ya citado de Berg-Nielsen y Wichström (2012).

La figura siguiente resume las aportaciones de estos autores:

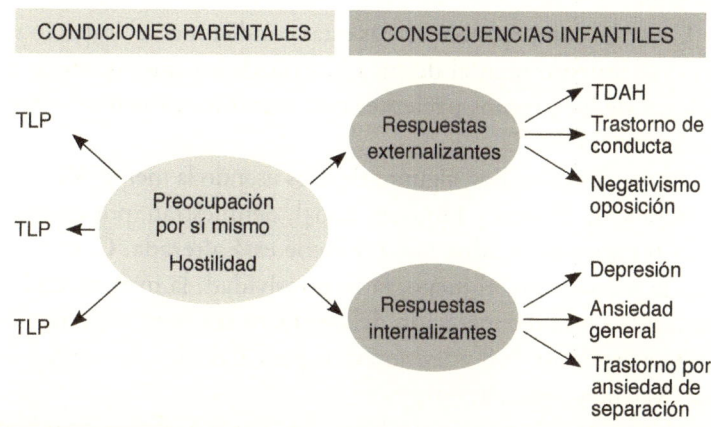

Figura 8.2. Las consecuencias del TLP, el TAP y el TNP de los progenitores sobre los descendientes, según Berg-Nielsen y Wichström (2012).

165. Somos conscientes de que quedan fuera de nuestro análisis otras variantes que pueden resultar significativas, como la personalidad paranoide, la obsesiva, la esquizoide o la histriónica. El lector interesado puede consultar la revisión de Dutton, Denny-Keys y Sells (2011).

Relaciones, vivencias y psicopatología

A continuación analizaremos, con un poco más de detalle, cada una de estas condiciones en los progenitores.

8.4.1. Trastorno límite de la personalidad

El TLP es, sin duda, uno de los TP más graves que existen. Aquellos que lo sufren[166] se ven, muy a menudo, dominados por su propia impulsividad e inestabilidad emocional, lo que implica severas afectaciones en su autoestima, su comportamiento, sus relaciones, etc. No son infrecuentes las autolesiones o los intentos de suicidio.

Como dijimos más arriba, los progenitores con TLP no solo no garantizan la *continuidad* en los cuidados sino que pueden ser muy contradictorios en la manera de tratar a sus hijos. Pueden alternar momentos excesivamente permisivos con otros de claro abandono y otros de extremo autoritarismo, por ejemplo. La criatura no puede hacerse cargo de tanta contradicción si no es pagando un precio muy alto.

Como es comprensible, dadas estas condiciones, el impacto sobre el sufrimiento mental de sus hijos puede ser muy notorio. En la clínica de los propios pacientes con TLP comprobamos a diario estas afirmaciones.

Numerosos estudios, algunos de ellos usando la metodología *still face* (Crandell, Patrick y Hobson, 2003), demuestran, por ejemplo, que la interacción madre con TLP-bebe está alterada. Cuestiones como la interacción, el juego, la responsividad, la intrusividad, la irritabilidad o la recuperación del contacto tras una interrupción no transcurren con la fluidez necesaria para el desarrollo normal del niño (Macfie y Swan, 2009).

Macfie (2009) sostiene que los padres con TLP ofrecen a sus hijos un marco emocional inestable, en el que hay muchas posibilidades de cambios de domicilio o de escuela, maltrato psicológico o físico, negligencia o abandonos más o menos prolongados. Por ende, los

---

166. Nunca mejor dicho, puesto que, a diferencia del TNP y del TAP, el TLP es egosdistónico.

progenitores con TLP pueden pasar de una relación «sobreinvolucrada» a una «subinvolucrada», es decir, se mueven en una dinámica de relación inconsistente. Con todo esto, el impulso natural de los niños a establecer un apego seguro puede verse muy dificultado por la errática e imprevisible conducta de los padres, y lo más probable es que se acabe consolidando un apego inseguro, con lo que ello conlleva de cara a la salud mental del menor (Hobson *et al.*, 2005).

Una de las repercusiones más claras de tener un progenitor con TLP es acabar sufriendo, a su vez, un TLP. No siempre sucede así, naturalmente, pero la probabilidad de que así sea es mayor en los hijos de padres con TLP que en los grupos control (Reinelt *et al.*, 2013), y esto no responde a condiciones de orden genético sino ambientales.

Otras repercusiones descritas, cuando los niños se hacen mayores, son: agresividad, delincuencia, TDAH, ansiedad, poca autoestima y depresión, siendo todas estas alteraciones más importantes en los hijos de los TLP que en los de las personas con otro TP (Barnow *et al.*, 2006).

8.4.2. Trastorno antisocial de la personalidad

El TAP, que presenta algunas características que se corresponden con la psicopatía, también ha sido observado con respecto a sus repercusiones sobre los hijos. No son muchos los trabajos sobre esta temática, ya que se trata de padres muy poco colaboradores, ya sea con los servicios sociales o los propios investigadores.

A pesar de estas dificultades, los estudios realizados con hijos de personas con TAP muestran que estos niños poseen elevados índices de trastornos de conducta y DM (Marmorstein e Iacono, 2004). Si los padres con TAP, además, abusan de las drogas —hecho bastante habitual—, las consecuencias para los pequeños son aún peores, ya que las funciones familiares tales como la comunicación, la expresión afectiva, la contención, la transmisión de normas y valores, el cumplimiento de tareas y demás quedan muy alteradas. Estos niños presentan un alto riesgo de desarrollar ambos trastornos, TAP y toxicomanía al llegar a la adolescencia (Moss *et al.*, 2002). Si, por añadidura, reciben maltrato físico, su probabilidad de desarrollar un TAP en el futuro aumenta aún más (Jaffee *et al.*, 2004).

Como es natural, la mayoría de estos estudios se centra en la figura paterna.[167] Sin embargo, es sabido que las madres con TAP son proclives al maltrato físico de sus hijos (Kim-Cohen *et al.*, 2006) y al abuso de sustancias durante el embarazo (Knight y Plugge, 2005), razón por la cual, en algunos de estos casos, el encarcelamiento resulta beneficioso para los hijos de estas mujeres, ya que impide el consumo de drogas durante el embarazo y el posparto.

8.4.3. Trastorno narcisista de la personalidad

De entrada, es necesario aclarar que, aunque ni el DSM-V (APA, 2013) ni la CIE (WHO, 1992) lo recojan, hay dos tipos de TNP (Gabbard, 1989; Wink, 1991).

El más conocido es el TNP tipo I o «abierto». Se trata de personas con, aparentemente, una autoestima exagerada, que buscan la admiración de los otros y exhiben muy escasa empatía. Dan la impresión de ser pretenciosos, chulescos, y presentan sus logros como muy importantes. Se sienten especiales y privilegiados, y como tales esperan ser tratados, atendidos y escuchados. Como señala el DSM, pueden devaluar con acritud las aportaciones de los otros y mostrar comportamientos arrogantes y soberbios, con actitudes *snob*, desdeñosas o altivas.

El TNP tipo II, o «encubierto», o «hipervigilante», presenta un estilo muy diferente. Se trata de individuos muy sensibles a las reacciones de los otros. Son inhibidos, ansiosos, tímidos y dirigen la atención a los demás más que a sí mismos buscando complacerlos, para que los demás los valoren y tengan en cuenta. Su autoestima es muy frágil y se sienten extraordinariamente vulnerables. Experimentan con facilidad sentimientos de vergüenza o humillación.

---

167. Puesto que el TAP se suele diagnosticar más frecuentemente en varones que en mujeres.

Los hijos de padres con trastornos mentales

Aunque en la clínica y en la vida cotidiana se muestran como personas muy diferentes, una muy pagada de sí misma y la otra excesivamente humilde, en ambos casos se considera que hay un fallo de la «autoestima saludable». El TNP «abierto» ha forjado una defensa completa ante su fragilidad; al sentirse inconscientemente poca cosa, se arma a sí mismo de una imagen de poder y grandiosidad. El «encubierto», en cambio, no ha podido fraguar esta coraza caracterial y está más próximo a sus verdaderos sentimientos de debilidad y necesidad. Ambos padecen un TNP, aunque con manifestaciones diferentes.

En los casos de TNP 1, el exagerado narcisismo parental implica que los progenitores están más preocupados por sí mismos que por sus propios hijos. Pero esta disposición emocional no es fácilmente observable. Al contrario, el padre o la madre con TNP 1 suelen ocultar su carácter tras una máscara de brillante apariencia de cara al exterior. En el caso que nos ocupa pueden, incluso, llegar a ser vistos por los demás como progenitores atentos, empáticos y cuidadosos con sus hijos.

Sin embargo, la realidad psíquica del TNP 1 no está basada en una relación amorosa con el otro, sino que está dominada por la propia imagen y el modo en que esta se sustenta y se engrandece. Si la persona con TNP 1 se preocupa por sus hijos es porque la conducta y logros de estos le reportan un «saldo narcisista» a su favor. Por decirlo de otro modo, los hijos actuarían como un *espejo* de su propia imagen y valía.

Horne (1998) halló, con una muestra de 230 familias, que el narcisismo de las madres se relacionaba positivamente con el de los hijos y de manera negativa con las expresiones de empatía de los mismos, en especial en el caso de las niñas. No se pudo demostrar la influencia del narcisismo paterno.

Otway y Vignoles (2006) sugieren, a partir de un trabajo con 120 personas, que los padres con TNP 1 son fríos y distantes, si bien ponen a sus hijos en un pedestal de magnificencia e indulgencia.

En este tipo de TNP, si el hijo se identifica con la grandiosidad del progenitor, puede convertirse en un narcisista y desear continuar la saga de supuestos éxitos. Las posibilidades de abrirse camino hacia otras formas de narcisismo como la sociopatía o la perversión son posibles, puesto que el narcisista no puede reconocer las necesidades de los demás. Es fácil, entonces, que pueda aprovecharse del prójimo sin ningún miramiento. Si esto se produce, puede utilizar a los otros con el propósito de obtener beneficios personales: en este caso hablaríamos de sociopatía. Si, además, experimenta un placer con el daño infligido a los otros y lo utiliza como una forma de poder sobre lo ajeno, hablaríamos de perversión. Cabe señalar, no obstante, que el narcisista puede no ser ni sociópata ni perverso, pero tanto uno como el otro sufren una alteración en su autoestima.

Por su parte, Rappoport (2005) acuñó el término «co-narcisimo» para referirse a cómo los hijos se adaptan al narcisismo parental tipo II. En estos casos, los hijos acaban resultando afectados por la vulnerabilidad de los padres y se muestran en exceso solícitos y sumisos con los otros, incapaces de defender la propias opiniones, culpables delas cosas que les suceden y muy preocupados sobre lo que los otros piensan de ellos. La depresión y la ansiedad suelen acompañarlos, como solemos ver en nuestras consultas, muy a menudo. Es frecuente que padezcan, como sus propios padres, un TNP II, puesto que el niño puede crecer con la convicción de que debe lograr lo que los padres nunca consiguieron, sintiéndose siempre expuesto a fracasar.

Son muchos los estudios que se han efectuado sobre el estilo parental narcisista y sus repercusiones en la prole. Como es fácil adivinar, son trabajos plagados de diferencias metodológicas y conceptuales que hacen muy difícil llegar a conclusiones unitarias. Remitimos al lector interesado al trabajo de Savage (2011) para una revisión más exhaustiva de la que aquí nos es posible.

8.5. Los hijos de los padres con adicciones

En la actualidad se distingue entre diversos tipos de adicciones, como las adicciones a sustancias —las clásicas *toxicomanías*— o las «adicciones conductuales» —a las compras, los videojuegos, el sexo o internet.

Centrándonos únicamente en las toxicomanías, encontramos en todos los estudios una idéntica conclusión: la adicción[168] grave de uno o ambos progenitores es un «factor de riesgo» muy importante para la salud física y mental de los descendientes (Ashenberg y Huff, 2011; Johnson y Leff, 1999). Las consecuencias para los hijos de los adictos pueden darse a diferentes niveles, empezando desde el propio embarazo —como sería el caso del «síndrome alcohólico fetal»— hasta la edad adulta. Puesto que se cuentan por millones los hijos de adictos en todo el mundo, estamos ante un problema sanitario de primerísima magnitud.

En un domicilio comandado por uno o dos adictos pueden darse situaciones caóticas e impredecibles, con alteraciones más o menos temporales de la estructuración familiar, la convivencia, la economía, las condiciones laborales, etc. Los hijos de los adictos pueden experimentar sentimientos de confusión, abandono, falta de afecto, miedo, culpa, vergüenza, ambivalencia hacia sus padres, inseguridad y también sufrir algún tipo de maltrato o negligencia.

La relación padres-hijos se ve alterada y los progenitores se muestran menos cálidos, sensibles, involucrados y más duros con sus hijos de lo que sería deseable. El apego inseguro es frecuente en estos casos. Por todo ello, los hijos de los adictos muestran peores resultados académicos, más trastornos emocionales y conductuales, un inicio más precoz del uso de drogas y tasas más altas de adicción que los niños control (Solis *et al.*, 2013).

Resulta evidente que los hijos de los politoxicómanos tienen más riesgo de padecer secuelas de esta problemática familiar que los de los que solo abusan de una sustancia, por ejemplo, los alcohólicos. Si se comparan unos con otros, con respecto a los diagnósticos psiquiátricos, los hijos de los politoxicómanos las presentan en un 56 por ciento de las casos y los de los alcohólicos en un 25 por ciento (Kelley y Fals-Stewart, 2004).

---

168. Considerando «adicción» el abuso continuado o la dependencia de una o más sustancias.

Muchos estudios versan sobre el riesgo de padecer una adicción como consecuencia de lo vivido en el ámbito familiar. Aunque, como siempre, no puede hallarse una correlación directa entre la psicopatología de los padres y la de los hijos, se considera que la adicción de los progenitores es un «factor de riesgo» importante, entre otros, para el desarrollo de conductas adictivas en los hijos (Zimić y Jukić, 2012).

Referencias bibliográficas

AICAFMHA Australian Infant Child Adolescent and Family Mental Health Association (2001) *Children of parents affected by a mental illness scoping project report*, Canberra, Department of Health and Ageing.

ARNONE, D.; PATEL, A. y MING-YEE, G. (2006) «The nosological significance of Folie à Deux: a review of the literature», en *Annals of General Psychiatry, 5,* 11. Documento electrónico. Disponible en: http://www.annals-general-psychiatry.com/content/pdf/1744-859X-5-11.pdf

ANGST, J. (2007)«The bipolar spectrum», en *The British Journal of Psychiatry, 190,* 189-191.

ANTHONY, E. J. (1969) «A clinical evaluation of children with psychotic parents», en *American Journal of Psychiatry, 126,* 177-189.

AMERICAN PSYCHIATRIC ASSOCIATION (2013) *Diagnostic and statistical manual of mental disorders V edition,* Washington, APA.

ASHENBERG, S.L. y HUFF, C. (2011) *Children of substance abusing parents. Dynamics and treatment,* Nueva York, Springer.

BAGNER, D.M.; PETTIT, J.W.; PH.D.; LEWINSOHN, P.M. y SEELEY, J.R. (2010) «Effect of maternal depression on child behavior: A sensitive period?», en *Journal of the American Academy of Child and Adolescent Psychiatry, 49,* 699-707.

BARNOW, S.; SPITZER, C.; GRABE, H.J.; KESSLER, C. y FREYBERGER, H.J. (2006) «Individual characteristics, familial experience, and psychopathology in children of mothers with borderline personality disorder», en *Journal of the American Academy of Child and Adolescent Psychiatry, 45,* 965-972.

BASSANI, D.G., PADOIN, C.V., PHILIPP, D. y VELDHUIZEN, S. (2009) «Estimating the number of children exposed to parental psychiatric disorders through a national health survey», en *Child and Adolescent Psychiatry and Mental Health*, 9. Documento electrónico. Disponible en: www.capmh.com/content/3/1/6.

BENTALL, R.P. (2009) *Doctoring the mind*, Londres, Penguin. (Trad. cast.: *Medicalizar la mente*, Barcelona, Herder, 2011.)

BERG-NIELSEN, T.S. y WICHSTRÖM, L. (2012) «The mental health of preschoolers in a Norwegian population-based study when their parents have symptoms of borderline, antisocial, and narcissistic personality disorders: at the mercy of unpredictability», en *Child and Adolescent Psychiatry and Mental Health*, 6. Documento electrónico. Disponible en: http://www.capmh.com/content/6/1/19.

BIJL, R.V.; CUIJPERS, P. y SMIT, F. (2002) «Psychiatric disorders in adult children of parents with a history of psychopathology», en *Social Psychiatry and Psychiatric Epidemiology*, 37, 7-12.

BIRMAHER, B.; AXELSON, D.; MONK, K.; KALAS, C.; GOLDSTEIN, B.; HICKEY, M.B.; OBREJA, M.; EHMANN, M.; IYENGAR, S.; SHAMSEDDEEN, W.; KUPFER, D. y BRENT, D. (2009) «Lifetime psychiatric disorders in school-aged offspring of parents with bipolar disorder: the Pittsburgh Bipolar Offspring study», en *Archives of general Psychiatry*, 66, 287-296.

BLATT, S.J. (2004) *Experiences of depression: Theoretical, clinical, and research perspectives*, Washington, APA.

BLEWETT, J.; NOBLE, J. y TUNSTILL, J. (2011) *Improving childrens outcomes by supporting parental physical and mental health*, Londres, C4EO. Disponible en: www.c4eo.org.uk

BOSANAC, P.; BUIST, A. y BURROWS, G. (2003) «Motherhood and schizophrenic illnesses: a review of the literature», en *The Australian and New Zealand Journal of Psychiatry*, 37, 24-30.

BOURDIER, P. (1972) «L'hypermaduration des enfants de parents de malades mentaux», en *Revue Française du Psychanalyse*, 1, 19-42.

CHEN, Y.H.; CHIOU, H.Y.; TANG, C.H. y LIN, H.C. (2010) «Risk of death by unnatural causes during early childhood in offspring of parents with mental illness», en *American Journal of Psychiatry*, 176, 198-205.

COHN, J.F. y TRONICK, E. (1983) «Three month old infants reaction to simulated maternal depression», en *Child Development*, 54, 185-190.

CONNELL, A.M. y GOODMAN, S.H. (2002) «The association between psychopathology in fathers versus mothers and children's internalizing and externalizing behavior problems: a meta-analysis», en *Psychological Bulletin, 128,* 746-773.

CRADDOCK, N. y SKLAR, P. (2013) «Genetics of bipolar disorder», en *Lancet, 381,* 1654-1662.

CRAIG, T. y BROMET, E.J. (2004) «Parents with psychosis», en *Annals of Clinical Psychiatry, 16,* 35-39.

CRANDELL, L.E.; PATRICK, M.P.H. y HOBSON, R,P. (2003) «Still-face interactions between mothers with borderline personality disorder and their 2-month-old infants», en *British Journal of Psychiatry, 183,* 239-247.

CUIJPERS, P.; VAN STRATEN, A. y SMIT, F. (2005) «Preventing the incidence of new cases of mental disorders: a meta-analytic review», en *The Journal of Nervous and Mental Disease, 193,* 119-125.

DEAN, K.; STEVENS, H.; MORTENSEN, P.B.; MURRAY, R.M.; WALSH, E. y PEDERSEN, C.B. (2010) «Full spectrum of psychiatric outcomes among offspring with parental history of mental disorder», en *Archives of General Psychiatry, 67,* 822-829.

DELBELLO, M.P. y GELLER, B. (2001) «Review of studies of child and adolescent offspring of bipolar parents», en *Bipolar Disorders, 3,* 325-334.

DENNIS, C.L. y MCQUEEN, K. (2009) «The relationship between infant-feeding outcomes and postpartum depression: a qualitative systematic review», en *Pediatrics, 123,* 736-751.

DILER, R.S.; BIRMAHER, B.; AXELSON, D.; OBREJA, M.; MONK, K.; HICKEY, M.B.; GOLDSTEIN, B.; GOLDSTEIN, T.; SAKOLSKY, D.; IYENGAR, S.; BRENT, D. y KUPFER, D. (2011) «Dimensional psychopathology in offspring of parents with bipolar disorder», en *Bipolar Disorders, 13,* 670-678.

DUNN, B. (1963) «Growing up with a psychotic mother. A retrospective study», en *American Journal of Orthopsychiatric, 63,* 177-189.

DUTTON, D.G.; DENNY-KEYS, M.K. y SELLS, J.R. (2011) «Parental personality disorder and its effects on children: A review of current literature», en *Journal of Child Custody, 8,* 268-283.

EACK, S.; MERMON, D.; MONTROSE, D.; MIEWALD, J.; GUR, R.E. y GUR, R.C. (2010) «Social cognition deficits among individuals at familial high risk for schizophrenia», en *Schizophrenia Bulletin, 36,* 1081-1088.

ENZENSBERGER, H.M. (2007) *Im Irrgartten der Intelligentz*, Frankfurt del Meno, Suhrkamp. (Trad. cast.: *El laberinto de la inteligencia. Guía para idiotas*, Madrid, Alianza, 2009.)

ETAIN, B.; HENRY, C.; BELLIVIER, F.; MATHIEU, F. y LEBOYER, M. (2008) «Beyond genetics: childhood affective trauma in bipolar disorder», en *Bipolar Disorders, 10*, 867-876.

FLEMING, M.P. y MARTIN, R.N. (2011) «Genes and schizophrenia: a pseudoscientific disenfranchisement of the individual», en *Journal of Psychiatric and Mental Health Nursing, 18*, 469-478.

GABBARD, G.O. (1989) «Two subtypes of narcissistic personality disorder», en *The Bulletin of the Menninger Clinic, 53*, 527-532.

GARCIA-AMADOR, M.; DE LA SERNA, E.; VILA, M.; ROMERO, S.; VALENTI, M.; SÁNCHEZ-GISTAU, V.; BENABARRE, A.; VIETA, E. y CASTRO, J. (2013) «Parents with bipolar disorder: Are disease characteristics good predictors of psychopathology in offspring?», en *European Psychiatry, 28*, 240-246.

GEARING, R.E.; ALONZO, D. y MARINELLI, C. *(2012)* «Maternal schizophrenia: Psychosocial treatment for mothers and their children», en *Clinical Schizophrenia & Related Psychoses, 6*, 27-33.

GEULAYOV, G.; GUNNELL, D.; HOLMEN, T.L. y METCALFE, C. (2012) «The association of parental fatal and non-fatal suicidal behaviour with offspring suicidal behaviour and depression: a systematic review and meta-analysis», en *Psychological Medicine, 42*, 1567-1580.

GOECKE, T.W.; VOIGT, F.; FASCHINGBAUER, F.; SPANGLER, G.; BECKMANN, M.W. y BEETZ, A. (2012) «The association of prenatal attachment and perinatal factors with pre- and postpartum depression in first-time mothers», en *Archives of Gynecology and Obstetrics, 286*, 309-316.

GOODMAN, S.H. (2007) «Depression in mothers», en *Annual Review of Clinical Psychology, 3*, 107-135.

GOODMAN, S.H. y GOTLIB, I.H. (2002) *Children of depressed parents: Mechanisms of risk and implications for treatment*, Washington, APA.

GOODMAN, S.H. y TULLY, E.C. (2006) «Depression in women who are mothers: an integrative model of risk for the development of psychopathology in their sons and daughters», en C.L.M. KEYES y S.H. GOODMAN (eds.), *Women and Depression: A handbook for the social, behavioral, and biomedical sciences*, Nueva York, Cambridge University Press, pp. 241-282.

GOTTESMAN, I.I.; LAURSEN, T.M.;, BERTELSEN, A. y MORTENSEN, P.B. (2010) «Severe mental disorders in offspring with 2 psychiatrically ill parents», en *Archives of General Psychiatry, 67,* 252-257.

GRADUS, J.L.; QIN, P.; LINCOLN, A.K.; MILLER, M.; LAWLER, E.; SØRENSEN, H.T. y LASH, T.L. (2010a) «The association between adjustment disorder diagnosed at psychiatric treatment facilities and completed suicide», en *Clinical Epidemiology, 2,* 23-28.

GRADUS, J.L.; QIN, P.; LINCOLN, A.K.; MILLER, M.; LAWLER, E. y LASH, T.L. (2010b) «Acute stress reaction and completed suicide», en *International Journal of Epidemiology, 39,* 1478-1484.

GREEN, A. (1980) *Narcissisme de vie, narcissisme de mort*, París, Minuit et poche. (Trad. cast.: *Narcisismo de vida y narcisismo de muerte*, Buenos Aires, Amorrortu, 1986.)

HENRIKSSON, K.M. y MCNEIL, T.F. (2004) «Health and development in the first 4 years of life in offspring of women with schizophrenia and affective psychoses: Well-Baby Clinic information». *Schizophrenia Research, 70,* 39-48.

HOBSON, R.P.; PATRICK, M.; CRANDELL, L.; GARCIA-PEREZ, R. y LEE, A. (2005) «Personal relatedness and attachment in infants of mothers with borderline personality disorder», en *Development and Psychopathology, 17,* 329-347.

HORNE, S. (1998) *The role of parental narcissism and depression in predicting adolescent empathy, narcissism, self-esteem, pleasing others, and peer conflict.* Tesis doctoral, no publicada. Universidad de Georgia.

HOWARD, L.M.; KIRKWOOD, G. y LATINOVIC, R. (2007) «Sudden infant death syndrome and maternal depression», en *The Journal of Clinical Psychiatry, 68,* 1279-1283.

JAFFEE, S.R.; CASPI, A.; MOFFITT, T.E. y TAYLOR, A. (2004) «Physical maltreatment victim to antisocial child: Evidence of an environmentally mediated process», en *Journal of Abnormal Psychology, 113,* 44-55.

JOHNSON, J.L. y LEFF, M. (1999) «Children of substance abusers: overview of research findings», en *Pediatrics, 103,* 1085-1099.

JOSEPH, J. (2004) «Schizophrenia and heredity: why the emperor has no genes», en J. READ, L. MOSHER y R.P. BENTALL (eds.) *Models of madness:*

Psychological, social and biological approaches to schizophrenia, Nueva York, Brunner-Routledge, pp. 67-84. (Trad. cast.: *Modelos de locura*, Barcelona, Herder, 2006.)
— (2012) «The "missing heritability" of psychiatric disorders: Elusive genes or non-existent genes?», en *Applied Developmental Science, 16*, 65-83.
JOSEPH, J.G.; JOSHI, S.V.; LEWIN, A.B. y ABRAMS, M. (1999) «Characteristics and perceived needs of mothers with serious mental illness», en *Psychiatric Services, 50*, 1357-1359.
KELLEY, M.L. y FALS-STEWART, W. (2004) «Psychiatric disorders of children living with drug-abusing, alcohol-abusing, and non-substance-abusing fathers», en *Journal of the American Academy of Child and Adolescent Psychiatry, 43*, 621-628.
KLIMES-DOUGAN, B.; RONSAVILLE, D.; WIGGS, E.A. y MARTINEZ, P.E. (2006) «Neuropsychological functioning in adolescent children of mothers with a history of bipolar or major depressive disorders», en *Biological Psychiatry, 60*, 957-965.
KNIGHT, M. y PLUGGE, E. (2005) «The outcomes of pregnancy among imprisoned women: A systematic review», en *BJOG: An International Journal of Obstetrics and Gynaecology, 112*, 1467-1474.
KURAMOTO, S.J.; RUNESON, B.; STUART, E.A.; LICHTENSTEIN, P. y WILCOX, H.C. (2013) «Time to hospitalization for suicide attempt by the timing of parental suicide during offspring early development», en *JAMA Psychiatry, 70*, 149-157.
KURAMOTO, S.J.; STUART, E.A.; RUNESON, B.; LICHTENSTEIN, P.; LÅNGSTRÖM, N. y WILCOX, H.C. (2010) «Maternal versus paternal suicide and offspring risk of hospitalization for psychiatric disorders and suicide attempt», en *Pediatrics, 126*, 1026-1032.
LOVEJOY, M.C.; GRACZYK, P.A.; O'HARE, E. y NEUMAN, G. (2000) «Maternal depression and parenting behavior: a meta-analytic review», en *Clinical Psychology Review, 20*, 561-592.
MACFIE, J. (2009) «Development in children and adolescents whose mothers have borderline personality disorder», en *Child Development Perspectives, 3*, 66-71.
MACFIE, J. y SWAN, S.A. (2009) «Representation of the caregiver-child relationship and of the self, and emotion regulation in the narratives of

young children whose mothers have borderline personality disorder», en *Development and Psychopathology, 21*, 993-1011.

MARCUS, J.; AUERBACH, J.; WILKINSON, L. y BURACK, C.M. (1981) «Infants at risk for schizophrenia. The Jerusalem Infant Development Study», en *Archives of General Psychiatry, 38*, 703-713.

MARMORSTEIN, N. y IACONO, W. (2004) «Major depression and conduct disorder in youth: Associations with parental psychopathology and parent–child conflict», en *Journal of Child Psychology and Psychiatry, 45*, 377-386.

MELHEM, N.M.; WALKER, M.; MORITZ, G. y BRENT, D.A. (2008) «Antecedents and sequelae of sudden parental death in offspring and surviving caregivers», en *Archives of Pediatrics and Adolescent Medicine, 162*, 403-410.

MOSS, H.; LYNCH, K.; HARDIE, T. y BARON, D. (2002) «Family functioning and peer affiliation in children of fathers with antisocial personality disorder and substance dependence: Associations with problem behaviors», en *American Journal of Psychiatry, 159*, 607-614.

MOWBRAY, C.T.; BYBEE, D.; OYSERMAN, D.; MACFARLANE, P. y BOWERSOX, N. (2006) «Psychosocial outcomes for adult children of parents with severe mental illnesses: Demographic and clinical history predictors», en *Health and Social Work, 31*, 99-108.

MURRAY, L.; ARTECHE, A.; FEARON, P.; HALLIGAN, S.; CROUDACE, T. y COOPER, P. (2010) «The effects of maternal postnatal depression and child sex on academic performance at age 16 years: a developmental approach», en *Journal of Child Psychology and Psychiatry and Allied Disciplines, 51*, 1150-1159.

NIEMI, L.; SUVISAARI, J.; TUULIO-HENRIKSSON, A. y LONNQVIST, J. (2003) «Childhood developmental abnormalities in schizophrenia: evidence from high-risk studies», en *Schizophrenia Research, 60*, 239-258.

ORTIZ, A. y MATA, I. (2003) «Industria farmacéutica y psiquiatría», en *Revista de la Asociación Española de Neuropsiquiatría, 23*, 49-71.

OTWAY, L. J. y VIGNOLES, V. L. (2006) «Narcissism and childhood recollections: A quantitative test of psychoanalytic predictions», en *Personality and Social Psychology Bulletin, 32*, 104-116.

PAULSON, J.F. y BAZEMORE, S.D. (2010) «Prenatal and postpartum depression in fathers and its association with maternal depression: a meta-analysis», en *Journal of The American Medical Association, 303*, 1961-1969.

Peteiro, J. (2010) *El autoritarismo científico*, Málaga, M. Gómez Ediciones.
Poobalan, A.S.; Aucott, L.S.; Ross, L.; Smith, W.C.; Helms, P.J. y Williams, J.H. (2007) «Effects of treating postnatal depression on mother-infant interaction and child development: systematic review», en *British Journal of Psychiatry, 191*, 378-386.
Preston, G.H. y Antin, R. (1932) «A study of children of psychotic parents», en *American Journal of Orthopsychiatry*, 2, 231-241.
Prinzie, P.; Stams, G.J.; Deković, M.; Reijntjes, A.H. y Belsky, J. (2009) «The relations between parents' Big Five personality factors and parenting: a meta-analytic review», en *Journal of Personality and Social Psychology, 97*, 351-362.
Radesky, J.S.; Zuckerman, B.; Silverstein, M.; Rivara, F.P.; Barr, M.; Taylor, J.A.; Lengua, L.J. y Barr, R.G. (2013) «Inconsolable infant crying and maternal postpartum depressive symptoms», en *Pediatrics*. Documento electrónico. Resumen disponible en: http://www.ncbi.nlm.nih.gov/pubmed/23650295
Ramchandani, P. y Psychogiou, L. (2009) «Paternal psychiatric disorders and children's psychosocial development», en *Lancet, 374*, 646-653.
Ramchandani, P.; Psychogiou, L.; Vlachos, H.; Iles, J.; Sethna, V.; Netsi, E. y Lodder, A. (2011) «Paternal depression: an examination of its links with father, child and family functioning in the postnatal period», en *Depression and Anxiety, 28*, 471-477.
Ramchandani, P. y Stein, A. (2003) «The impact of parental psychiatric disorder on children. Avoiding stigma, improving care», en *British Medical Journal, 327*, 243-244.
Rappoport, A. (2005) «Co-narcissism: How we accommodate to narcissists parents», en *The Therapist, 16*, 36-48.
Read, J.; Mosher, L. y Bentall, R.P. (2004) *Models of madness: Psychological, social and biological approaches to schizophrenia*, Nueva York, Brunner-Routledge. (Trad. cast.: *Modelos de locura*, Barcelona, Herder, 2006.)
Redshaw; M. y Henderson, J. (2013) «Fathers' engagement in pregnancy and childbirth: evidence from a national survey», en *BMC Pregnancy Childbirth, 13*. Documento electrónico. Disponible en: http://www.ncbi.nlm.nih.gov/pmc/articles/PMC3607858
Reinelt, E.; Stopsack, M.; Aldinger, M.; Ulrich, I.; Grabe, H.J. y Barnow, S. (2013) «Longitudinal transmission pathways of borderline

personality disorder symptoms: From mother to child», en *Psychopathology*. Documento electrónico. Disponible en: http://www.karger.com/Article/Abstract/ 345857

REUPERT, A. y MAYBERY, D. (2010) «Families affected by parental mental illness: Australian programs, strategies and issues. The (missing) role of schools», en *International Journal for School-Based Family Counseling, 2,* 1-16.

ROSS, R.G. y COMPAGNON, N. (2001) «Diagnosis and treatment of psychiatric disorders in children with a schizophrenic parent», en *Schizophrenia Research, 50,* 121-129.

RUTTER M. (1966) *Children of sick parents: an environmental and psychiatric study*, Londres, Oxford University Press.

SÁNCHEZ, P. y SANZ, L.J. (2004) «Hijos de padres psicóticos. Revisión bibliográfica: implicaciones preventivas, de apoyo y terapéuticas», en *Revista de Psicopatología y Salud Mental del Niño y del Adolescente, 4,* 99-107.

SAVAGE, J. (2011) *The role of parenting in the development of narcissism.* Tesis doctoral no publicada. Univerisad de Birmingham. Disponible en: http://etheses.bham.ac.uk/3090/1/Savage11ClinPsyD1.pdf

SILVERMAN, M.M. (1989) «Children of psychiatrically ill parents: A prevention perspective», en *Hospital and Community Psychiatry, 40, 1257- 1265.*

SOLIS, J.M.; SHADUR, J.M.; BURNS, A.R. y HUSSONG, A.M. (2012) «Understanding the diverse needs of children whose parents abuse substances», en *Current Drug Abuser Reviews, 5,* 135-147.

SØRENSEN, H.J.; MORTENSEN, E.L.; WANG, A.G.; JUEL, K.; SILVERTON, L. y MEDNICK, S.A. (2009) «Suicide and mental illness in parents and risk of suicide in offspring: a birth cohort study», en *Social Psychiatry and Psychiatric Epidemiology, 44,* 748-751.

TALARN, A. (2007) «El Mercado de la salud», en A. TALARN (comp.) *Globalización y salud mental*, Barcelona, Herder, pp. 165-220.

TETI, D.M.; GELFAND, D.M.; MESSINGER, D.S. y ISABELLA, R. (1995) «Maternal depression and the quality of early attachment: An examination of infants, preschoolers and their mothers», en *Developmental Psychology, 31,* 364-376.

THARNER, A.; LUIJK, M.P.; VAN IJZENDOORN, M.H.; BAKERMANS-KRANENBURG, M.J.; JADDOE, V.W.; HOFMAN, A.; VERHULST, F.C. y TIEMEIER H. (2012) «Maternal lifetime history of depression and depressive symptoms in the prenatal and early postnatal period do not predict infant-mother attachment quality in a large, population-based Dutch cohort study», en *Attachment and Human Development, 14*, 63-81.

Tizón, J.L. (2005) «Repercusiones sobre el niño de los trastornos mentales de sus progenitores y cuidadores», en *Formación Médica Continuada, 12,* 70-85.

Tizón, J.L.; Parra, B.; Artigue, J.; Pareja, F.; Pérez, C.; Ferrando, J.; Catalá, L. y Sorribes, M. (2006) «Hijos de pacientes psicóticos en el Proyecto SASPE: investigar para cuidar un futuro comprometido», en *Archivos de Psiquiatría, 69,* 59-80.

Tronick, E. (2007) *The neurobehavioral and socio-emotional development of infants and children,* Nueva York, Norton.

Tronick, E. y Field, T. (1987) *Maternal depression and infant disturbance,* San Francisco, Jossey Bass.

Tsuchiya, K.J.; Agerbo, E. y Mortensen, P.B. (2005) «Parental death and bipolar disorder: a robust association was found in early maternal suicide», en *Journal of Affective Disorders, 86,* 151-159.

Vik, T.; Grote, V.; Escribano, J.; Socha, J.; Verduci, E.; Fritsch, M.; Carlier, C.; von Kries, R. y Koletzko, B. (2009) «Infantile colic, prolonged crying and maternal postnatal depression», en *Acta Paediatrica, 98,* 1344-1348.

Wan, M.W.; Abel, K.M. y Green, J. (2008) «The transmission of risk to children from mothers with schizophrenia: A developmental psychopathology model», en *Clinical Psychology Review, 28,* 613-637.

Webb, R.T.; Wicks, S.; Dalman, C.; Pickles, A.R.; Appleby, L.; Mortensen, P.B.; Haglund, B. y Abel, K.M. (2010) «Influence of environmental factors in higher risk of sudden infant death syndrome linked with parental mental illness», en *Archives of General Psychiatry, 67,* 69-77.

Weissman, M.M.; Warner, V.; Wickramaratne, P.; Moreau, D. y Olfson, M. (1997) «Offspring of depressed parents. 10 Years later», en *Archives of General Psychiatry, 54,* 932-940.

Weissman, M.M.; Wickramaratne, P.; Nomura, Y.; Warner, V.; Pilowsky, D. y Verdeli, H. (2006) «Offspring of depressed parents: 20 years later», en *American Journal of Psychiatry, 163,* 1001-1008.

Wilson, S. y Durbin, C.E. (2012) «Parental personality disorder symptoms are associated with dysfunctional parent-child interactions during early childhood: a multilevel modeling analysis», en *Personality Disorders, 3,* 55-65.

Wink, P. (1991) «Two faces of narcissism», en *Journal of Personality and Social Psychology, 61,* 590-559.

Winnicott, D. (1958) «The family affected by depressive illness in one or both parents», en *The family and individual development,* Londres, Tavistock. (Trad. cast.: *La familia y el desarrollo del individuo,* Buenos Aires, Hormé, 1964).

— (1959) «The effectc of psychotic parents on the emotional development of the child», en *The family and individual development,* Londres, Tavistock. (Trad. cast.: *La familia y el desarrollo del individuo,* Buenos Aires, Hormé, 1964.)

— (1960) «The theory of the parent-infant relationship», en *International Journal of Psychoanalysis, 41,* 585-595. (Trad. cast. en: *Procesos de maduración en el niño,* Barcelona, Laia, 1975, pp. 41-64.)

World Health Organization (1992) *The ICD-10 classification of mental and behavioural disorders,* Ginebra, WHO. (Trad. cast.: *CIE-10. Trastornos mentales y del comportamiento,* Madrid, Meditor, 1992.)

Yoshida, K.; Marks, M.N.; Craggs, M.; Smith, B. y Kumar, R. (1999) «Sensorimotor and cognitive development of infants of mothers with schizophrenia», en *British Journal of Psychiatry, 175,* 380-387.

Zimić, J.I. y Jukić, V. (2012) «Familial risk factors favoring drug addiction onset», en *Journal of Psychoactive Drugs, 44,* 173-185.

Epílogo

La vida no es fácil para nadie, y las relaciones humanas nunca estarán exentas de malestar y sufrimiento, pero estos no deberían presidir la infancia de ningún niño. Es doloroso reconocer que muchos son los menores que viven mal y cuya salud, en todos los sentidos, está en constante peligro.

Numerosas organizaciones internacionales tratan de defender los derechos de la infancia. La Convención Internacional sobre los Derechos del Niño (aprobada por la ONU en 1989) convierte al menor en un sujeto de derecho y sus progenitores en responsables del mismo. Aunque no figura como tal, consideramos que uno de estos derechos podría ser el de que los niños deberían ser cuidados por adultos con una salud mental suficientemente buena, capaces de establecer vínculos seguros y de dejarlos crecer libremente, proporcionando un entorno donde puedan *sentirse* los sentimientos, pensar sobre ellos y tratar de comprenderlos. Se nos escapa la posibilidad de redactar semejante derecho en forma de artículo de un código legal, pero no podemos dejar de comentar esta cuestión. Vivimos en un entorno donde todo está normativizado hasta el extremo, se necesitan permisos y acreditaciones para las acciones más peregrinas, como reformar una cocina, colocar una televisión en un bar o poseer según qué tipo de perros. No digamos ya para tareas más complejas como conducir un vehículo, manipular alimentos o ser monitor de unas colonias. Sin embargo, si la naturaleza lo permite, todos podemos tener hijos naturales sin más consideraciones que nuestros propios deseos. No es posible, ni tan solo deseable, que un estado de derecho democrático legisle sobre el deseo y el derecho de tener hijos, pero no por ello debemos renunciar a señalar que en demasiadas ocasiones los niños no son cuidados como se merecen. Cuando esto sucede se debe actuar de inmediato. No vale aplicar el «esto es lo que hay», que se menciona el prólogo de este libro.

Y es que el concepto de «salud» se ha modificado con el tiempo. La ausencia de enfermedad que definía a la buena salud se refería exclusivamente a un bienestar orgánico. En las épocas de las grandes epidemias, el hecho de sobrevivir era el mejor indicador de poseer una buena salud. Sin embargo, hoy en día entendemos la salud como la capacidad de poseer cierto *bienestar biopsicosocial*. Sobre el papel, no tanto en la realidad, los dispositivos encargados de la salud, subscriben esta afirmación. Por tanto, cuidar de la salud sería cuidar de estos tres factores entrelazados.

Los autores de este libro somos partidarios de una concepción holística de la salud, pero tratamos de calibrar el peso específico de cada factor en cada circunstancia. Por ejemplo, sabemos que una persona con un cáncer grave se verá alterada emocionalmente y, por tanto, el cáncer tendrá repercusiones en su calidad de vida y bienestar personal. Si esta persona no niega el dolor y puede sentir sus miedos y sus emociones, estará mejor preparada para afrontar aquello con lo que se va a encontrar. Sin embargo, de tal actitud no se puede derivar que su enfermedad sea vencida, ya que esto sencillamente no es verdad. Podemos vivir y morir mejor, serenos, incluso tranquilos, pero no tenemos el dominio absoluto de nada.

Somos conscientes de la complejidad de los fenómenos y del peligro de la simplificación, pero hemos intentado ser claros en cuanto al sufrimiento infantil y sus repercusiones. Como ya dijimos en las primeras páginas, el sufrimiento y el dolor son inherentes a la vida, pero cuando se inflige un sufrimiento extremo en los niños, se producen consecuencias psicológicas y psicopatológicas evidentes.

Nuestra esperanza es que, al estudiar estos fenómenos, podamos sacarlos un poco más a la luz y, junto con otros autores que también lo hacen, contribuir en su prevención. Cuidar de los niños es cuidar de la humanidad en su conjunto. Somos conscientes de que un mundo feliz es imposible: nos contentamos con un mundo un poco mejor. No esperamos grandes cambios sociales, revolucionarios, de una día para otro. Buscamos, como tantos otros, las vías del cambio y no nos conformamos con el actual *statu quo*.

Nuestra pequeña aportación es, además del trabajo diario en las aulas y en la clínica, este texto que pretende que tengamos la oportunidad de pararnos a pensar. No queremos que aumente el número de niños prodigio ni de genios. No nos atrae la inteligencia fuera de los límites razonables, ni tampoco la tan manida y actual *excelencia*. Más bien somos partidarios de que los niños cuenten con adultos capaces de cuidarlos con continuidad, serenidad y, especialmente, con la capacidad de establecer vínculos afectivos seguros. La auténtica resiliencia se asienta en la calidad de estos vínculos. Si la humanidad ha progresado, a pesar de todo, es gracias a la capacidad que los humanos tenemos de colaborar y de ejercer la solidaridad.

Para sobrevivir hace falta adaptarnos; no sobrevive el más fuerte, sino el que mejor se adapta. Los niños son seres llenos de necesidades, por lo que tienen tendencia a adaptarse para conseguir satisfacerlas al máximo. La necesidad principal, la auténtica pulsión, es tener relación y vínculo con alguien que los cuide. Para conseguirlo, los críos son capaces de sacrificar su propia persona. Debemos ser conscientes de ello y, de esa forma, podremos intentar hacer la vida más fácil a nuestros pequeños. Pero para llevarlo a cabo, los adultos debemos contar con la sensatez suficiente para ser capaces de rectificar y de regularnos entre nosotros.

Los psicoanalistas que, a nuestro parecer, entendieron mejor estas dinámicas relacionales fueron Ferenczi, Fairbairn, Winnicott, Bowlby y Kohut, entre otros. Sus trabajos fueron la base de un edificio que aún sigue en construcción. El llamado «psicoanálisis relacional e intersubjetivo» es exponente de todo ello. Esta visión nos ha guiado, pero también hemos considerado en estas páginas todas las aportaciones que provienen de la psicopatología del desarrollo y las neurociencias.

El sufrimiento suele ser un tema transgeneracional, es decir, que los estilos relaciones de las familias tienen tendencia a traspasarse de una generación a otra. Al biologicismo le interesa decir que todo es genético, pero la amplia concepción del término de lo genético debe incluir también el origen de los fenómenos y la transmisión a través de las relaciones afectivas. Es habitual comentar que una madre que es fría con sus hijos y no puede recoger la emocionalidad de estos, tuvo a su vez una madre fría con ella y con sus sentimientos. El malestar se agrava cuando el estilo relacional toma forma de maltrato y este lleva al sufrimiento extremo, que combinado con los factores desencadenantes, se convierte en las diferentes formas de psicopatología.

Las carencias afectivas, en cualquiera de sus formas, suelen producir respuestas de adaptación que tenderán a patologizarse según el nivel de sufrimiento y según la cualidad de los diferentes factores que intervengan. Lo más probable es que la adaptación al sufrimiento extremo produzca unas defensas que tienden a la cronicidad, es decir, que se instalan en el edificio biopsicosocial de la persona. En muchas ocasiones, se convierten en una forma de estar en el mundo, con uno mismo y con los demás. Esta especie de coraza depende en gran parte de variables relacionales y sociales, pero actúa como si fuera algo biológico, porque en realidad también lo es, como hemos tenido oportunidad de tratar a lo largo de este texto. En el cerebro encontramos todos los procesos cognitivos, intelectuales, motrices y emocionales de los que somos capaces, pero las experiencias relacionales y las vivencias que tienen lugar en la infancia —y durante toda la vida— se instalan, como si se tratase de un *software*, en el cerebro y lo modifican. Las neurociencias han establecido un diálogo próspero con la psicología. El psicoanálisis, tal como lo entendemos los autores de este libro, dialoga con la neurociencia con el pleno conocimiento de que la relación entre cerebro y vivencias emocionales participan de una mutua regulación y, por tanto, son interdependientes.

Lo social también juega su papel. En la actualidad, algunos trastornos, especialmente de la personalidad, pasan desapercibidos o incluso son recompensados. Por ejemplo, una sociedad como la nuestra, dominada por el capitalismo despiadado y sus formas de generar riqueza, donde lo competitivo no está al servicio de la supervivencia sino del poder, potencia una forma narcisista de estar en el mundo muy poco saludable. Los vínculos afectivos corren el peligro de ser sustituidos por los vínculos logísticos y mercantiles. Es necesario estar preparados para dar salida a los problemas económicos y laborales, cada vez mayores. Es preciso ser inteligentes para no quedarnos en la última fila, pero también es necesario tener una base afectiva segura porque en ella se edifica la solidaridad y los cuidados a la infancia parten de ella.

Los padres tienen hijos por necesidades propias, es legítimo que aquel que lo desee pueda cumplir con lo que llamamos el «ciclo vital». Pero tener hijos no es obligatorio, ni siquiera es la única manera satisfactoria de estar bien con uno mismo. Cuando las necesidades de los adultos son excesivas, se puede causar un gran daño en los pequeños que estén a su cargo. Una madre que siente a sus hijos como rivales o que los trata como iguales, incapaz de diferenciar sus necesidades de las de ellos, pone en riesgo la salud mental de sus retoños.

Como ya hemos comentado en repetidas ocasiones, no está en nuestro ánimo culpar a nadie, pero sí lo está tomar conciencia de nuestra responsabilidad como adultos, como padres, como personas y como profesionales. Icart y Freixas (2013) señalan que la familia puede ser un espacio suficientemente bueno si provee de factores como el amor, la generación de esperanza, la asunción de responsabilidades, la gestión del dolor y la capacidad de pensar. Por el contrario, si estos factores están pervertidos, será fuente de un dolor y un sufrimiento en gran medida superables.

El niño, al nacer, ya tiene unas competencias, viene dotado de un potencial biológico, casi con seguridad trae unas tendencias heredadas de sus ancestros, pero debe desarrollarse, convertirse en persona desde el primer día y en todo momento. Todo importa, ninguna variable es desdeñable. Comprender cómo la calidad emocional de las familias, la salud mental de sus miembros y las condiciones donde se lleve a cabo la crianza influyen en las necesidades afectivas de los pequeños es de vital importancia. Se producirán errores, serán inevitables las frustraciones y las decepciones (por otro lado, también necesarias). Los límites no siempre serán bien calibrados o justos, por eso es necesario que los adultos colaboremos entre nosotros, para llevar a cabo esta ardua labor. En la crianza de un niño conviene ser más de uno, en la medida de lo posible. Lo que debemos intentar, parafraseando a Winnicott, es facilitar la vida de nuestros pequeños, proveerles lo necesario y sobre todo ofrecerles un entorno suficientemente bueno donde puedan desarrollarse con confianza. Los vínculos afectivos estables y seguros son la base necesaria para alcanzar una salud mental satisfactoria.

La educación tiene que ver con la transmisión de valores y de principios, pero no es un compendio de preceptos intelectuales. Un niño puede ser educado en «un buen colegio» donde se inculcan buenos valores sociales como la solidaridad y el amor a los demás. Nada que objetar. Sin embargo, debemos ser conscientes de que lo que nos marca como seres humanos son las vivencias, y estas dependen de las experiencias relacionales que tenemos desde el primer momento de nuestras vidas.

El psicoanálisis de Freud puso el énfasis en reconocer la infancia como etapa determinante y constituyente de la salud mental. Hoy en día entendemos que la infancia es un largo periodo en el que sucederán eventos fundamentales que construirán nuestra personalidad adulta. *Lo que sucede* en la infancia y *aquello que no tiene lugar* poseen una relevancia especial para nuestro mundo mental. La mente se construye de forma relacional, los fenómenos emocionales pertenecen al campo de la subjetividad y esta es posible gracias a la intersubjetividad.

Freud y Klein nos enseñaron a valorar la infancia, pero estos dos eminentes psicoanalistas estuvieron demasiado atrapados por las teorías pulsionales. La pulsiones amorosa y agresiva existen desde el inicio de la vida, y el Edipo puede ser una tendencia por la que pasa todo niño o niña; pero nada de esto tiene valor si no se estudian las dinámicas relacionales donde tienen lugar los fenómenos afectivos. Los adultos no solo contienen al niño, proporcionándole una buena experiencia emocional, sino que también aportan su propia peculiaridad personal.

Es un verdadero reto estudiar los fenómenos en la interacción, tal como se presentan en la realidad. La realidad, como se ha insistido a lo largo del libro, es compleja. Los estudios empíricos, metodológicamente bien planteados, nos aportan datos, pero debemos ser conscientes de la relatividad de los resultados obtenidos.

Por ejemplo, estudiamos el efecto de un evento vital, como puede ser la muerte de uno de los progenitores, pero debemos saber que la generalidad del estudio no puede abarcar la globalidad del fenómeno. En realidad, nunca podemos abordar la complejidad en un sentido total. El niño que pierde a su padre, por poner un ejemplo, reacciona en función de multitud de variables dinámicas: cómo ha sido la muerte, cómo era la relación entre ambos, como reaccionan su madre o sus hermanos, qué tipo de vínculos seguros o inseguros se dan en la familia donde ha acontecido la desgracia, etc.

Los psicoterapeutas —al menos aquellos que pueden trabajar con la suficiente libertad ideológica y económica— tratan de entender cada uno de los casos como un *caso único* en el que se enlazan los factores biográficos, genéticos, relacionales, sociales en interacción multidireccional. Los humanos somos parecidos, pero no idénticos. Por eso, ningún catálogo de síntomas como el DSM-V será jamás suficiente ni, probablemente, eficiente para abordar la tarea de entender, comprender y tratar el sufrimiento mental.

Nuestro objetivo ha sido poner el acento en las experiencias relacionales y en las vivencias para tratar de comprender el sufrimiento extremo que está en la base de la psicopatología. Y proponemos seguir dialogando, discutiendo, aprendiendo de los estudios que se realizan a diario sobre estos temas, y estamos dispuestos a aceptar la ignorancia, porque de esta forma sabemos que es posible seguir aprendiendo.

Durante el viaje que emprendimos al escribir este libro, tuvimos la referencia que nos proporcionó Winnicott en una conferencia del año 1967 (Boushira y Durieux, 2004). De forma muy sencilla y a la vez muy sabia, afirmaba que existen dos tipos de personas: aquellas a las que no se desatendió cuando eran bebés, y que por ello eran capaces de disfrutar de la vida y de vivir, y aquellas otras que fueron desatendidas y que llevan consigo los efectos de la desatención allí donde estén. Para Winnicott, estos últimos son candidatos a una vida llena de tensiones y tempestades.

No podemos evitar el sufrimiento humano, pero sí velar para que la vida sea la mejor posible y nuestros pequeños crezcan en las condiciones necesarias para poder disfrutar de ella.

Referencias bibliográficas

Boushira. J. y Durieux, M.C. (2004) *Winnicott insolite*, París, Presses Universitaires de France. (Trad. cast.: *Winnicott insólito*. Buenos Aires, Nueva Visión, 2005.)

Icart, A. y Freixas, J. (2013) *La familia. Comprensión dinámica e intervenciones terapéuticas*, Barcelona, Herder.